DO SENTIMENTO
TRÁGICO
DA VIDA

MIGUEL DE UNAMUNO

DO SENTIMENTO TRÁGICO DA VIDA

NOS HOMENS E NOS POVOS

Tradução
EDUARDO BRANDÃO

martins fontes
selo martins

A presente edição recebeu da Dirección General dei Libro y Bibliotecas, do Ministério da Cultura da Espanha, uma ajuda para a tradução.

Título original: *DEL SENTIMIENTO TRÁGICO DE LA VIDA*
– en los hombres y en los pueblos
© Herdeiros de Miguel de Unamuno
© 2019 Martins Editora Livraria Ltda.,
São Paulo, para a presente edição.

Publisher	Evandro Mendonça Martins Fontes
Coordenação editorial	Vanessa Faleck
Produção editorial	Carolina Cordeiro Lopes
Tradução	Eduardo Brandão
Revisão	Lucas Torrisi
Diagramação	Renato Carbone

Dados Internacionais de Catalogação na Publicação (CIP)
Angelica Ilacqua CRB-8/7057

Unamuno, Miguel de, 1864-1936
   Do sentimento trágico da vida : nos homens e nos povos / Miguel de Unamuno ; tradução de Eduardo Brandão. - 2. ed. - São Paulo : Martins Fontes - selo Martins, 2019.
   344 p.

   ISBN: 978-85-8063-378-8
   Título original: Del sentimiento trágico de la vida: en los hombres y en los pueblos

   1. Filosofa e religião 2. Imortalidade 3. Pessimismo I. Título II. Brandão, Eduardo

19-1183   CDD-196

Índices para catálogo sistemático:
1. Filosofa e religião 196

Todos os direitos desta edição reservados à
Martins Editora Livraria Ltda.
Av. Dr. Arnaldo, 2076
01255-000 São Paulo SP Brasil
Tel.: (11) 3116 0000
info@emartinsfontes.com.br
www.emartinsfontes.com.br

SUMÁRIO

Prefácio. Miguel de Unamuno: a ascensão eterna VII

I. O homem de carne e osso 1
II. O ponto de partida 19
III. A fome de imortalidade 37
IV. A essência do catolicismo 57
V. A dissolução racional 77
VI. No fundo do abismo 103
VII. Amor, dor, compaixão e personalidade 127
VIII. De Deus a Deus 151
IX. Fé, esperança e caridade 179
X. Religião, mitologia de além-túmulo e apocatástase 207
XI. O problema prático 249
XII. Conclusão: Dom Quixote na tragicomédia europeia contemporânea 283

Notas 315

PREFÁCIO
MIGUEL DE UNAMUNO: A ASCENSÃO ETERNA

> *Um eterno purgatório, pois, mais que uma Glória; uma ascensão eterna. Se desaparece toda dor, por pura e espiritualizada que a suponhamos, toda ânsia, o que faz viver os bem-aventurados?*

Costuma-se dizer que os escritores mais notáveis de uma época, aqueles que durante sua vida atingiram mais intensamente a atenção – aversão ou fervor – dos contemporâneos, passam ao morrer por um purgatório de duração variável, uma espécie de *colocação entre parênteses* que contrasta com sua veemente presença anterior: terminado esse período expiatório, instalam-se para sempre na glória dos eleitos, no limbo dos estudados no rodapé dos manuais ou no inferno do puro e simples esquecimento. A Unamuno coube a glória, disso não há dúvida, mas não feita de admiração sem mácula e reconhecimento pleno; sua glória é litigiosa, pugnaz, pródiga em ironia e escândalo, em dúvidas e reconvenções: assim teria agradado a ele, sem dúvida. Como acontece a quantos praticam gêneros diversos depois de terem sido peremptoriamente adscritos a um pela opinião pública, sob pretexto de enaltecer sua mestria "no seu", questiona-se sua importância em tudo o mais. Para os que o têm antes de tudo como ensaísta, sua poesia é muito secamente conceitual; os que o decretam poeta denunciam em seus ensaios demasiados caprichos líricos; seus romances e suas peças teatrais são muito "filosóficas" ou vagamente "poéticas". Quanto a suas ideias e intervenções políticas, ressentem-se ao mesmo tempo de todos os excessos e deficiências que se atribuem a quem não é em nada autêntico *especialista*: contradições, divagação, temperamentalismo, irrealidade, individualismo extremo etc. E é porque ainda a divisão em gêneros é mais importante do que a especificidade de cada protagonista criador, porque ajuda a dividi-lo metodológica e valorativamente, permitindo, portanto, vencê--lo. Unamuno foi em pessoa e personagem o escritor total, o escritor *metido* a ensaísta, poeta, romancista, dramaturgo, místico, herege... Um *intrometido*, cujo vigor e interesse estriba-se justamente em não querer resignar-se a fazer algo como se deve, isto é, exclusivamente. Quem não é capaz de entender que a graça do teatro de Unamuno é remeter a seus ensaios e a sua poesia, como esta reclama seus romances, e os ensaios exigem mítica política e ficção narrativa, pode ser que tenha nascido para professor universitário, mas, sem dúvida, não para leitor. Há autores que são apenas um pretexto para sua obra – Cervantes, talvez, ou Mallarmé – e há outros para os quais sua obra não é nem mais nem menos do que uma coartada expressiva, irrelevante se não se têm presentes eles mesmos: Unamuno pertenceu caracteristicamente a este último grupo. O que Walter Whitman escreveu de *Leaves of grass* (*Folhas de relva*) – "Quem toca este livro toca um homem" –, *don* Miguel poderia dizer, inclusive com mais nítida razão, como apresentação de qualquer de seus escritos em verso ou prosa.

No estreito campo de liça da filosofia espanhola contemporânea *clássica* fez-se de Unamuno o adversário referencial e tópico dos outros dois cabeças de série, Ortega y Gasset e Eugênio d'Ors: o terceiro já não *em* discórdia, mas *para* a discórdia. Esse papel discordante certamente foi acolhido por *don* Miguel com empenhado entusiasmo, vendo nesse culto conflito ao mesmo tempo sua tarefa vocacional e sua liberação. Quando Unamuno lança-se à palestra com ânimo batalhador, notamo-lo aliviado e até fogosamente distendido, ao passo que em seus raros momentos não adversativos, mas assertóricos, costuma mostrar-se tenso, premido, irreconciliável consigo mesmo por falta de disputa alheia. A avaliação atual – o que não quer dizer definitiva – dos três pensadores escolarmente confrontados e talvez secretamente cúmplices também é diversa e mutuamente polêmica. O recente centenário de Ortega serviu para que se enfatizasse até à hipérbole a tarefa ilustradora do fundador da *Revista de Occidente*, introdutor em nossa órbita intelectual de figuras, problemas e modos de essencial modernidade na Europa. O classicismo conceituoso e sabiamente estetizante de Eugênio d'Ors, junto com o próprio estilo de sua linguagem catalã – magnífico em sua exigência, embora às vezes perverso em seu esoterismo necromante –, asseguram-lhe também uma aura modernista e fundacional na senda da reflexão criadora. E Unamuno? Não é o que permaneceu mais "velho" de todos, precisamente por nunca ter querido ser nem "novo" nem "clássico"? Este homem que havia lido tudo não foi embaixador de nenhuma tendência europeia que pudesse ser academicamente aproveitável; assíduo de Schopenhauer, Nietzsche e Kierkegaard, pode-se considerá-lo generosamente como precursor do existencialismo, movimento filosófico ocorrido na França – onde Unamuno era conhecido tangencial e escassamente –, mas não na Espanha, seu lugar natural de influência. Por sua temática muito explicitamente impregnada de religiosidade – diferença radical para com Ortega e D'Ors, que são *leigos* para todos os efeitos –, por sua própria brusquidão retórica – carente tanto de distanciamento científico como de preciosismo mundano –, Unamuno é intempestivo e difícil de incorporar à fundação desse novo pensamento espanhol que ocupava seus colegas. Apesar disso, talvez, por um de seus paradoxos, as condições que o isolaram em seus dias nos aproximam dele hoje. Unamuno não foi moderno, mas é provável que, em virtude disso mesmo, torne-se agora *pós-moderno*. A primeira vista, essa opinião pode parecer uma mera concessão aos ídolos momentâneos da tribo cultural: se por pós-modernidade se entende uma disposição intelectual *light*, ninguém mais graniticamente *hard* do que *don* Miguel. E, no entanto...

Uma das características essenciais do temperamento pós-moderno é o cultivo teórico e prático, na ideologia e nos costumes, do narcisismo. Entende-se por isso a ênfase autoscópica, a fixação nos problemas corporais e anímicos do sujeito individual, suas perplexidades sentimentais ou estéticas, seus anseios e temores, sua decadência. Opõe-se essa disposição à que prevalecia na vintena dos anos cinquenta e sessenta, comovidos pelas questões coletivas e inquisitoriais contra o subjetivismo, renunciativos, internacionalistas. O importante então era colaborar anonimamente para o triunfo de grandes princípios universais, estar comprometidos numa batalha histórica cujo âmbito abarcava o mundo inteiro; na atual era narcisista, o único princípio pelo qual se luta é o da conservação, imposição e plenitude do próprio eu – que também pode ser uma identidade nacional, de grupo ou seita –, sem render preito nem às vezes sequer prestar consideração à harmonia de conjunto. Pois bem, Miguel de Unamuno foi o que poderíamos chamar, sem facécia, um *narcisista transcendental*. Sabe-se que todos os pensadores realmente importantes, pessoais, da idade moderna propulsionaram-se a partir de uma ou duas urgências simples, quer dizer, um ou dois interesses apaixonados convertidos em intuição originária. Isso nada tem a ver com a articulação de um sistema filosófico, pois o que se acaba de apontar não é menos válido para Pascal ou Kierkegaard do que para Hegel. Em todo caso, à existência de tal núcleo intelectual deve-se esse não sei quê de *compacto* que têm os verdadeiros filósofos – por mais dispersos e também contraditórios que sejam na execução de sua obra escrita – diante do *desossamento* eclético e mimético dos simples comentaristas de ideias alheias. É preciso também assinalar que essa urgência ou interesse apaixonado pode ser devido ao caráter do pensador ou a sua circunstância histórica, surgindo em ocasiões do presente e outras vezes atualizando uma intuição primordial. Todo Kant se concentra em torno de um palpite como o da *autonomia racional*, que tanto deve a seu século, ao passo que Schopenhauer, cronologicamente posterior, encontra seu impulso na *abolição do desejo*, infinitamente mais antigo e de raiz mais oriental do que ocidental. A urgência íntima essencial que motivou a reflexão de Unamuno é de uma índole que podemos qualificar sem inexatidão nem demérito como narcisista; nela se une algo que vem de muito atrás com uma reivindicação caracteristicamente contemporânea, formando assim esse modelo complexo que a atual pós-modernidade deveria reconhecer como próprio.

    O narcisismo transcendental de Unamuno pode desmembrar-se em dois afãs radicais: ânsia de imortalidade e ânsia de conflito polêmico. Os dois constituem, como é óbvio, propósitos de autoafirmação, inclusive de *deleite* no próprio eu. Que *don* Miguel não tivesse vontade de morrer, assim como rejeitasse o consolo abstrato de formas de sobrevivência impessoais, não vem a ser mais do que uma forma de assegurar com o maior *páthos* que ele queria continuar sendo o mesmo – em corpo, alma e memória – para todo o sempre; que não buscasse paz nesta vida nem na outra, mas glória conflitiva, disputa, esforço e contradição, significa que não entendia seu eu como algo passivamente recebido e acomodado aos requisitos do existir, mas como troféu que deveria conquistar para si mesmo para depois *aplicar* ao resto do universo, como um selo indelével ou um pendão vitorioso. Contra as acusações de egocentrismo, defendeu-se dizendo que o que ele queria não era nem mais nem menos do que o desejado por todos: "Egoísmo, dizem vocês? Nada há de mais universal do que o individual, pois o que é de cada um é de todos... Isso que vocês chamam de egoísmo é o postulado da gravidade psíquica etc." No entanto, é mais convincente quando proclama seu próprio afã do que quando, como que de passagem, e talvez por consideração ao próximo, assegura que ninguém deseja coisa diferente. Abundam os testemunhos respeitáveis em contrário, desde o *"j'ai douleur d'être moi"* da canção de Jacques Brel até a recriminação que lhe faz Borges, observando que por seu lado vê na morte um lenitivo da vida e um refúgio contra a carga da consciência pessoal. Há quem só suporte ser quem é porque sabe que algum dia deixará definitivamente de o ser, e muitos padecem com a obrigação de enfrentamento e luta que a autoafirmação social nos impõe. O apego a si mesmo de Unamuno, pelo menos em sua explicitude imediata, não pode ser generalizado sem reservas.

Um duplo equívoco desse peculiar narcisismo: considerar o afã de imortalidade como uma preocupação antes de tudo religiosa, entender o ânimo agônico como simples questão profana, disputa civil ou obstinação soberba.

PREFÁCIO   XIII

Vejamos os dois extremos mais de perto. "Não quero morrer, não; não quero, nem quero querê-lo; quero viver sempre, sempre, sempre, e viver eu, este pobre eu que sou e me sinto ser agora e aqui, e por isso me tortura o problema da duração de minha alma, da minha própria": ao meu ver, o mais importante deste parágrafo sintomático está estribado nesse "nem quero querê-lo". Unamuno não quer morrer, mas sobretudo não quer querer morrer, *não quer ver-se obrigado a querer morrer*. A duração de sua alma, colocação religiosa de uma inquietude que não o é, interessa-o a partir de seu não querer morrer nem querer ver-se obrigado a querê-lo. Mas haverá algo menos religioso, mais estritamente *ímpio*, do que não querer morrer? Que outra coisa ordena nossa religião senão justamente aceitar a morte? Ou melhor, o que a religião manda, seu preceito essencial, não é outro senão este: *hás de querer morrer*. A verdadeira vida do cristão nasce precisamente de sua morte, de sua aceitação da morte, de seu "sim, quero" nupcial à morte. Do ponto de vista autenticamente religioso não há mais do que uma forma de vencer a morte e consiste em desejá-la ardente, desesperadamente: "morro porque não morro". Em pureza cristã, o afã de viver eternamente equivale ao suplicante anseio de morrer o quanto antes. Crer em Deus é crer em sua possibilidade de nos resgatar da morte, em sua capacidade absurda e triunfal de vencer a necessidade *depois de ocorrido o irreversível*. A tarefa de Deus é inverter o sentido da morte já acontecida e reconstruir-nos a partir do abismo do nada, do qual nos fez brotar um dia. Mas antes, agora, quanto mais cedo melhor, é preciso morrer e *querer* piedosamente morrer. Daí a parcimônia de Cristo no que se refere a alterar a ordem natural da morte por meio de indiscretas e, digamos assim, *desmoralizadoras* ressurreições antes do tempo, que Rilke refletiu tão esplendidamente em seu poema "A ressurreição de Lázaro": Pois Ele sonhava que a Marta e Maria deveria bastar o saber que *era capaz*, mas como não é assim, decide operar "o proibido na tranquila natureza", não sem tremenda reticência, "pois aterrorizava-lhe agora que todos os mortos / quisessem regressar através da sugada / cova, onde um deles, qual intumescida larva / se levantasse já de sua posição horizontal". A cadeia das ressurreições prematuras anularia o próprio sentido da transcendência religiosa, cujo essencial ato de fé consiste em desejar a morte como prova de que se acredita em Deus.

Unamuno não quer querer a morte, rejeita ver-se obrigado a querê-la sequer como prenda de vida eterna. Não aspira à ressurreição, como seria piedoso, mas a não morrer, desejo frontalmente anticristão, embora a linguagem em que se expressa deva tanto à ortodoxia cristã. Não se enganaram os inquisidores do *Index Libri Prohibitorum* ao incluírem suas duas obras principais no catálogo dos réprobos. Para que não haja dúvidas, Unamuno insiste em que o desejável é continuar vivendo tal como é e como quem é, com seu mesmo quinhão psíquico e físico, em carne e osso: não quer ser redimido de suas misérias e insuficiências, não quer que o promovam a corpo glorioso, pois então já não poderia continuar sendo ele mesmo. A única coisa de que aceita ver-se livre é do tédio e do medo da morte, ambos consequência direta do falseamento da vida pela obrigação de morrer. Quando imagina a "outra vida", que para ele teria de ser o prolongamento sempiterno desta sem a censura purificadora da morte como trânsito, rejeita a ideia de glória porque exclui a possibilidade de dor, e sem dor a vida já não continuaria sendo a *sua*, mas a dos anjos ou a dos mortos ressuscitados: e esta ele não quer. O infinito purgatório, a ascensão eterna com seu esforçado penar, é o mito que lhe parece mais de acordo com seu desejo de imortalidade; mas ainda assim é herege, pois a pureza da ortodoxia ensina que o purgatório *não pode ser para sempre*. Este se parece tanto com a vida que tem necessariamente de acabar para dar lugar a algo radicalmente diferente – para melhor ou para pior –, outra condição já sem comparação com a que o homem de carne e osso chama precisamente vida.

Não morrer não é morrer para ressuscitar, tampouco perdurar na memória dos homens ou nas conquistas fragilmente instituídas das coletividades. A imortalidade de carne e osso de Unamuno não combina com o "morro porque não morro" do cristão, mas tampouco com o *non omnis moriar* do pagão que se consola com a fama *post-mortem*, nem com a sobrevivência diluída num propósito comunitário. Se ele há de morrer de fato, totalmente, na aniquilação de sua consciência e na disjunção definitiva de sua carne e de seus ossos, em nada mais lhe interessa o que os homens celebrem dele ou o destino dos propósitos comuns nos quais colaborou durante sua vida. Sua individualidade concreta desaparecerá nesses *ersatz* de imortalidade não menos que na transcendência cristã passada por uma morte que tem de ser absolutamente real para que Deus possa exercer sua autêntica hegemonia. Confirma-se assim a irreligiosidade de fundo – a forma, às vezes, é contraditória, como sempre nesse paradoxo metódico – de tal desejo de imortalidade, que rejeita também os lenitivos dos mais estabelecidos modelos leigos de sobrevivência religiosa, ou seja, *desossada*. Nem a fama pessoal, nem a perduração nas grandes conquistas culturais ou políticas da humanidade bastam a Unamuno: de fato, não concernem sequer à radicalidade de seu anseio. E por isso *don* Miguel fala com razão de "sentimento *trágico* da vida". Trágico quer dizer impossível de reconciliar com o que sabemos ou com o que tradicionalmente esperamos, inaquietável, sem pretextos verossímeis de nenhum tipo e, no entanto, urgente, que não deixa de incitar. O cristianismo não é trágico; marca mais uma saída hipotética, proposta à vontade de crer, da asfixiante evidência trágica. Tampouco os grandes projetos políticos, científicos ou artísticos assumem francamente o trágico – o sem saída nem composição possível, plausível –, nem o assume o renome tributado por museus e manuais acadêmicos: tudo isso é sub-religião, infraimortalidade, derivativos turvos da paixão trágica. Unamuno escolhe manter-se na mais desolada pureza desta, na demanda de uma imortalidade tanto mais peremptória quanto tudo a desmente e quanto é negada de fato até pelos credos que ousam prometê-la a seu modo.

Na reivindicação de imortalidade formulada por Unamuno, sob aparência e terminologia religiosas, há uma impiedade de fundo que acabamos de mostrar. Algo como um narcisismo definitivo cuja sincera profundidade tem de ser ateia, da mesma categoria daquela "Oração do ateu" que *don* Miguel incluiu em seu *Rosário de sonetos líricos*: *"Sufro yo a tu costa / Dios no existente, pues si Tú existieras/existiria yo también de veras***"*. O que habitualmente se considera como sua preocupação de mais nítida raiz cristã é na realidade uma inquietude trágica, ou seja, anticristã. A outra vertente da íntima urgência que serve de motor a sua reflexão dissemos que foi o *animas disputandi*, afã de contradição e polêmica. Diferentemente do anterior, costuma ser considerado como um movimento profano, mostra de irritabilidade doentia ou vontade de ser do contra para uns, egolatria melindrada e soberba reprimidas para os menos amáveis. No entanto, aqui po-

---

* Sofro eu a tuas custas / Deus não existente, pois se Tu existisses/existiria eu também de verdade. (N. T.)

PREFÁCIO XVII

deria estar precisamente o mais religioso e até cristão do pensamento de *don* Miguel. Para ele, o propriamente humano é lutar contra o evidente, contra o vigente, questionar o que acontece de fato e que, portanto, converte uma possibilidade livre em necessidade. Em *A agonia do cristianismo*, expressa-o assim: "Os homens buscam a paz, diz-se. Mas será verdade? É como quando se diz que os homens buscam a liberdade. Não, os homens buscam a paz em tempo de guerra, e a guerra em tempo de paz; buscam a liberdade sob a tirania e buscam a tirania sob a liberdade." O propósito humano consiste em opor-se ao que se nos oferece como irremediável, como dado. Por quê? Porque no irremediável nossa peculiaridade perde o contorno, funde-se na repetição do decorado. É preciso operar de tal maneira que em cada uma de nossas opções se quebre a rotina do intercambiável: esse poderia ser o imperativo categórico da moral de Unamuno. "Há de ser nosso maior esforço o de nos fazer insubstituíveis, o de fazer uma verdade prática do fato teórico – se é que isso de fato teórico não envolve uma *contradictio in adiecto* – de que cada um de nós é único e insubstituível, de que outro não pode preencher o vazio que deixamos ao morrer." Se a morte chegar, que nos surpreenda resistindo contra a grande tentação da morte: fazer-nos todos, no final, inelutavelmente iguais.

O ímpeto agônico de Unamuno é religioso no sentido de que tenta superar a fragmentação acomodatícia do ser: quando *don* Miguel discute, embora seja sobre insignificâncias, ou o que Chesterton chamaria de "enormes minúcias", ele o faz por raiva contra a finitude e como protesto por aquilo que permanece fora dele, à margem de seu "eu" conquistado com tanto esforço. Não quer conformar-se com nosso destino de simples *porção*, aspirar alucinatoriamente a fagocitar o todo, a convertê-lo inteiro em "eu", eis aqui uma tarefa especificamente religiosa, no sentido mais amplo e autêntico da palavra. Diz Unamuno que o universo começou com um infinito de matéria e um zero de espírito e que nossa missão é nos empenharmos para que chegue a um zero de matéria e a um infinito de espírito: esse tipo de enormidade é, sem dúvida, desesperadamente religiosa, leva um selo desaforado que não é deste mundo. Impor-se aos demais é amá-los: assim Unamuno revela-se como fiel a esse cristianismo essencial que a decadência da Igreja nos quis maquilar com doçuras que não o enquadram. O preceito cristão é de entrega, seremos fastidiosamente admoestados; mas Unamuno põe as coisas em seu lugar: "Entregar-se supõe, repetirei, impor-se. A verdadeira moral religiosa é, no fundo, agressiva, invasora." Não se refere evidentemente a *qualquer* moral religiosa, não ao budismo ou ao taoísmo, mas fala com ferocidade inequívoca do cristianismo; e é também o amor cristão que ele descreve assim: "Amar o próximo é querer que ele seja como eu, que seja outro eu, isto é, é querer eu ser ele; é querer apagar a divisória entre ele e eu, suprimir o mal. Meu esforço para me impor a outro, para ser e viver eu nele e dele, para fazê-lo meu – que é o mesmo que me fazer seu –, é o que dá sentido religioso à coletividade humana." Por um lado, lutar para nos fazer insubstituíveis e contra o igualitarismo forçoso da morte; por outro, querer transformar o outro em mim, impor-me a ele até nos fundirmos em um só e único eu (embora Unamuno tente mostrar como equivalentes o fazer o outro meu e o fazer-me eu do outro, sempre fala de impor-me eu ao outro e nunca de permitir que o outro se imponha a mim): pois bem, essa contradição leva ao absurdo ou à religião, que é a forma mais elevada e socialmente aceita dele. Não nos enganemos, essa proposta dominante nada tem a ver com a ética entendida como avaliação racional, pois na ética o que eu reconheço precisamente no outro é seu direito – idêntico ao meu – a se inventar infinitamente como diferente: a moral que Unamuno propõe é nitidamente religiosa, não humanista laica. De modo que ocorre tanto no pensamento do reitor de Salamanca como no do professor de Königsberg: que a religiosidade que nega ou sabota em seu primeiro grande impulso teórico retorna depois onde menos se esperava, como razão prática.

Do sentimento trágico da vida nos homens e nos povos foi publicado pela primeira vez em 1913, às vésperas da grande conflagração mundial que inaugurou outro século sanguinário e despótico, como todos. Não se trata de uma obra serena, nem concludente; não abre novos caminhos de indagação – antes fala mal de alguns dos mais prestigiosos – nem favorece de nenhum modo a integração da arriscada Espanha no mercado europeu das ideias. Por este livro vagueia lançando clamores o eu de Unamuno, desatado, como um ornitorrinco, segundo a expressão malignamente certeira de Ortega. Esse eu assusta, impacienta, fatiga: como se se tratasse de um estranho marsupial antediluviano, o leitor o vê evoluir com certa dificuldade e não sabe como se arranjar com ele. E acontece que também o eu, como qualquer outra noção fundamental, tem suas altas e baixas na cotação da bolsa filosófica. No ano trinta e sete, alguns meses depois da morte de Unamuno, o jovem Albert Camus anotava em seus *Carnets*; "O culto do eu! Faça-me o favor! Que eu e que personalidade? Quando contemplo minha vida e sua cor secreta, sinto em mim como que um tremor de lágrimas." Coisas demais iam sendo trituradas ao longo das décadas recentes para que o eu unamuniano não resultasse em algo impudico, um desplante fora de lugar ou uma tentativa trágica de monopolizar individualmente uma atenção solicitada por tantas tragédias coletivas. Quanto ao mais, do ponto de vista da objetividade científica, nada se podia tirar a limpo dessas vociferações de energúmeno. E, embora Unamuno tivesse assinalado que, a seu ver, a filosofia se inclina mais para a poesia do que para a ciência, tampouco o relaxamento formal e o desconjuntamento do sentido que marcaram a poesia do século, precisamente a partir dos próprios anos em que apareceu *Do sentimento trágico* podiam favorecer uma leitura calibradamente poética dessa obra incitante de reflexão sem comedimento. A mensagem impressionou, contudo, mas permaneceu como que pendente, espetacularmente enforcada na vaidade convulsa do século, aviso órfão de um genial extravagante, cujo destino parecia vedar-lhe juntamente o ser esquecido e o saber deixar marcas profundas.

Agora que já se pode outra vez ler tudo sem que ninguém se atreva a buscar imediatamente remédios para nada, talvez *Do sentimento trágico* possa ser degustado com maior proximidade. Aqui se oferece o lado grave e feroz do narcisismo, o rosto oculto do *lifting*, do *footing* e da meditação transcendental com iogue de faz de conta bancando o urso. Não é obra para nos fazer chegar a um acordo, mas pelo menos colaborará *seriamente* com um desacordo que não costuma ser muito consciente de seus motivos últimos. Quando chegou a Paris, fugindo de seu confinamento insular sob Primo de Rivera, Unamuno foi entrevistado por Benoist-Méchin, que lhe perguntou o que havia lido durante o cativeiro. "Li o essencial: Byron", respondeu *don* Miguel. Pois bem, num dos mais característicos textos de Byron, *Manfred*, pode-se encontrar esta esplêndida caracterização digna de Shakespeare: "*We are the fools of time and terror*". Somos os bufões do tempo e do terror, tal foi a convicção fundamental de Unamuno durante toda a sua execução reflexiva. Mas, a partir do tempo e do terror que nos acossam, erguemos uma reclamação, um protesto, um canto, e assim se aproxima subjetivamente de nós a dignidade trágica que os fatos – e sua mera administração positivista – nos negam. Não é suficiente, mas é suficiente: soa a ênfase ridícula, mas é o único não ridículo ao nosso alcance; não leva a lugar nenhum, mas pelo menos nos finca onde estamos; voz que brota do atormentado capricho de um só e voz de todos, voz imposta e desmentida por herdeiros rebeldes mas que voltam a se aproximar dele.

Fernando SAVATER
Donostia – Madrid, janeiro de 1986

CAPÍTULO I
O HOMEM DE CARNE E OSSO

Homo sum; nihil humani a me alienum puto, disse o cômico latino. Eu diria melhor: *nullum hominem a me alienum puto*. Sou homem; a nenhum outro homem considero estranho. Porque o adjetivo *humanus* me é tão suspeito quanto o substantivo abstrato *humanitas*, humanidade. Nem o humano, nem a humanidade, nem o adjetivo simples, nem o adjetivo substantivado, mas sim o substantivo concreto: o homem. O homem de carne e osso, aquele que nasce, sofre e morre – sobretudo morre –, que come, bebe, joga, dorme, pensa e ama, o homem que se vê e a quem se ouve, o irmão, o verdadeiro irmão.

Porque há outra coisa, a que também chamam homem e que é o sujeito de não poucas divagações mais ou menos científicas. É o bípede implume da lenda, o ζῷον πολιτικόν de Aristóteles, o contratante social de Rousseau, o *homo oeconomicus* dos manchesterianos, o *homo sapiens* de Lineu, ou, se preferirem, o mamífero vertical. Um homem que não é daqui ou dali, desta ou de outra época, que não tem sexo nem pátria – uma ideia, enfim. Isto é, um não homem.

O nosso é o outro, o de carne e osso: eu, você, meu leitor, aquele outro de mais além, todos os que pisamos sobre a terra.

Esse homem concreto, de carne e osso, é o sujeito e, ao mesmo tempo, o supremo objeto de toda filosofia, quer queiram, quer não, certos pretensos filósofos.

Na maior parte das histórias da filosofia que conheço, apresentam-nos os sistemas como originários uns dos outros, e seus autores, os filósofos, aparecem apenas como meros pretextos. A biografia íntima dos filósofos, dos homens que filosofaram, ocupa um lugar secundário. No entanto, é ela, essa biografia íntima, que mais coisas nos explica.

Cumpre-nos dizer, antes de mais nada, que a filosofia se aproxima mais da poesia que da ciência. Todos os sistemas filosóficos que se forjaram como supremo amálgama dos resultados últimos das ciências particulares, num período qualquer, tiveram muito menos consistência e menos vida do que aqueles outros que representavam a aspiração integral do espírito de seu autor.

Porque as ciências, importando-nos tanto e sendo indispensáveis para nossa vida e nosso pensamento, nos são, em certo sentido, mais estranhas que a filosofia. Cumprem um fim mais objetivo, isto é, mais fora de nós. São, no fundo, coisa de economia. Uma nova descoberta científica, das que chamamos teóricas, é como uma descoberta mecânica, a da máquina a vapor, do telefone, do fonógrafo, do aeroplano, uma coisa que serve para algo. Assim, o telefone pode nos servir para nos comunicarmos a distância com a mulher amada. Mas esta, para que nos serve? Uma pessoa toma o bonde elétrico para ir assistir a uma ópera e se pergunta: "Qual é mais útil, neste caso, o bonde ou a ópera?".

A filosofia atende à necessidade de formarmos uma concepção unitária e total do mundo e da vida, e, como consequência dessa concepção, um sentimento que engendre uma atitude íntima e até uma ação. Mas, ocorre que esse sentimento, em vez de ser consequência daquela concepção, é causa dela. Nossa filosofia, isto é, nosso modo de compreender ou de não compreender o mundo e a vida brota de nosso sentimento com respeito à própria vida. E esta, como tudo o que é afetivo, tem raízes subconscientes, inconscientes talvez.

Não são nossas ideias que costumam nos tornar otimistas ou pessimistas, mas sim nosso otimismo ou nosso pessimismo – de origem fisiológica ou talvez patológica, tanto um como o outro – que fazem nossas ideias.

O homem, dizem, é um animal racional. Não sei por que não se disse que é um animal afetivo ou sentimental. Talvez, o que o diferencie dos outros animais seja muito mais o sentimento do que a razão. Vi mais vezes um gato raciocinar do que rir ou chorar. Talvez chore ou ria por dentro, mas por dentro talvez também o caranguejo resolva equações do segundo grau.

Assim, o que mais nos deve importar num filósofo é o homem.

Tomem Kant, o homem Emmanuel Kant, que nasceu e viveu em Königsberg em fins do século XVIII até pisar no limiar do século XIX. Há, na filosofia desse homem Kant, homem de coração e de cabeça, isto é, homem, um significativo salto, como teria dito Kierkegaard, outro homem – e tão homem! –, o salto da *Crítica da razão pura* à *Crítica da razão prática*. Reconstrói nesta, digam o que quiserem os que não veem o homem, o que demoliu naquela. Depois de ter examinado e pulverizado com sua análise as tradicionais provas da existência de Deus, do Deus aristotélico, que é o Deus correspondente ao ζῷον πολιτικόν, do Deus abstrato, do primeiro motor imóvel, volta a reconstruir Deus, mas o Deus da consciência, o autor da ordem moral, o Deus luterano, enfim. Esse salto de Kant já se encontra em germe na noção luterana da fé.

Ele um Deus, o Deus racional, é a projeção, no infinito de fora, do homem por definição, isto é, do homem abstrato, do homem não homem; enquanto o outro Deus, o Deus sentimental ou volitivo, é a projeção, no infinito de dentro, do homem por vida, do homem concreto, de carne e osso.

Kant reconstruiu com o coração o que demolira com a cabeça. E sabemos, por testemunho dos que o conheceram e por testemunho próprio, em suas cartas e manifestações privadas, que o homem Kant, o solteirão um tanto egoísta, que lecionou filosofia em Königsberg no fim do século da Enciclopédia e da deusa Razão, era um homem muito preocupado com esse problema. Quero dizer, com o único e verdadeiro problema vital, aquele que mais profundamente nos toca, o problema de nosso destino individual e pessoal, da imortalidade da alma. O homem Kant não se resignava a morrer de todo. E, porque não se resignava a morrer de todo, deu aquele salto, o salto imortal, de uma a outra crítica.

Quem ler com atenção e sem antolhos a *Crítica da razão pratica verá* que, a rigor, nela se deduz a existência de Deus da imortalidade da alma, e não esta daquela. O imperativo categórico leva-nos a um postulado moral que exige, por sua vez, na ordem teleológica, ou melhor, escatológica, a imortalidade da alma; e, para sustentar essa imortalidade, aparece Deus. Tudo o mais é escamoteação de profissional da filosofia.

O homem Kant sentiu a moral como base da escatologia, mas o professor de filosofia inverteu os termos.

Outro professor já disse, não sei onde, o professor e homem William James, que Deus, para a generalidade dos homens, é o produtor da imortalidade. Sim, para a generalidade dos homens, inclusive o homem Kant, o homem James e o homem que traça estas linhas que você está lendo, leitor.

Um dia, conversando com um camponês, propus-lhe a hipótese de que houvesse, de fato, um Deus que governa o céu e a terra. Consciência do Universo, mas que, nem por isso, seja a alma de cada homem imortal no sentido tradicional e concreto. E me respondeu: "Então, para que Deus?" E assim se respondiam, no recôndito foro da sua consciência, o homem Kant e o homem James. Só que, ao atuarem como professores, tinham de justificar racionalmente essa atitude tão pouco racional. O que não quer dizer, é claro, que seja absurda.

Hegel tornou célebre seu aforismo de que tudo o que é racional é real, e tudo o que é real é racional; mas somos muitos os que, não convencidos por Hegel, continuamos a crer que o real, o realmente real, é irracional, que a razão constrói sobre irracionalidades. Hegel, grande definidor, pretendeu reconstruir o universo com definições, como aquele sargento de artilharia dizia que se constroem canhões pegando um furo e recobrindo-o de ferro.

Outro homem, o homem Joseph Butler, bispo anglicano, que viveu em princípios do século XVIII, e que o cardeal católico Newman diz ser o maior homem da Igreja anglicana, escreveu ao final do primeiro capítulo de sua grande obra sobre a analogia da religião[1], capítulo que trata da vida futura, estas fecundas palavras: "Tal crença numa vida futura, sobre a qual tanto se insistiu aqui, por pouco que satisfaça nossa curiosidade, parece corresponder a todos os propósitos da religião tanto quanto corresponderia a uma prova demonstrativa. Na realidade, uma prova, inclusive demonstrativa, de uma vida futura não seria uma prova da religião. Porque o que vamos viver depois da morte é coisa perfeitamente compatível com o ateísmo e que pode ser tão levada em conta por ele quanto o fato de estarmos vivos agora; portanto, nada pode ser mais absurdo que deduzir do ateísmo que não pode haver estado futuro."

O homem Butler, cujas obras talvez o homem Kant conhecesse, queria salvar a fé na imortalidade da alma e, para tanto, tornou-a independente da fé em Deus. O primeiro capítulo de sua *Analogia* trata, como estou lhes dizendo, da vida futura, e o segundo, do governo de Deus por meio de recompensas e castigos. Porque, no fundo, o bom bispo anglicano deduz a existência de Deus da imortalidade da alma. E, como o bom bispo anglicano partiu disso, não teve de dar o salto que, em fins de seu próprio século, o bom filósofo luterano precisou dar. Era um homem o bispo Butler, era outro homem o professor Kant.

E ser um homem é ser algo concreto, unitário e substantivo, é ser coisa, *res*. Já sabemos o que outro homem, o homem Baruch Spinoza, aquele judeu português que nasceu e viveu na Holanda, em meados do século XVII, escreveu da coisa toda. A proposição sexta, da parte III, de sua *Ética* diz: *unaquaeque res, quantum in se est, in suo esse perseverare conatur*, quer dizer, cada coisa, enquanto é em si, esforça-se por perseverar em seu ser. Cada coisa é o que é em si, isto é, enquanto substância, já que, segundo ele, substância é *id quod in se est et per se concipitur*, o que é por si e por si se concebe. E, na proposição seguinte, a sétima, da mesma parte, acrescenta: *conatus, quo unaquaeque res in suo esse perseverare conatur, nihil est praeter ipsius rei actualem essentiam*; isto é, o esforço com que cada coisa trata de perseverar em seu ser não é senão a essência atual da própria coisa. Isso quer dizer que sua essência, leitor, a minha, a do homem Spinoza, a do homem Butler, a do homem Kant e a de cada homem que seja homem nada mais é que o intento, o esforço que faz para continuar sendo homem, para não morrer. E a outra proposição que se segue a essas duas, a oitava, diz: *conatus, quo unaquaeque res in suo esse perseverare conatur, nullum tempus finitum, sed indefinitum involvit*; ou seja, o esforço com que cada coisa se esforça por perseverar em seu ser não implica tempo finito, mas indefinido. Isso significa que você, eu e Spinoza não queremos morrer nunca e que essa nossa aspiração de nunca morrer é nossa essência atual. No entanto, esse pobre judeu português, desterrado nas brumas holandesas, nunca pôde chegar a crer em sua própria imortalidade pessoal, e toda sua filosofia não foi mais que uma consolação que forjou para essa sua falta de fé. Como a outros lhes dói uma mão, um pé, o coração, ou a cabeça, a Spinoza lhe doía Deus. Pobre homem! E pobres homens todos os demais!

E o homem, essa coisa, é uma coisa? Por absurda que pareça a pergunta, houve quem a formulasse. Correu o mundo não faz muito, uma doutrina à qual chamávamos positivismo, que fez tanto bem quanto mal. Entre outros males que fez, está o de proporcionar-nos um gênero de análise tal que os fatos se pulverizavam com ela, reduzindo-se a pó. A maior parte do que o positivismo chama fatos era apenas fragmentos de fatos. Em psicologia, sua ação foi deletéria. Houve até escolásticos metidos a literatos – não digo filósofos metidos a poetas, porque poeta e filósofo são irmãos gêmeos, se é que não são a mesma coisa – que levaram a análise psicológica positivista ao romance e ao drama, onde é necessário pôr em pé homens concretos, de carne e osso, e, à força de estados de consciência, as consciências desapareceram. Aconteceu com elas o que, dizem, sucede com frequência ao se examinar e experimentar certos complicados compostos químicos orgânicos, vivos: os reagentes destroem o próprio corpo que se propõe examinar, e o que obtemos são nada mais que produtos de sua composição.

Partindo do fato evidente de que desfilam por nossa consciência estados contraditórios entre si, não chegaram a ver com clareza a consciência, o eu. Perguntar a alguém por seu eu é como perguntar-lhe por seu corpo. E considere que, ao falar do eu, falo do eu concreto e pessoal, não do eu de Fichte, mas do próprio Fichte, do homem Fichte.

O que determina um homem, o que faz dele *um* homem, um e não outro, o que é e não o que não é, é um princípio de unidade e um princípio de continuidade. Um princípio de unidade primeiro, no espaço, graças ao corpo, depois na ação e no propósito. Quando andamos, um pé não vai para a frente e outro, para trás, nem quando olhamos um olho fixa o Norte e outro, o Sul, quando somos sãos. Em cada momento de nossa vida, temos um propósito, e para ele contribui a sinergia de nossas ações. Ainda que no momento seguinte mudemos de propósito. E, em certo sentido, um homem é tanto mais homem quanto mais unitária for sua ação. Há quem, na vida, persiga um só e único objetivo, seja ele qual for.

E um princípio de continuidade no tempo. Sem me pôr a discutir – discussão ociosa – se sou ou não o que era há vinte anos, é indiscutível, parece-me, o fato de que o que sou hoje provém, por uma série contínua de estados de consciência, do que era em meu corpo faz vinte anos. A memória é a base da personalidade individual, assim como a tradição o é da personalidade coletiva de um povo. Vive-se na recordação e pela recordação, e nossa vida espiritual não é, no fundo, senão o esforço de nossa recordação por perseverar, por tornar-se esperança, o esforço de nosso passado por tornar-se porvir.

Tudo isso é de um truísmo gritante, eu sei. Mas o fato é que, girando pelo mundo, encontram-se homens que não parecem sentir-se a si mesmos. Um de meus melhores amigos, com quem passeei diariamente durante anos inteiros, cada vez que eu lhe falava desse sentimento da própria personalidade, me dizia: "Pois eu não sinto a mim mesmo; não sei o que é isso."

Em certa ocasião, esse amigo a quem aludo me disse: "Gostaria de ser Fulano" (aqui, um nome); e eu repliquei-lhe: "É o que nunca consigo compreender, que se queira ser outro qualquer. Querer ser outro é deixar de ser o que é. Entendo que alguém deseje ter o que outro tem, suas riquezas ou seus conhecimentos; mas ser outro é coisa que não consigo me explicar. Mais de uma vez se disse que todo homem desgraçado prefere ser o que é, mesmo com suas desgraças, a ser outro sem elas. Porque os homens desgraçados, quando conservam a sanidade em sua desgraça, isto é, quando se esforçam por perseverar em seu ser, preferem a desgraça à não existência. De mim, sei dizer que, quando rapaz, e mesmo criança, não conseguiram convencer-me as patéticas pinturas que me faziam do inferno, pois já desde então nada me parecia tão horrível quanto o próprio nada. Era uma furiosa fome de ser, um apetite de divindade, como disse nosso asceta."

Propor-se alguém a ser outro, tornar-se outro, é propor-se deixar de ser a si mesmo. Cada um defende a sua personalidade e só aceita uma mudança em seu modo de pensar ou de sentir na medida em que essa mudança possa fazer parte da unidade de seu espírito e enredar-se na continuidade dele; na medida em que essa mudança possa se harmonizar e se integrar com todo o resto de seu modo de ser, pensar e sentir, e possa, ao mesmo tempo, prender-se a suas recordações. Não se pode exigir de um homem, nem de um povo – que é, em certo sentido, um homem também –, uma mudança que rompa a unidade e a continuidade de sua pessoa. É possível mudá-lo muito, quase por completo até, mas mantendo a continuidade.

É verdade que acontece com certos indivíduos o que se chama mudança de personalidade, mas esse é um caso patológico e como tal é estudado pelos alienistas. Nessas mudanças de personalidade, a memória, base da consciência, se arruína por completo, só restando ao pobre paciente, como substrato de continuidade individual – já que não pessoal –, o organismo físico. Essa doença equivale à morte para o sujeito que dela padece; só não equivale à sua morte para os que dele vierem a herdar, se tiver fortuna. Essa doença não é mais que uma revolução, uma verdadeira revolução.

Uma doença é, sob certo aspecto, uma dissociação orgânica: é um órgão ou um elemento qualquer do corpo vivo que se rebela, quebra a sinergia vital e concorre para um fim distinto daquele para o qual concorrem os demais elementos a ele coordenados. Seu fim pode ser, considerado em si, isto é, em abstrato, mais elevado, mais nobre, mais... tudo o que se quiser, mas é outro. Poderá ser melhor voar e respirar no ar do que nadar e respirar na água; mas se as barbatanas de um peixe cismassem querer converter-se em asas, o peixe, como peixe, pereceria. E não adianta dizer que acabaria por se tornar ave, se nele não existisse um processo de continuidade. Não sei bem, mas talvez possa acontecer que um peixe gere uma ave, ou outro peixe que esteja mais próximo da ave do que ele; no entanto, um peixe, este peixe, não pode, ele mesmo, durante sua vida, tornar-se ave.

Tudo o que em mim concorra para quebrar a unidade e a continuidade de minha vida, concorre para me destruir e, portanto, para se destruir. Qualquer indivíduo que, num povo, concorra para quebrar a unidade e a continuidade espirituais desse povo tende a destruí-lo e a destruir-se como parte desse povo. Tal outro povo é melhor? Perfeitamente, embora não entendamos direito o que significa isso de melhor ou pior. É mais rico? Concedido. É mais culto? Concedido também. Vive mais feliz? Já isso… Mas, enfim, seja! Vence, segundo o que chamam vencer, enquanto nós somos vencidos? Parabéns. Tudo isso está certo, mas é outro. E basta. Porque, para mim, tornar-me outro, quebrando a unidade e a continuidade de minha vida, é deixar de ser o que sou, isto é, simplesmente, deixar de ser. E isso não! Tudo menos isso!

Outro desempenharia tão bem ou melhor do que eu o papel que desempenho? Outro cumpriria minha função social? Sim, mas não eu.

"Eu, eu, eu, sempre eu!" – dirá algum leitor. "E quem é você?" Poderia responder aqui com "Obermann", com o enorme homem "Obermann": "Para o Universo, nada; para mim, tudo"[2]. Mas não, prefiro recordar-lhe uma doutrina do homem Kant, a de que devemos considerar nossos próximos, os outros homens, não como meios, mas como fins. Pois não se trata tão somente de mim, trata-se de você, leitor, que resmunga assim; trata-se do outro, trata-se de todos e de cada um. Os juízos singulares têm valor de universais, dizem os lógicos. O singular não é particular, é universal.

O homem é um fim, não um meio. A civilização toda é voltada para o homem, para cada homem, para cada eu. Ou o que é esse ídolo, chame-se Humanidade ou como se chamar, ao qual se devam sacrificar todos e cada um dos homens? Porque eu me sacrifico por meus próximos, por meus compatriotas, por meus filhos, e estes, por sua vez, pelos seus, e os seus pelos deles, e assim em uma série interminável de gerações. E quem colhe o fruto desse sacrifício?

Os mesmos que nos falam desse sacrifício fantástico, dessa dedicação sem objeto, também costumam nos falar do direito à vida. Que é esse direito à vida? Dizem-me que vim realizar não sei que fim social, mas sinto que eu, do mesmo modo que cada um de meus irmãos, vim realizar-me, viver.

Sim, sim, vejo: uma enorme atividade social, uma poderosa civilização, muita ciência, muita arte, muita indústria, muita moral e, depois, quando tivermos enchido o mundo de maravilhas industriais, de grandes fábricas, de estradas, museus, bibliotecas, cairemos esgotados ao pé de tudo isso, que ficará para quem? Fez-se o homem para a ciência, ou a ciência para o homem?

"Ora essa!" – exclamará de novo o mesmo leitor –, "voltamos ao Catecismo: Pergunta: Para quem Deus fez o mundo? Resposta: Para o homem." Pois bem, sim, assim deve responder o homem que é homem. A formiga, se se desse conta disso e fosse uma pessoa, consciente de si, responderia que foi para a formiga, e responderia bem. O mundo é feito para a consciência, para cada consciência.

Uma alma humana vale por todo o universo, disse não sei quem, mas disse egregiamente. Uma alma humana, entenderam? Não uma vida. Esta vida não. E acontece que, à medida que se crê menos na alma, isto é, em sua imortalidade consciente, pessoal e concreta, exagerar-se-á mais o valor da pobre vida passageira. Extraem-se daqui todos os sentimentalismos efeminados contra a guerra. Sim, não se deve querer morrer, mas da outra morte. "Quem quiser salvar sua vida a perderá", diz o Evangelho; mas não diz quem quiser salvar a alma, a alma imortal. Ou que cremos e queremos que o seja.

Todos os definidores do objetivismo não percebem, ou melhor, não querem perceber que, quando um homem afirma seu eu, sua consciência pessoal, ele afirma o homem, o homem concreto e real, afirma o verdadeiro humanismo – que não é o das coisas do homem, mas o do homem –, e, ao afirmar o homem, afirma a consciência. Porque a única consciência de que temos consciência é a do homem.

O mundo é para a consciência. Ou, melhor dizendo, esse *para*, essa noção de finalidade e, melhor que noção, sentimento, esse sentimento teleológico só nasce onde há consciência. Consciência e finalidade são, fundamentalmente, a mesma coisa.

Se o sol tivesse consciência, pensaria viver para iluminar os mundos, sem dúvida; mas pensaria também, e sobretudo, que os mundos existem para que ele os ilumine, deleite-se em iluminá-los e assim viva. E pensaria bem.

Toda essa trágica batalha do homem para se salvar, esse perene anseio de imortalidade, que fez o homem Kant dar aquele salto imortal de que lhes falava, tudo isso nada mais é que uma batalha pela consciência. Se a consciência é, como disse algum pensador inumano, nada mais que um relâmpago entre duas eternidades de trevas, então não há nada mais execrável do que a existência.

Alguém poderá ver um fundo de contradição em tudo o que estou dizendo, ansiando por vezes à vida inacabável e dizendo, outras, que essa vida não tem o valor que lhe é dado. Contradição? Pois claro! Entre meu coração, que diz sim, e minha cabeça, que diz não! Contradição, naturalmente. Quem não se lembra daquelas palavras do Evangelho: "Eu creio, Senhor, ajuda-me na minha falta de fé!"? (Marcos, 9:24). Contradição, naturalmente! Pois que só vivemos de contradições, e por elas; pois que a vida é tragédia, e a tragédia é perpétua luta, sem vitória nem esperança de vitória, é contradição.

Trata-se, como veem, de um valor afetivo, e contra os valores afetivos não valem razões. Porque as razões não são nada mais que razões, isto é, nem sequer são verdades. Há desses definidores pedantes por natureza e graça, que me fazem o efeito daquele senhor que vai consolar um pai que acaba de perder um filho morto de repente, na flor dos anos, e lhe diz: "Paciência, amigo, todos vamos morrer!" Vocês ficariam chocados se esse pai se irritasse contra semelhante impertinência? Porque é uma impertinência. Quantas vezes não cabe dizer

> Para pensar como tu, só é preciso
> não ter nada mais que inteligência.

De fato, há pessoas que parecem não pensar senão com o cérebro, ou com qualquer outro órgão específico para pensar, enquanto outros pensam com todo o corpo e toda a alma, com o sangue, com o tutano dos ossos, com o coração, com os pulmões, com o ventre, com a vida. E as pessoas que só pensam com o cérebro viram definidoras, tornam-se profissionais do pensamento. E sabem o que é um profissional? Sabem o que é um produto da diferenciação do trabalho?

Tomai um profissional do boxe. Aprendeu a esmurrar com tal economia que concentra todas as suas forças no soco e põe em jogo apenas os músculos necessários para alcançar o fim imediato e específico de sua ação: derrubar o adversário. Um bofetão dado por um não profissional poderá não ter tanta eficácia objetiva imediata, mas vitaliza muito mais quem o dá, pondo em jogo quase todo o seu corpo. Uma coisa é um soco de boxeador; outra, um soco de homem. É sabido que os hércules de circo, que os atletas de feira, não costumam ser sadios. Derrubam os adversários, levantam pesos enormes, mas morrem de tísica ou de dispepsia.

Se um filósofo não é um homem, é tudo menos filósofo; é, sobretudo, um pedante, isto é, um arremedo de homem. O cultivo de uma ciência qualquer, da química, da física, da geometria, da filologia, pode ser, inclusive de forma muito restrita e dentro de limites estreitíssimos, obra de especialização diferenciada; mas a filosofia, como a poesia, ou é obra de integração, de amálgama, ou não é mais que filosofismo, erudição pseudofilosófica.

Todo conhecimento tem uma finalidade. A de saber por saber não é, pouco importa o que digam, mais que uma triste petição de princípio. Aprende-se algo ou para um fim prático imediato, ou para completar nossos demais conhecimentos. Mesmo a doutrina que nos pareça mais teórica, isto é, com menos aplicação imediata às necessidades não intelectuais da vida, corresponde a uma necessidade – que também é – intelectual, a uma razão de economia no pensar, a um princípio de unidade e continuidade da consciência. Mas assim como um conhecimento científico tem sua finalidade nos demais conhecimentos, a filosofia que alguém abraça tem outra finalidade extrínseca, refere-se a todo o nosso destino, nossa atitude diante da vida e do universo. E o mais trágico problema da filosofia é o de conciliar as necessidades intelectuais com as necessidades afetivas e volitivas. Pois então fracassa toda filosofia que pretende desfazer a eterna e trágica contradição, base de nossa existência. Será que todos enfrentam essa contradição?

Pouco se pode esperar, por exemplo, de um governante que nenhuma vez, mesmo que de modo obscuro, haja se preocupado com o princípio primeiro e o fim último das coisas, sobretudo dos homens, de seu primeiro por que e de seu último para quê.

Essa suprema preocupação não pode ser puramente racional, tem de ser afetiva. Não basta pensar, é preciso sentir nosso destino. Aquele que, pretendendo dirigir seus semelhantes, diz e proclama que não se preocupa com as coisas lá de cima, não os merece dirigir. Sem que isso queira dizer, é claro, que se deva pedir-lhe uma solução determinada. Solução! Porventura existe?

No que me diz respeito, jamais me entregarei de bom grado, e outorgando-lhe minha confiança, a qualquer dirigente público que não esteja compenetrado de que, ao conduzir um povo, conduz homens, homens de carne e osso, homens que nascem, sofrem e, ainda que não queiram morrer, morrem; homens que são fins em si, e não apenas meios; homens que são o que são, e não outros; homens, enfim, que buscam o que chamamos de felicidade. É inumano, por exemplo, sacrificar uma geração de homens à geração que lhes sucede quando não se tem sentimento do destino dos sacrificados. Não de sua memória, não de seus nomes, mas deles mesmos.

Toda essa história de que uma pessoa vive em seus filhos, ou em suas obras, ou no Universo, são vagas elucubrações com que só se satisfazem os que sofrem de estupidez afetiva, que podem ser, quanto ao mais, pessoas de certa eminência cerebral. Porque uma pessoa pode ter um grande talento, o que chamamos de grande talento, e ser um estúpido do sentimento e, até, um imbecil moral. Houve casos assim.

Esses estúpidos afetivos dotados de talento costumam dizer que não adianta querer penetrar o inescrutável nem se rebelar. É como dizer a alguém cuja perna teve de ser amputada que de nada adianta pensar nisso. E a todos nós falta alguma coisa, só que uns sentem e outros não. Ou fazem que não sentem e, nesse caso, são uns hipócritas.

Um pedante que viu Sólon chorar a morte de um filho lhe disse: "Para que chora assim, se não adianta nada?" E o sábio respondeu: "Precisamente por isso, porque não adianta nada". Está claro que chorar adianta alguma coisa, ainda que só para desafogar; mas bem se vê o profundo sentido da resposta de Sólon ao impertinente. Estou convencido de que resolveríamos muitas coisas se, saindo todos à rua e exibindo à luz do dia nossas penas, que – talvez se revelassem uma só pena comum – nos puséssemos todos a chorá-las, a dar gritos para o céu e clamar a Deus. Mesmo que não nos ouvisse, nos ouviria, sim. A maior santidade de um templo é ser o lugar em que se vai chorar em comum. Um *Miserere* cantado em comum por uma multidão castigada pelo destino vale tanto quanto uma filosofia. Não basta curar a peste, é preciso saber chorá-la. Sim, é preciso saber chorar! Talvez seja essa a sabedoria suprema. Para quê? Perguntai-o a Sólon.

Há algo que, na falta de outro nome, chamaremos de sentimento trágico da vida, que traz consigo toda uma concepção da própria vida e do Universo, toda uma filosofia mais ou menos formulada, mais ou menos consciente. Esse sentimento, não só homens individuais, mas povos inteiros podem ter, e o têm. Esse sentimento, mais do que brotar das ideias, as determina, mesmo quando depois, é claro, essas ideias reajam sobre ele, corroborando-o. Algumas vezes pode provir de uma doença adventícia – de uma dispepsia, por exemplo –, mas outras vezes é constitucional. E não adianta falar, como veremos, de homens sadios e enfermos. À parte não existir uma noção normativa da saúde, ninguém provou que o homem tenha de ser naturalmente alegre. Mais ainda: o homem, por ser homem, por ter consciência, já é, em relação ao burro ou a um caranguejo, um animal doente. A consciência é uma doença.

Houve, entre os homens de carne e osso, exemplares típicos dos que têm o sentimento trágico da vida. De pronto lembro Marco Aurélio, santo Agostinho, Pascal, Rousseau, *René*, *Obermann*, Thomson, Leopardi, Vigny, Lenau, Kleist, Amiel, Quental, Kierkegaard, homens carregados muito mais de sabedoria do que de ciência.

Haverá quem acredite que qualquer um desses homens adotou sua atitude – como se coubesse adotar atitudes assim, como quem adota uma postura – para chamar a atenção ou, talvez, para granjear o reconhecimento dos poderosos, talvez de seus chefes, porque não há nada mais mesquinho do que o homem quando se põe a supor intenções alheias. Mas *honni soit qui mal y pense*. Isso para não imprimir, agora e aqui, outro provérbio espanhol e muito mais enérgico, mas que talvez beire a grosseria.

E também há povos, creio eu, que têm o sentimento trágico da vida.

É o que vamos ver agora, começando por essa questão da saúde e da doença.

CAPÍTULO II
O PONTO DE PARTIDA

Talvez as reflexões que venho fazendo possam parecer a alguns de um caráter um tanto doentio. Doentio? Mas o que é a doença? O que é a saúde?

Talvez a própria doença seja a condição essencial do que chamamos progresso, e o próprio progresso, uma doença.

Quem não conhece a mítica tragédia do Paraíso? Nossos primeiros pais viviam nele em estado de perfeita saúde e de perfeita inocência, Javé lhes permitia comer da árvore da vida, tendo criado tudo para eles; mas proibiu-os de provar o fruto da árvore da ciência do bem e do mal. Mas eles, tentados pela serpente, modelo de prudência para o Cristo, provaram da fruta da árvore da ciência do bem e do mal e ficaram sujeitos a todas as doenças – inclusive a que é o coroamento e epílogo delas, a morte –, ao trabalho e ao progresso. Porque o progresso parte, segundo essa lenda, do pecado original. Foi assim que a curiosidade da mulher, de Eva, mais presa às necessidades orgânicas e de conservação, trouxe a queda e, com a queda, a redenção, que nos colocou no caminho de Deus, o caminho que leva a Ele e a ser Nele.

Querem outra versão de nossa origem? Está bem. Segundo ela, não é, a rigor, um homem, mas uma espécie de gorila, orangotango, chimpanzé ou coisa assim, hidrocéfalo ou algo parecido. Um mono antropoide teve, uma vez, um filho doente, do ponto de vista estritamente animal ou zoológico, doente, verdadeiramente doente, e essa doença se revelou, além de uma fraqueza, uma vantagem na luta pela sobrevivência. Acabou pondo-se ereto o único mamífero vertical: o homem. A posição ereta libertou-lhe as mãos de ter de se apoiar nelas para andar; ele pôde, então, opor o polegar aos outros quatro dedos, pegar objetos e fabricar utensílios, sendo as mãos, como se sabe, grandes forjadoras de inteligência. Essa mesma posição lhe deu pulmões, traqueia, laringe e boca capazes de articular a linguagem, e a palavra é inteligência. Também essa posição, fazendo a cabeça pesar verticalmente sobre o tronco, permitiu um maior peso e desenvolvimento daquela, na qual o pensamento se aloja. Mas, necessitando para isso de ossos da pelve mais resistentes e robustos do que nas espécies cujo tronco e cuja cabeça descansam sobre as quatro extremidades, a mulher, autora da queda, segundo o Gênesis, teve que dar saída, no parto, a uma cria de cabeça maior por entre ossos mais duros. E Javé a condenou, por ter pecado, a parir seus filhos com dor.

O gorila, o chimpanzé, o orangotango e seus congêneres devem considerar o homem um pobre animal doente, que até armazena seus mortos. Para quê?

Essa doença primeira e todas as doenças que se lhe seguem acaso não são o elemento capital do progresso? A artrite, por exemplo, infecciona o sangue, introduz nele cinzas, resíduos de uma combustão orgânica imperfeita; mas essa mesma impureza porventura não torna tal sangue mais excitante? Acaso esse sangue impuro não provocará, precisamente por ser impuro, uma celebração mais aguda? A água quimicamente pura não é potável. E o sangue fisiologicamente puro também não será inapto para o cérebro do mamífero vertical, que deve viver do pensamento?

Por outro lado, a história da medicina ensina-nos que o progresso não consiste tanto em expulsar de nós os germes das doenças, ou mesmo as próprias doenças, quanto em acomodá-las a nosso organismo, enriquecendo-o talvez, em macerá-las em nosso sangue. Que outra coisa significam a vacinação e todos os soros, que mais é a imunização pelo transcurso do tempo?

Se a saúde não fosse uma categoria abstrata, o que a rigor não ocorre, poderíamos dizer que um homem perfeitamente sadio não seria um homem, mas um animal irracional. Irracional por falta de uma doença que acendesse sua razão. E é uma verdadeira doença – e trágica – a que nos dá apetite de conhecer por gosto do próprio conhecimento, pelo deleite de provar da fruta da árvore da ciência do bem e do mal.

Πάντες ἄνθρωποι τὸν εἰδέναι ὀρέγονται φύσει, "todos os homens se empenham, por natureza, em conhecer". Assim começa Aristóteles sua *Metafísica*, e, desde então, repetiu-se mil vezes que a curiosidade, ou o desejo de saber, aquilo que, segundo o Gênesis, levou nossa primeira mãe ao pecado, é a origem da ciência.

Mas, é mister distinguir aqui entre o desejo ou apetite de conhecer, aparentemente e à primeira vista, por amor ao próprio conhecimento; entre a ânsia de provar do fruto da árvore da ciência e a necessidade de conhecer para viver. Esta última, que nos proporciona o conhecimento direto e imediato e que, em certo sentido – se não parecesse paradoxal –, poderia chamar-se conhecimento inconsciente, é comum ao homem e aos animais, enquanto o que nos distingue destes é o conhecimento reflexivo, o conhecer do próprio conhecer.

Os homens muito têm discutido e muito continuarão a discutir ainda – já que o mundo foi entregue a suas discussões – sobre a origem do conhecimento; porém, deixando para mais adiante o que há disso nas entranhas profundas da existência, está comprovado e certo que, na ordem aparente das coisas, na vida dos seres dotados de algum conhecimento ou percepção, mais ou menos brumoso, ou que por seus atos parecem estar dotados dele, o conhecimento se nos apresenta ligado à necessidade de viver e de conseguir apoio para obtê-lo. É uma sequela daquela essência mesma do ser, que, segundo Spinoza, consiste no esforço de perseverar indefinidamente em seu próprio ser. Com termos em que a concreção por vezes beira a grosseria, cabe dizer que o cérebro, quanto à sua função, depende do estômago. Nos seres que figuram no nível mais baixo da escala dos viventes, os atos que apresentam características de voluntariedade, os que parecem ligados a uma consciência mais ou menos clara, são atos que se destinam a proporcionar subsistência ao ser que os executa.

É essa a origem, que podemos chamar histórica, do conhecimento, seja qual for sua origem sob outro aspecto. Os seres que parecem dotados de percepção percebem para poder viver, e só percebem na medida em que necessitam disso para viver. Mas, talvez, entesourados esses conhecimentos, que começaram sendo úteis e que deixaram de sê-lo, chegaram a constituir um cabedal que sobrepuja, e muito, o necessário para a vida.

Há, pois, primeiro, a necessidade de conhecer para viver, e dela evolui este outro conhecimento, que poderíamos chamar de conhecimento de luxo ou de excesso, que, por sua vez, pode chegar a constituir uma nova necessidade. A curiosidade, o chamado desejo inato de conhecer, só desperta e age depois de estar satisfeita a necessidade de conhecer para viver; e, muito embora alguma vez não aconteça assim nas atuais condições da nossa linhagem, sobrepondo-se ao contrário a curiosidade à necessidade, e a ciência à fome, o fato primordial é que a curiosidade brotou da necessidade de conhecer para viver, e é esse o peso morto e a matéria grosseira que a ciência leva em seu seio. Porque, aspirando a ser um conhecer por conhecer, um conhecer a verdade pela própria verdade, as necessidades da vida forçam e inclinam a ciência a pôr-se a serviço delas, e os homens, enquanto creem que buscam a verdade por si mesma, na realidade buscam a vida na verdade. As variações da ciência dependem das variações das necessidades humanas, e os homens de ciência costumam trabalhar, querendo ou não, sabendo ou não, a serviço dos poderosos ou do povo que lhes pede a confirmação de seus anseios.

Mas é isto realmente um peso morto e uma matéria grosseira da ciência, ou não é, antes, a fonte íntima de sua redenção? O fato é que assim é, e grande tolice seria pretender rebelar-se contra a própria condição da vida.

O conhecimento está a serviço da necessidade de viver, em primeiro lugar a serviço do instinto de conservação pessoal. Essa necessidade e esse instinto criaram no homem os órgãos do conhecimento, dando-lhes o alcance que têm. O homem vê, ouve, toca, prova e cheira o que necessita ver, ouvir, tocar, provar e cheirar para conservar sua vida; a diminuição ou a perda de qualquer um desses sentidos aumenta os riscos de que sua vida está rodeada e, se não os aumenta tanto no estado de sociedade em que vivemos, é porque uns veem, ouvem, tocam, provam ou cheiram pelos outros. Um cego sozinho, sem seu guia, não poderia viver muito tempo. A sociedade é outro sentido, o verdadeiro sentido comum.

Por conseguinte, o homem, em seu estado de indivíduo isolado, não vê, não ouve, não toca, não prova, nem cheira mais do que necessita para viver e conservar-se. Se não percebe cores nem abaixo do vermelho, nem acima do violeta, é, talvez, porque lhe bastam as outras para poder conservar-se. E os próprios sentidos são aparelhos de simplificação, que eliminam da realidade objetiva tudo o que não é necessário conhecer dos objetos, para poder usá-los a fim de conservar a vida. Na completa escuridão, o animal que não perecer acaba se tornando cego. Os parasitas, que vivem nas entranhas de outros animais dos sucos nutritivos por estes já preparados, como não precisam ver nem ouvir, não veem nem ouvem, mas, convertidos numa espécie de saco, permanecem aderidos ao ser de que vivem. Para esses parasitas, não devem existir nem o mundo visual, nem o mundo sonoro. Basta que aqueles que os mantêm em suas entranhas vejam e ouçam.

O conhecimento está, pois, primordialmente a serviço do instinto de conservação, que é, antes, como dissemos com Spinoza, sua própria essência. Assim, cabe dizer que é o instinto de conservação que nos faz a realidade e a verdade do mundo perceptível, pois é esse instinto que extrai e separa para nós, do campo insondável e ilimitado do possível, o que para nós existe. De fato, existe para nós tudo de que, de uma maneira ou de outra, necessitamos conhecer para existirmos; a existência objetiva é, em nosso conhecer, uma dependência de nossa própria existência pessoal. E ninguém pode negar que podem existir, e talvez existam, aspectos da realidade desconhecidos de nós, pelo menos hoje, e talvez ininteligíveis, porque em nada nos são necessários para conservar nossa existência atual.

Mas o homem nem vive sozinho, nem é indivíduo isolado, senão que é membro da sociedade, e encerra não pouca verdade aquele dito de que o indivíduo, como o átomo, é uma abstração. Sim, o átomo fora do universo é tanto abstração quanto o universo à parte dos átomos. E se o indivíduo se mantém pelo instinto de conservação, a sociedade deve seu ser e sua manutenção ao instinto de perpetuação daquele. E desse instinto, melhor dizendo, da sociedade, brota a razão.

A razão, aquilo que assim chamamos, o conhecimento reflexo e reflexivo, o que distingue o homem, é um produto social.

Talvez deva sua origem à linguagem. Pensamos de maneira articulada, ou seja, reflexiva, graças à linguagem articulada, e essa linguagem brotou da necessidade de transmitir nosso pensamento a nossos próximos. Pensar é falar consigo mesmo, e falamos, cada um consigo mesmo, por termos tido de falar uns com os outros. Na vida cotidiana, acontece com frequência que uma pessoa consiga encontrar uma ideia que buscava, consiga dar-lhe forma, isto é, obtê-la, extraindo-a da nebulosa de percepções obscuras que representa, devido ao esforço que faz para apresentá-la aos demais. O pensamento é linguagem interior, e a linguagem interior brota do exterior. Donde resulta que a razão é social e comum. Fato prenhe de consequências, como veremos.

E se há uma realidade que é, enquanto conhecida, obra do instinto de conservação pessoal e dos sentidos, a serviço destes, não haverá outra realidade, não menos real do que aquela, que seja obra, enquanto conhecida, do instinto de perpetuação da espécie e a serviço deste? O instinto de conservação, a fome, é o fundamento do indivíduo humano; o instinto de perpetuação, o amor, em sua forma mais rudimentar e fisiológica, é o fundamento da sociedade humana. E, assim como o homem conhece o que necessita conhecer para se conservar, também a sociedade ou o homem, enquanto ser social, conhece o que necessita conhecer para se perpetuar em sociedade.

Há um mundo, o mundo sensível, que é filho da fome, e há outro mundo, o ideal, que é filho do amor. Assim como há sentidos a serviço do conhecimento do mundo sensível, também há sentidos a serviço do conhecimento do mundo ideal, hoje em sua maior parte adormecidos, porque a consciência social mal começa a surgir, E por que negar realidade objetiva às criações do amor, do instinto de perpetuação, já que a concedemos às da fome ou do instinto de conservação? Já que se diz que essas outras criações são apenas as de nossa fantasia, sem valor objetivo, não se pode dizer igualmente daquelas que sejam apenas criações de nossos sentidos? Quem nos garante que não há um mundo invisível e intangível, percebido pelo sentido íntimo que vive a serviço do instinto de perpetuação?

A sociedade humana, como tal, tem sentidos de que o indivíduo, se não fosse por ela, careceria; do mesmo modo, este indivíduo, o homem, que é, por sua vez, uma espécie de sociedade, tem sentidos de que carecem as células que o compõem. As células cegas do ouvido, em sua obscura consciência, devem ignorar a existência do mundo visível, e se lhes falassem dele, talvez o considerassem uma criação arbitrária das células surdas da vista, as quais, por sua vez, considerarão uma ilusão o mundo sonoro que aquelas criam.

Mencionávamos, antes, os parasitas que, vivendo nas entranhas dos animais superiores, dos sucos nutritivos que estes preparam, não precisam ver nem ouvir, não existindo, portanto, para eles, mundo visível ou sonoro. Se tivessem certa consciência e se se dessem conta de que aquele a cujas expensas vivem acredita em outro mundo, talvez julgassem isso um desvario da imaginação. Assim, há parasitas sociais, como observa muito bem Mr. Balfour,[1] os quais, recebendo da sociedade em que vivem os móbeis de sua conduta moral, negam que a crença em Deus e em outra vida sejam necessárias para fundamentar uma boa conduta e uma vida suportáveis, porque a sociedade já lhes preparou as seivas espirituais de que vivem. Um indivíduo isolado pode suportar a vida e vivê-la bem, até heroicamente, sem crer em absoluto nem na imortalidade da alma, nem em Deus; porém vive a vida do parasita espiritual. O que chamamos sentimento da honra é, inclusive nos não cristãos, um produto cristão. Digo, mais ainda: se se dá num homem a fé em Deus unida a uma vida de pureza e elevação moral, não é tanto porque crer em Deus o faça bom, quanto porque ser bom, graças a Deus, o faz crer Nele. A bondade é a melhor fonte de clarividência espiritual.

Tampouco me escapa que poderão dizer-me que isso de que o homem cria o mundo sensível e ama o ideal, isso das células cegas do ouvido e das células surdas da vista, dos parasitas espirituais etc. são metáforas. São mesmo, e não pretendo outra coisa que discorrer por metáforas. Porque esse sentido social, filho do amor, pai da linguagem, da razão e do mundo ideal que surge dele, não é, no fundo, outra coisa senão o que chamamos de fantasia ou imaginação. Da fantasia brota a razão. E, se se considera aquela como uma faculdade que forja caprichosamente imagens, perguntarei o que é o capricho – e, de qualquer modo, também os sentidos e a razão erram.

Veremos que é essa faculdade social íntima, a imaginação que personaliza tudo, que, posta a serviço do instinto de perpetuação, revela-nos a imortalidade da alma e Deus, sendo assim Deus um produto social.

Mas isso fica para mais adiante.

Pois bem, para que se filosofa? Isto é, para que se investigam os primeiros princípios e os fins últimos das coisas? Para que se busca a verdade desinteressada? Porque aquilo que todos os homens tendem por natureza a conhecer está certo. Mas para quê?

Os filósofos buscam um ponto de partida teórico ou ideal para seu trabalho humano, o de filosofar, mas costumam descuidar de buscar o ponto de partida prático e real, o propósito. Qual o propósito ao se fazer filosofia, ao pensá-la e, depois, expô-la aos semelhantes? O que o filósofo busca nisso e com isso? A verdade pela própria verdade? A verdade, para sujeitar a ela nossa conduta e determinar conforme com ela nossa atitude espiritual em relação à vida e ao universo?

A filosofia é um produto humano de cada filósofo, e cada filósofo é um homem de carne e osso que se dirige a outros homens de carne e osso como ele. Faça o que fizer, filosofa, não apenas com a razão, mas com a vontade, com o sentimento, com a carne e com os ossos, com toda a alma e todo o corpo. Filosofa o homem.

Não quero empregar aqui o eu, dizendo que, ao filosofar, filosofo o eu, e não o homem, para que não se confunda esse eu concreto, circunscrito, de carne e osso, que sente dor de dentes e não acha a vida suportável se a morte é a aniquilação da consciência pessoa; para que não se o confunda com este outro eu de contrabando, o Eu com maiúscula, o Eu teórico, que Fichte introduziu na filosofia, nem tampouco com o Único, também teórico, de Max Stirner. Melhor dizer nós. Mas nós, os circunscritos em espaços.

Saber por saber! A verdade pela verdade! Isso é inumano. Se dizemos que a filosofia teórica visa à prática, a verdade ao bem, a ciência à moral, indagarei: e o bem, para quê? Acaso é um fim em si? Bom é tão só o que contribui para a conservação, a perpetuação e o enriquecimento da consciência. O bem visa ao homem, à manutenção e à perfeição da sociedade humana, que se compõe de homens. E isso para quê? "Aja de modo que sua ação possa servir de norma para todos os homens", diz-nos Kant. Bem, e para quê? É preciso buscar um para quê.

No ponto de partida, no verdadeiro ponto de partida, o prático, não o teórico, de toda filosofia, há um para quê. O filósofo filosofa para algo mais que filosofar. *Primum vivere, deinde philosophari*, diz o antigo adágio latino, mas, como o filósofo antes de ser filósofo é homem, necessita viver para poder filosofar e, de fato, filosofa para viver. Costuma filosofar ou para resignar-se à vida, ou para encontrar nela alguma finalidade, ou para divertir-se e esquecer suas penas, ou por esporte e jogo. Bom exemplo deste último, aquele terrível ironista ateniense que foi Sócrates, de quem nos conta Xenofonte em suas *Memórias*, que ele expôs de tal modo a Teodota, a cortesã, as artes de que ela devia valer-se para atrair amantes à sua casa, que ela pediu ao filósofo que fosse seu companheiro de caça, συνθηρατής numa palavra, seu alcoviteiro. Porque, de fato, a filosofia costuma não poucas vezes transformar-se na arte da alcovitagem, ainda que espiritual. E, outras vezes, em ópio para adormecer os pesares.

Pego ao acaso um livro de metafísica, o que está mais à mão, *Time and Space: A Metaphysical Essay*, de Shadworth H. Hodgson; abro-o e, no quinto parágrafo do primeiro capítulo de sua primeira parte, leio: "A metafísica não é, propriamente falando, uma ciência, mas uma filosofia; isto é, uma ciência cujo fim está em si mesma, na gratificação e na educação dos espíritos que a cultivam, não em algum propósito externo, como o de fundar uma arte que leve ao bem-estar da vida." Examinemos isso. Veremos primeiro que a metafísica não é, falando com propriedade, *properly speaking*, uma ciência, "isto é", *that is*, ela é uma ciência cujo fim etc. E essa ciência, que não é propriamente uma ciência, tem seu fim em si, na gratificação e na educação dos espíritos que a cultivam. Em que pé, pois, ficamos? Tem seu fim em si, ou seu fim é gratificar e educar os espíritos que a cultivam? Ou uma coisa, ou outra! Depois Hodgson acrescenta que o fim da metafísica não é nenhum propósito externo, como o de fundar uma arte que leve ao bem-estar da vida. Quer dizer, então, que a gratificação do espírito de quem cultiva a filosofia não é parte do bem-estar de sua vida? Observe o leitor esse trecho do metafísico inglês e diga-me se não é um tecido de contradições.

O que é inevitável, quando se trata de estabelecer *humanamente* uma ciência, um conhecer, cujo fim esteja em si mesmo, um conhecer pelo próprio conhecer, um alcançar a verdade pela própria verdade. A ciência não existe, a não ser na consciência pessoal e graças a ela. A astronomia, a matemática, não têm outra realidade além daquela que, como conhecimento, têm as mentes dos que as aprendem e cultivam. E se, um dia, acabar toda consciência pessoal na terra; se, um dia, voltar-se ao nada, isto é, à absoluta inconsciência de que o espírito humano brotou, e não houver espírito que se aproveite de toda a nossa ciência acumulada, para que esta? Porque não se deve perder de vista que o problema da imortalidade pessoal da alma implica o porvir de toda a espécie humana.

Essa série de contradições em que o inglês cai ao querer nos explicar uma ciência cujo fim está em si mesma é facilmente compreensível, tratando-se de um inglês que, antes de tudo, é homem. Talvez um especialista alemão, um filósofo que tenha feito da filosofia sua especialidade e nela tenha enterrado, matando-a antes, sua humanidade, explicasse melhor essa questão da ciência, cujo fim está em si mesma, e do conhecer por conhecer.

Tomem o homem Spinoza, aquele judeu português desterrado na Holanda; leiam sua *Ética* como o que é, como um desesperado poema elegíaco, e digam-me se não se ouve ali, sob as concisas e aparentemente serenas proposições expostas *more geometrico*, o eco lúgubre dos salmos proféticos. Aquela não é a filosofia da resignação, mas do desespero. Quando escrevia que o homem livre pensa em tudo, menos na morte, e que sua sabedoria é meditação não sobre a morte, mas sobre a própria vida – *homo liber de nulla re minus quam de morte cogitat et eius sapientiam non mortis, sed vitae meditatio est* –,[2] quando escrevia, sentia-se, como todos nos sentimos, escravo, pensava na morte e, para libertar-se ainda que em vão desse pensamento, o escrevia. Nem ao escrever a proposição XLII da parte V, segundo a qual "a felicidade não é recompensa da virtude, mas a própria virtude", sentia, com certeza, o que escrevia. Pois para tanto os homens costumam filosofar: para se convencerem a si mesmos sem consegui-lo. E esse querer convencer-se, isto é, esse querer violentar a própria natureza humana, costuma ser o verdadeiro ponto de partida íntimo de não poucas filosofias.

"De onde venho e de onde vem o mundo em que vivo e do qual vivo? Aonde vou e aonde vai tudo o que me rodeia? Que significa isso?" São essas as perguntas do homem, assim que se liberta da embrutecedora necessidade de ter de se sustentar materialmente. Se observarmos bem, veremos que, sob essas perguntas, não há tanto o desejo de conhecer um porquê como o de conhecer um para quê: não da causa, mas da finalidade. É conhecida a definição que Cícero dava da filosofia, chamando-a "ciência do divino e do humano, e das causas em que eles se contêm, *rerum divinarum et humanarum, causarumque quibus hae res continentur*". Mas, na realidade, essas causas são, para nós, fins. E a Causa Suprema, Deus, que é, senão o Supremo Fim? Só nos interessa o porquê em vista do para quê; só queremos saber de onde viemos para melhor averiguar aonde vamos.

Essa definição ciceroniana, que é a estoica, encontra-se também naquele formidável intelectualista que foi Clemente de Alexandria, canonizado pela Igreja Católica, que a expõe no cap. V do primeiro de seus *Stromata*. Mas esse mesmo filósofo cristão – cristão? –, no cap. XXII de seu quarto *Stroma*, diz-nos que deve bastar, ao gnóstico, isto é, ao intelectual, o conhecimento, a gnose, e acrescenta: "e me atreveria a dizer que, não por querer salvar-se, escolherá o conhecimento quem o seguir como sendo a própria divina ciência; o conhecer tende, mediante o exercício, a sempre conhecer; mas o conhecer sempre, transformado em essência do conhecimento por contínua mistura e convertido em contemplação eterna, permanece substância viva; e se alguém, por seu lado, indagasse ao intelectual o que preferiria, o conhecimento de Deus ou a salvação eterna – se essas coisas se pudessem dar separadas, sendo, como são, muito mais uma só –, sem vacilar escolheria o conhecimento de Deus". Que Ele, que Deus mesmo, a quem ansiamos gozar e possuir eternamente, nos livre desse gnosticismo ou intelectualismo clementino!

Por que quero saber de onde venho e para onde vou, de onde vem e para onde vai o que me rodeia, e que significa tudo isso? Porque não quero morrer de todo, e quero saber se morrerei ou não definitivamente. Se não morro, que será de mim? E, se morro, já nada tem sentido. Há três soluções: a) ou sei que morro de todo, donde o desespero irremediável; b) ou sei que não morro de todo, donde a resignação; c) ou não posso saber nem uma coisa nem outra, donde uma resignação desesperada, ou um desespero resignado, e a luta.

"O melhor é" – dirá algum leitor – "deixar de lado o que não se pode conhecer." E isso é possível? Em seu belíssimo poema *O sábio antigo* (*The Ancient Sage*), dizia Tennyson: "Não podes provar o inefável (*The Nameless*), oh, meu filho!, nem podes provar o mundo em que te moves; não podes provar que és corpo apenas, nem podes provar que és só espírito, nem que és ambos em um; não podes provar que és imortal, nem tampouco que és mortal; sim, meu filho, não podes provar que eu, que falo contigo, não sou tu que fala contigo mesmo, porque nada digno de se provar pode ser provado nem desprovado, por isso, sê prudente, agarra-te à pane mais exposta da dúvida e eleva-te à Fé além das formas da Fé!" Sim, talvez, como diz o sábio, nada digno de se provar pode ser provado nem desprovado:

>   *for nothing worthy proving can be proven,*
>   *nor yet disproven.*

Mas será que podemos conter esse instinto que leva o homem a querer conhecer e, sobretudo, a querer conhecer o que leva a viver, e a viver sempre? A viver sempre, não a conhecer sempre, como o gnóstico alexandrino. Porque viver é uma coisa e conhecer, outra; e, como veremos, talvez haja entre ambas tal oposição, que não possamos dizer que tudo o que é vital é antirracional, e não só irracional, e tudo o que é racional, antivital. Esta é a base do sentimento trágico da vida.

O ruim do discurso do método de Descartes não é a dúvida metódica prévia, não é que comece querendo duvidar de tudo, o que é apenas mero artifício: é que quis começar, prescindindo de si mesmo, de Descartes, do homem real, de carne e osso, do homem que não quer morrer, para ser um simples pensador, isto é, uma abstração. Mas o homem real voltou e foi metido na filosofia.

"Le bon sens est la chose du monde la mieux partagée." Assim começa o *Discurso do método*, e esse bom senso o salvou. Ele continua falando de si mesmo, do homem

Descartes, dizendo-nos, entre outras coisas, que gostava muito da eloquência e era apaixonado pela poesia; que se comprazia sobretudo com a matemática, por causa da certeza e da evidência de suas razões, que venerava a teologia e pretendia, como outro qualquer, ganhar o céu, *et prétendais autant qu'aucun autre à gagner le ciel*. Essa pretensão, além de muito louvável, acho eu, e sobretudo muito natural, foi o que o impediu de tirar todas as consequências da dúvida metódica. O homem Descartes pretendia, tanto quanto outro qualquer, ganhar o céu, "mas, tendo aprendido, como coisa muito certa, que o caminho [do céu] não é menos aberto aos mais ignorantes do que aos mais doutos, e que as verdades reveladas, que a ele conduzem, estão acima de nossa inteligência, não teria ousado submetê-las à fraqueza de meus raciocínios, e pensava que, para empreender examiná-las e ser bem-sucedido, era necessário ter alguma assistência extraordinária do céu, e ser mais que um homem"[3]. E aqui está o homem. Aqui está o homem que não se sentia, graças a Deus, em condições que o obrigassem a fazer da ciência um ofício (*métier*), para alívio de sua fortuna, e que não fazia profissão de desprezar, como um cínico, a glória. Depois, conta-nos como teve de se deter na Alemanha e, encerrado num quarto aquecido (*poêle*), começou a filosofar seu método. Na Alemanha, mas encerrado num quarto aquecido! E assim é: um discurso de quarto aquecido, e de quarto aquecido alemão, embora o filósofo nele encerrado fosse um francês que se propunha ganhar o céu.

Chega ao *cogito ergo sum*, que santo Agostinho já preludiara; mas o *ego* implícito nesse entimema, *ego cogito, ergo ego sum*, é um *ego*, um eu irreal, ou seja, ideal, e seu *sum*, sua existência, algo também irreal. "Penso, logo sou", só pode querer dizer "penso, logo sou pensante";

esse ser do sou, que deriva de penso, não é mais que um conhecer; esse ser é conhecimento, mas não vida. E o primordial não é que penso, mas que vivo, porque também vivem os que não pensam. Embora *esse* viver não seja um viver verdadeiro. Que contradições, meu Deus, quando queremos casar vida e razão!

A verdade é *sum, ergo cogito*, sou, logo penso, muito embora nem tudo o que é pense. A consciência de pensar não será, antes de tudo, consciência de ser? Acaso será possível um pensamento puro, sem consciência de si, sem personalidade? Acaso é cabível o conhecimento puro, sem sentimento, sem essa espécie de materialidade que o sentimento lhe empresta? Acaso não se sente o pensamento e não se sente uma pessoa a si mesma, ao mesmo tempo que se conhece e se quer? Não pôde o homem do quarto aquecido dizer "sinto, logo sou", ou "quero, logo sou"? E sentir-se acaso não é sentir-se imperecível? Querer-se não é querer-se eterno, isto é, não querer morrer? O que o triste judeu de Amsterdã chamava de essência da coisa, o esforço que põe em perseverar indefinidamente em seu ser, o amor-próprio, a ânsia de imortalidade, não será acaso a condição primeira e fundamental de qualquer conhecimento reflexivo ou humano? E não será, portanto, a verdadeira base, o ponto de partida de toda filosofia, ainda que os filósofos, pervertidos pelo intelectualismo, não o reconheçam?

Além do mais, foi o *cogito* que introduziu uma distinção que, embora fecunda em verdades, também o foi em confusões: a distinção entre objeto, *cogito*, e sujeito, *sum*. Não há distinção que não sirva também para confundir. Mas voltaremos a isso.

Fiquemos agora nesta veemente suspeita de que a ânsia de não morrer, a fome de imortalidade pessoal, o propósito com que tendemos a persistir indefinidamente em nosso ser próprio e que é, segundo o trágico judeu, nossa própria essência, isto é, a base afetiva de todo conhecer e o íntimo ponto de partida pessoal de toda filosofia humana, forjada por um homem e para homens. Veremos que a solução desse problema afetivo íntimo, solução que pode ser a renúncia desesperada a solucioná-lo, é a que tinge todo o resto da filosofia. Até mesmo sob o chamado problema do conhecimento não há mais que esse afeto humano, do mesmo modo que sob a indagação do porquê da causa não há mais que a busca do para quê, da finalidade. Tudo o mais é enganar-se ou querer enganar os outros. E querer enganar os outros para enganar a si mesmo.

Esse ponto de partida pessoal e afetivo de toda filosofia e de toda religião é o sentimento trágico da vida. Vamos vê-lo.

CAPÍTULO III
A FOME DE IMORTALIDADE

Detenhamo-nos no problema do anseio imortal de imortalidade, embora os gnósticos ou os intelectuais possam dizer que é retórica o que se segue, e não filosofia. Também o divino Platão, ao dissertar em seu *Fédon*, sobre a imortalidade da alma, disse que convém criar sobre ela lendas, μυθολογεῖν.

Recordemos antes de tudo, mais uma vez, e não será a última, o pensamento de Spinoza de que cada ser se esforça por perseverar em si, que esse esforço é sua própria essência atual e implica tempo indefinido; que o espírito, enfim, tanto em suas ideias distintas e claras, como nas confusas, tende a perseverar indefinidamente em seu ser e é sabedor desse seu empenho[1].

De fato, sem um esforço para que a consciência se dê conta da inconsciência absoluta, da sua própria anulação, não *é* impossível nos concebermos como não existentes. Mas procure, leitor, imaginar em plena vigília qual é o estado da sua alma durante o sono profundo; trate de encher sua consciência com a representação da não consciência, e verá. Causa aflitiva vertigem empenhar-se em compreendê-lo. Não podemos conceber-nos como não existindo.

O universo visível, o universo que é filho do instinto de conservação, me é estreito, como uma jaula pequena para mim e contra cujas barras minha alma bate em seus voos; falta-me no ar o que respirar. Mais, mais, cada vez mais, quero ser eu e, sem deixar de sê-lo, ser ademais os outros, adentrar a totalidade das coisas visíveis e invisíveis, estender-me ao ilimitado do espaço e prolongar-me ao inacabável do tempo. Não ser tudo e para sempre é como não ser; pelo menos ser todo eu, e sê-lo para sempre. E ser todo eu é ser todos os demais. Ou tudo, ou nada!

Ou tudo, ou nada! Que outro sentido pode ter o "ser ou não ser!", o *to be or not to be* shakespeariano, daquele mesmo poeta que fez Márcio dizer em seu *Coriolano* (V, 4) que só necessitava da eternidade para ser deus: *he wants nothing of a god but eternity*? Eternidade! Eternidade! Esse é o anseio. A sede de eternidade é o que se chama amor entre os homens, e quem ama a outrem é porque quer eternizar-se nele. O que não é eterno também não é real.

Essa tremenda visão do fluir das ondas da vida arrancou gritos das entranhas da alma dos poetas de todos os tempos, desde o "sonho de uma sombra", σκιᾶς ὄναρ de Píndaro, até "a vida é sonho", de Calderón, e o "somos feitos da madeira dos sonhos", de Shakespeare – esta última sentença ainda mais trágica que a do castelhano, pois, enquanto naquela só se declara sonho nossa vida, mas não nós mesmos, os sonhadores dela, o inglês nos faz também sonho, um sonho que sonha.

A vaidade do mundo, como ele passa, e o amor são as duas notas radicais e profundas da verdadeira poesia. São duas notas que não podem soar uma sem que a outra ressoe ao mesmo tempo. O sentimento da vaidade do mundo passageiro nos causa o amor, único em que se vence o vão e transitório, único que preenche e eterniza a vida. Ao menos em aparência, pois, na realidade... E o amor, sobretudo quando luta contra o destino, engolfa-nos no sentimento da vaidade deste mundo de aparências e nos abre a visão de outro em que, vencido o destino, seja lei a liberdade.

Tudo passa! É esse o estribilho dos que beberam a rodo da fonte da vida, dos que provaram do fruto da árvore da ciência do bem e do mal.

Ser, ser sempre, ser sem fim! Sede de ser, sede de ser mais! Fome de Deus! Sede de amor eternizante e eterno! Ser sempre! Ser Deus!

"Sereis como Deus!", conta o Gênesis (3:5) que a serpente disse ao primeiro par de namorados. "Se a nossa esperança em Cristo se limita apenas a esta vida, somos os mais infelizes de todos os homens", escrevia o Apóstolo (I Cor, 15:19), e toda religião parte historicamente do culto dos mortos, isto é, da imortalidade.

Escrevia o trágico judeu português de Amsterdã que aquilo em que o homem livre menos pensa é na morte, mas esse homem livre é um homem morto, livre do móbil da vida, carente de amor, escravo da sua liberdade. Esse pensamento de que tenho de morrer e o enigma do que haverá depois é o próprio latejar da minha consciência. Contemplando a serena campina verde ou contemplando uns olhos claros, nos quais se mostre uma alma irmã da minha, incha-me a consciência, sinto a diástole da alma, embebo-me de vida ambiente e creio em meu porvir; mas, de repente, a voz do mistério me sussurra: "Deixarás de ser!", roça-me com a asa o Anjo da morte, e a sístole da alma inunda minhas entranhas espirituais de sangue de divindade.

Como Pascal, não compreendo quem garante não ligar para esse assunto, não compreendo esse desinteresse por uma coisa "em que se trata deles mesmos, de sua eternidade, de seu todo, me irrita mais que me enternece, me assombra e me espanta", e quem assim sente "é, para mim", como para Pascal, de quem são as palavras citadas, "um monstro".

Mil vezes e em mil tons se disse como o culto dos mortos antepassados é o que enceta, comumente, as religiões primitivas, cabendo, a rigor, dizer que o que mais destaca o homem dos outros animais é guardar, de uma maneira ou de outra, seus mortos sem entregá-los ao descuido de sua mãe, a terra que tudo pare: é um animal guardador de mortos. E de que os guarda assim? De que os protege, o pobre? A pobre consciência foge de sua aniquilação e, assim que um espírito animal, desgostoso do mundo, vir-se diante deste e se conhecer distinto deste, quererá outra vida que não a do próprio mundo. Assim, a terra correria o risco de se converter num vasto cemitério antes de os próprios mortos morrerem.

Quando se faziam para os vivos somente choças de barro ou cabanas de palha, que a intempérie destruiu, elevavam-se túmulos para os mortos, e a pedra foi empregada para as sepulturas antes de o ser nas habitações. As casas dos mortos, não as dos vivos, venceram os séculos por sua fortaleza; não as moradas de passagem, mas as de permanência.

Esse culto, não da morte, mas da imortalidade, inicia e conserva as religiões. No delírio da destruição, Robespierre faz a Convenção declarar a existência do Ser Supremo e "o princípio consolador da imortalidade da alma", pois o Incorruptível se aterrorizava com a ideia de ter de se corromper um dia.

Doença? Talvez, mas quem não se cuida da doença, descuida da saúde, e o homem é um animal essencial e substancialmente doente. Doença? Talvez seja, como a própria vida a que está ligada, e a única saúde possível, a morte. Mas essa doença é o manancial de toda saúde eficaz. Do fundo dessa angústia, do abismo do sentimento de nossa mortalidade, sai-se para a luz de outro céu, como do fundo do inferno Dante saiu para voltar a ver as estrelas:

e quindi uscimmo a riveder le stelle[2]

Embora de início nos seja angustiante, essa meditação sobre nossa mortalidade acaba nos fortalecendo. Recolha-se em si mesmo, leitor, e imagine um lento desfazer-se em você mesmo, em que a luz se apague, as coisas emudeçam e não lhe deem sons, envolvendo-o em silêncio, derretam entre as suas mãos os objetos que você segura, escorra sob seus pés o chão, desvaneçam como num desmaio as recordações, tudo se vá dissipando em nada, dissipando a você também, e em que nem mesmo a consciência do nada lhe reste, nem sequer como fantástica âncora de uma sombra.

Ouvi falar de um pobre segador morto num leito de hospital que, ao ir o padre lhe dar a extrema-unção, ungindo-lhe as mãos, resistia em abrir a direita com que empunhava umas moedas sujas, sem se dar conta de que em breve sua mão já não seria sua, nem ele dele mesmo. Assim fechamos e empunhamos, não a mão, mas o coração, querendo agarrar nele o mundo.

Confessava-me um amigo que, prevendo, em pleno vigor de saúde física, a proximidade de uma morte violenta, pensava em concentrar a vida, vivendo-a nos poucos dias que calculava lhe restarem para escrever um livro. Vaidade das vaidades!

Se, ao morrer o corpo que me sustenta e a que chamo meu, para distingui-lo de mim mesmo, que sou eu, minha consciência retorna à absoluta inconsciência de que brotara – e, como à minha, assim sucede à de todos os meus irmãos em humanidade –, então nossa trabalhada linhagem humana nada mais é que uma fatídica procissão de fantasmas, que vão do nada ao nada, e o humanitarismo é a coisa mais inumana que se conhece.

O remédio não é o dos versos, que dizem:

> Cada vez que considero
> que um dia vou morrer,
> estendo no chão a capa
> e durmo a não mais poder.

Não! O remédio é considerar o problema face a face, fixar o olhar no olhar da Esfinge, pois é assim que se desfaz o malefício de seu feitiço.

Se todos morremos de todo, para que tudo? Para quê? É o "para quê" da Esfinge, é o "para quê" que nos corrói o cerne da alma, é o pai da angústia, a mesma que nos proporciona o amor de esperança.

Há, entre os poéticos queixumes do pobre Cowper, umas linhas escritas sob o peso do delírio, nas quais, crendo-se alvo da divina vingança, exclama que o inferno poderá proporcionar um abrigo para suas misérias.

Hell might afford my miseries a shelter[3]

Esse é o sentimento puritano, a preocupação com o pecado e a predestinação; mas leiam estas outras palavras, muito mais terríveis, de Sénancour, expressivas do desespero católico, não mais do protestante, quando faz seu *Obermann* dizer: *L'homme est périssable. Il se peut; mais périssons en résistant, et, si le néant nous est réservé, ne faisons pas que ce soit une justice*[4]. De fato, hei de confessar, por mais dolorosa que seja a confissão, que nunca, nos dias da fé ingênua da minha mocidade, me fizeram tremer as descrições, por mais truculentas que fossem, das torturas do inferno, e sempre senti ser o nada muito mais aterrador que ele. Quem sofre vive, quem vive sofrendo ama e espera, ainda que, à porta de sua mansão, coloquem o "Deixai toda esperança!", e é melhor viver em dor do que deixar de ser em paz. No fundo, isso se dava porque eu não podia acreditar nessa atrocidade de um inferno, de uma eternidade de sofrimento, nem via o inferno como mais verdadeiro do que o nada e sua perspectiva. E continuo crendo que, se todos nós acreditássemos em nossa salvação do nada, seríamos todos melhores.

Que é essa alegria de viver, *la joie de vivre*, de que agora nos falam? A fome de Deus, a sede de eternidade, de sobreviver, sempre nos afogará esse pobre gozo da vida que passa e não fica. É o amor desenfreado à vida, o amor que a quer inacabável, que mais costuma impulsionar a ânsia da morte. "Anulado eu, se é que morro de todo" – dizemo-nos –, "o mundo para mim se acabou, se acabou; e por que não há de se acabar o quanto antes, para que novas consciências não venham a padecer do pesado engano de uma existência passageira e aparente? Se, desfeita a ilusão de viver, não nos enche a alma o viver pelo próprio viver ou para outros, que também vão morrer, para que viver? A morte é nosso remédio." Assim se louva o inacabável repouso, por medo dele, e chama-se a morte de libertadora.

Já o poeta da dor, do aniquilamento, aquele Leopardi que, perdido o último engano, o de crer-se eterno (*Peri l'inganno estremo / ch'eterno io mi credei*), falava a seu coração *da infinita vanità del tutto*. Viu a estreita irmandade que há entre o amor e a morte e como, quando "nasce no coração profundo um amoroso afeto, lânguido e cansado, juntamente com ele no peito um desejo de morrer se sente". A maioria dos que se dão a morte, é o amor que lhes move o braço, é a ânsia suprema de vida, de mais vida, de prolongar e perpetuar a vida, o que os leva à morte, uma vez persuadidos da vaidade de sua ânsia.

É trágico e de sempre o problema, e quanto mais quisermos fugir dele, mais vamos dar nele. Foi o sereno – sereno? – Platão, faz vinte e quatro séculos, que, em seu diálogo sobre a imortalidade da alma, deixou escapar da sua, ao falar do duvidoso de nosso anseio de sermos imortais e do *risco* de que não seja vão, aquele profundo dito: "Formoso é o risco!", καλὸς γὰρ ὀκίνδυνος. Formosa é a sorte, que podemos correr, de que nossa alma nunca morra, e essa sentença é o germe do famoso argumento da aposta de Pascal.

Diante desse risco, e para suprimi-lo, me oferecem raciocínios em apoio de quão absurda é a crença na imortalidade da alma. Mas esses raciocínios não me impressionam, pois são razões, nada mais que razões, e não é delas que se nutre o coração. Não quero morrer, não; não quero, nem quero querê-lo; quero viver sempre, sempre, sempre, e viver eu, este pobre eu que sou e me sinto ser agora e aqui. Por isso, tortura-me o problema da duração de minha alma, de minha própria alma.

Eu sou o centro de meu universo, o centro do universo, e em minhas angústias supremas grito com Michelet: "Meu eu, estão arrebatando meu eu!". De que serve ao homem ganhar o mundo todo, se perde sua alma? (Mat., 16:26). Egoísmo, dirão? Não há nada mais universal do que o individual, pois o que é de cada um é de todos. Cada homem vale mais do que a humanidade inteira, não adianta sacrificar cada um a todos, a não ser na medida em que todos se sacrifiquem a cada um. Isso a que chamam egoísmo é o princípio da gravidade psíquica, o postulado necessário. "Ama a teu próximo como a ti mesmo!", disseram-nos, pressupondo que cada um se ame a si mesmo; não nos disseram: "Ama-te!" Contudo, não sabemos nos amar.

Suprima a sua continuidade e medite sobre o que lhe dizem. Sacrifique-se por seus filhos! Você se sacrifica por eles, porque são seus, parte e prolongamento de você mesmo, e eles, por sua vez, se sacrificarão pelos deles, estes pelos seus, e assim continuará, sem fim, um sacrifício estéril de que ninguém tira proveito. Vim ao mundo para fazer meu eu, e que será de nossos eus todos? Viva para a Verdade, o Bem, a Beleza! Já veremos a suprema vaidade e a suprema insinceridade dessa posição hipócrita.

"Isso é você!", me dizem com os Upanixades. E eu respondo: "Sim, eu sou isso, quando isso é eu, tudo é meu, e é minha a totalidade das coisas. Como minha, eu a quero, e amo ao próximo porque vive em mim e como parte de minha consciência, porque é como eu, é meu."

Oh, se alguém pudesse prolongar esse doce momento, dormir nele e nele se eternizar! Agora e aqui, nesta luz discreta e difusa, neste remanso de quietude, quando está aplacada a tormenta do coração e não chegam a mim os ecos do mundo! Dorme o desejo insaciável e nem mesmo sonha; o hábito, o santo hábito reina em minha eternidade; morreram com as recordações os desenganos, e com as esperanças, os temores!

Vêm querendo nos enganar com um engano de enganos, dizem-nos que nada se perde, que tudo se transforma, muda e se altera, que não se aniquila o menor pedacinho de matéria, nem se desvanece de todo o menor golpezinho de força, e há quem pretenda nos consolar com isso. Pobre consolo! Não me preocupo com a minha matéria, nem com a minha força, pois não são minhas, enquanto eu mesmo não for meu, isto é, eterno. Não, não é me afogar no grande Todo, na Matéria, ou na Força infinitas e eternas, ou em Deus, o que desejo; não é ser possuído por Deus, mas possuí-lo, fazer-me Deus sem deixar de ser o eu que agora lhes diz isso. Não nos servem tapeações monistas: queremos vulto, não sombra de imortalidade!

Materialismo? Materialismo, dizem? Sem dúvida, mas isso porque nosso espírito também é alguma espécie de matéria, ou não é nada. Estremeço com a ideia de ter de me separar de minha carne; estremeço mais ainda com a ideia de ter de me separar de todo o sensível e material, de toda substância. Se isso merece o nome de materialismo, e se a Deus me agarro com todas as minhas forças e todos os meus sentidos, é para que Ele me leve em seus braços além da morte, fitando-me nos olhos com seu céu, quando eles se me apagarem para sempre. E engano-me? Não me falem de engano e deixem-me viver!

Chamam a isso também de orgulho, "hediondo orgulho", chamou Leopardi, e nos perguntam quem somos nós, vis vermes da terra, para pretendermos a imortalidade, mercê de quê? Para quê? Com que direito? "Mercê de quê?" – perguntam. – "E mercê de que vivemos? Para quê? e para que somos? Com que direito? E com que direito somos?" Tão gratuito é existir como continuar existindo sempre. Não falemos de mercê, nem de direito, nem do para que de nosso anseio, que é um fim em si, porque perderemos a razão num redemoinho de absurdos. Não reclamo direito nem merecimento algum; é apenas uma necessidade, necessito disso para viver.

E "quem é você?" – pergunta-me o leitor. Com *Obermann* lhe respondo: "Para o universo, nada; para mim, tudo!" Orgulho? Orgulho de querer ser imortal? Pobres homens! Trágico fado, sem dúvida, o de ter de cimentar na movediça e escorregadia pedra do desejo de imortalidade a afirmação desta; mas grande tolice condenar o anseio por acreditar provado, sem provar, que não seja alcançável. Eu sonho...? Deixem-me sonhar. Se esse sonho é minha vida, não me despertem. Creio na origem imortal desse anseio de imortalidade, que é a própria substância da minha alma. Mas creio mesmo nisso...? "Para que queres ser imortal?" – você me pergunta. Para quê? Não entendo a pergunta, francamente, porque é perguntar a razão da razão, o fim do fim, o princípio do princípio.

Mas dessas coisas não se pode falar.

Conta o Livro dos Atos dos Apóstolos que, aonde quer que Paulo fosse, concitavam-se os invejosos judeus a persegui-lo. Apedrejaram-no em Icônio e em Listra, cidades da Licaônia, apesar das maravilhas que realizou na última; açoitaram-no em Filipos, na Macedônia, e perseguiram seus irmãos de raça em Tessalônica e Bereia. Mas chegou a Atenas, a nobre cidade dos intelectuais, sobre a qual velava a excelsa alma de Platão, o da formosura do risco de ser imortal, e ali Paulo discutiu com epicuristas e estoicos, que diziam dele: "Que quer dizer esse tagarela (σπερμολόγος)?" Ou: "Parece pregador de estranhos deuses" (Atos, 17:18). E, "tomando-o consigo, o levaram ao Areópago, dizendo: Poderemos saber que nova doutrina é essa que ensinas? Posto que nos trazes aos ouvidos coisas estranhas, queremos saber que vem a ser isso" (versículos 19-20), acrescentando o livro esta maravilhosa caracterização daqueles atenienses da decadência, daqueles gulosos de curiosidades, pois "todos os de Atenas, e os estrangeiros residentes, de outra coisa não cuidavam senão dizer ou ouvir as últimas novidades" (versículo 21). Característica maravilhosa, que nos faz ver aonde tinham ido parar os que aprenderam na *Odisseia* que os deuses tramam e consumam a destruição dos mortais para que as gerações futuras tenham algo que contar!

Paulo já está, pois, diante dos refinados atenienses, diante dos *graeculos*, dos homens cultos e tolerantes que admitem quaisquer doutrinas, estudam-nas todas e não apedrejam nem açoitam ninguém, nem encarceram por professar estas ou outras; já está onde se respeita a liberdade de consciência, onde se ouve e se escuta qualquer opinião. Ele ergue a voz ali, no meio do Areópago e fala como cabia falar aos cultos cidadãos de Atenas; e todos eles, ansiosos pela última novidade, escutam-no. Mas, quando lhes fala da ressurreição dos mortos, acaba a paciência e a tolerância deles, então uns zombam dele, e outros lhe dizem: "A respeito disso te ouviremos noutra ocasião", com o propósito de não o ouvirem. Coisa parecida aconteceu-lhe em Cesareia, com o pretor romano Félix, homem também tolerante e culto, que o aliviou do peso de sua prisão, quis ouvi-lo e ouviu-o dissertar sobre a justiça e a continência; no entanto, ao chegar ao juízo futuro, disse-lhe espantado (ἔμφοβος γενομένος): "Agora podes retirar-te e, quando eu tiver vagar, te chamarei" (Atos, 24:22-25). Falando diante do rei Agripa, Festo, o governador, ao ouvi-lo dizer da ressurreição dos mortos, exclamou: "Estás louco, Paulo; as muitas letras te fazem delirar" (Atos, 26:24).

Seja qual for a verdade do discurso de Paulo no Areópago, mesmo que verdade não tivesse havido, é certo que, nesse relato admirável, se vê até onde chega a tolerância ética e onde acaba a paciência dos intelectuais. Ouvem-nos, com toda calma, sorridentes e, às vezes, animam-nos dizendo: "que curioso!", ou "tem engenho!", "é sugestivo!", "que beleza!", "pena que tamanha beleza não seja verdade!"; ou ainda: "isso dá o que pensar!". Mas, assim que você lhes fala de ressurreição e de vida além da morte, acaba a paciência deles, que atalham com palavras, dizendo: "Está bem! Outro dia você fala sobre isso!" É disso, meus pobres atenienses, meus intolerantes intelectuais, é disso que vou lhes falar aqui.

Ainda que essa crença fosse absurda, por que se tolera menos que seja exposta do que outras muito mais absurdas? Por que essa evidente hostilidade para com essa crença? Será medo? Será pesar por não a poder compartilhar?

E vêm os sensatos, os que não estão para se deixar enganar, martelando-nos os ouvidos com a arenga de que não adianta entregar-se à loucura e revoltar-se, pois o que não pode ser é impossível. "Viril é resignar-se à sorte" – dizem – "e, como não somos imortais, não queiramos sê-lo. Subjuguemo-nos à razão sem nos angustiarmos com o irremediável, toldando e entristecendo a vida. Essa obsessão" – acrescentam – "é uma doença." Doença, loucura, razão... O estribilho de sempre! Pois bem, não! Não me submeto à razão, revolto-me contra ela e aspiro a criar, à força de fé, meu Deus imortalizador, e a modificar, com minha vontade, o curso dos astros, porque, se tivéssemos fé como um grão de mostarda, diríamos ao monte: "Passa daqui para acolá", ele passaria e nada nos seria impossível (Mat., 17:20).

Então têm vocês aquele ladrão de energias – assim ele chamava desastradamente a Cristo – que quis casar o niilismo com a luta pela existência e lhes fala de coragem. Seu coração lhe pedia o todo eterno, ao passo que sua cabeça lhe mostrava o nada; desesperado e louco para se defender de si mesmo, amaldiçoou o que mais amava. Não podendo ser Cristo, blasfemou contra Cristo. Cheio de si, quis-se inatacável, sonhou com o eterno retorno, mesquinho remédio para a imortalidade, e, repleto de pesar para consigo, abominou todo pesar. E há quem diga que sua filosofia é a filosofia dos homens fortes! Não, não é. Minha saúde e minha fortaleza levam-me a me perpetuar. Aquela é uma doutrina de fracos que aspiram a ser fortes, mas não dos fortes que o são! Só os fracos se resignam à morte final e substituem por outro o anseio de imortalidade pessoal. Nos fortes, a ânsia de perpetuidade sobrepuja a dúvida de alcançá-la, e seu extravasamento de vida flui para além da morte.

Diante desse terrível mistério da mortalidade, face a face com a Esfinge, o homem adota distintas atitudes e procura de várias maneiras consolar-se por ter nascido. Já lhe ocorre levar a coisa na brincadeira e dizer, com Renan, que este universo é um espetáculo que Deus se proporciona e que devemos servir às intenções do grande Corego, contribuindo para tornar o espetáculo o mais brilhante e mais variado possível. Fizeram, então, da arte uma religião e um remédio para o mal metafísico, e inventaram esta história da arte pela arte.

Já não lhes basta. Quem disser que escreve, pinta, esculpe ou canta para recreação própria, se der ao público o que faz, mente; mente se assinar seu escrito, sua pintura, sua estátua ou sua canção. Quer, quando menos, deixar uma sombra de seu espírito, algo que sobreviva a ele. Se *A imitação de Cristo* é anônima, é porque seu autor, buscando a eternidade da alma, não se preocupava com a do nome. O literato que disser que despreza a glória mente como um velhaco. De Dante, que escreveu aqueles trinta e três vigorosíssimos versos (*Purg.*, XI, 85-117) sobre a vaidade da glória mundana, diz Boccacio que gozou das honras e das pompas talvez mais do que correspondia à sua insigne virtude. O desejo mais ardente de seus condenados é o de serem recordados aqui, na terra, e de que se fale deles, e é isso o que mais ilumina as trevas de seu inferno. Ele mesmo expôs o conceito de monarquia, não somente para proveito dos demais, mas para lograr a palma de glória[5]. Que mais? Até daquele santo homem, o mais aparentemente desprendido da vaidade terrena, do pobrezinho de Assis, contam os Três Companheiros que disse: *Adhuc adorador per totum mundum*! Vereis como ainda sou adorado por todo o mundo![6] Até de Deus mesmo, dizem os teólogos que criou o mundo para manifestação da sua glória.

Quando as dúvidas nos invadem e enevoam a fé na imortalidade da alma, ganha ímpeto e doloroso impulso a ânsia de perpetuar o nome e a fama, de alcançar ao menos uma sombra de imortalidade. Então essa tremenda luta para singularizar-se, para sobreviver de algum modo na memória dos outros e dos que virão, essa luta mil vezes mais terrível do que a luta pela vida, luta que dá tom, cor e caráter a esta nossa sociedade, em que a fé medieval na alma imortal se desvanece. Cada um quer afirmar-se, ao menos em aparência.

Uma vez satisfeita a fome, e esta logo se satisfaz, surge a vaidade, a necessidade – que o é – de se impor e sobreviver em outros. O homem costuma entregar a vida pela bolsa; mas entrega a bolsa pela vaidade. Orgulha-se, na falta de melhor, até mesmo de suas fraquezas e misérias, sendo como a criança que, desde que seja para se fazer notar, exibe-se com o curativo no dedo. E que é a vaidade, senão ânsia de sobreviver?

Acontece com o vaidoso o mesmo que com o avaro, que toma os meios pelo fim e, esquecendo-se deste, apega-se àqueles, aí ficando. Parecer algo que nos leve a sê-lo acaba constituindo nosso objetivo. Precisamos que os outros nos creiam superiores a eles, para assim nos crermos e basearmos nisso nossa fé na própria continuidade, quando menos na da fama. Agradecemos mais a quem nos elogia o talento com que defendemos uma causa do que a quem reconhece a verdade ou a bondade desta. Uma furiosa mania de originalidade sopra pelo mundo moderno dos espíritos, e cada um a põe numa coisa. Preferimos disparatar com engenho a acertar com vulgaridade. Já disse Rousseau em seu *Emílio*: "Ainda que os filósofos tivessem a disposição de descobrir a verdade, quem dentre eles se interessaria por ela? Cada qual sabe que seu sistema não é mais bem fundado que os outros, mas o sustenta porque é o seu. Não há um só que, chegando a conhecer o verdadeiro e o falso, não prefira a mentira que encontrou à verdade descoberta por outro. Onde está o filósofo que não engana de bom grado, por sua glória, o gênero humano? Onde está quem, no segredo de seu coração, propõe-se outro objeto com que se distinguir? Contanto que se eleve acima do vulgo, contanto que empane o brilho de seus concorrentes, que mais pede? O essencial é pensar de um modo diverso dos outros. Entre os crentes, é ateu; entre os ateus, seria crente"[7]. Quanta verdade há no fundo dessas tristes confissões daquele homem de dolorosa sinceridade!

Nossa luta sem quartel pela sobrevivência do nome recua para o passado, assim como aspira a conquistar o porvir; lutamos com os mortos, que são os que fazem sombra aos vivos. Sentimos ciúme dos gênios que foram e cujos nomes, como marcos da história, atravessam as idades. O céu da fama não é muito grande, e quantos mais neles entrarem, menos caberá a cada um deles. Os grandes nomes do passado nos roubam lugar nele; o que eles ocupam na memória das gentes não lhes será tirado pelos que aspiram ocupá-lo. Assim, voltamo-nos contra eles, daí o amargor com que os que buscam renome nas letras julgam os que já o alcançaram e dele gozam. Se a literatura se enriquecer muito, chegará o dia de separar o joio do trigo, e todos temem ficar nas malhas da peneira. O jovem irreverente para com os mestres, ao atacá-los, defende-se; o iconoclasta é um estilista que erige a si mesmo em imagem, em *ícone*. "Toda comparação é odiosa", diz um oportuno ditado; e o caso é que, de fato, queremos ser únicos. Não diga a Fernández que ele é um dos jovens espanhóis de maior talento, pois enquanto finge agradecer, incomoda-lhe o elogio: se você lhe disser que ele é o espanhol de maior talento, vá lá! Mas ainda não lhe basta: ser uma das eminências mundiais já merece agradecimento, mas só se satisfaz se o julgarem o primeiro de todos os lugares e de todos os séculos. Quanto mais isolado, mais próximo da imortalidade aparente, a do nome, pois os nomes apequenam-se uns aos outros.

Que significa essa irritação quando cremos que nos roubam uma frase, uma ideia, uma imagem, que acreditávamos nossa, quando nos plagiam? Roubar? Acaso é nossa, se a demos ao público? Nós a queremos só nossa, e temos mais apreço pela moeda falsa que conserva nossa efígie, do que pela peça de ouro puro em que ela e nossa legenda foram apagadas. Sucede com frequência que é quando já não se pronuncia o nome de um escritor que mais ele influi em seu povo, estando seu espírito difuso e arraigado nos espíritos dos que o leram, ao passo que era citado quando seus ditos e pensamentos, por irem de encontro aos correntes, necessitavam da garantia do nome. O que é seu já é de todos, e ele em todos vive. Mas, em si mesmo, vive triste, abatido e se crê derrotado. Já não ouve os aplausos, tampouco o latejar silencioso dos corações dos que continuam a lê-lo. Perguntem a qualquer artista sincero o que ele prefere: que desapareça sua obra e sobreviva sua memória, ou que, desaparecida esta, persista aquela, e verão, se ele for de fato sincero, o que lhes responderá. Quando o homem não trabalha para viver, trabalha para sobreviver. Laborar pela própria obra é jogo, não é trabalho. E o jogo? Já falaremos dele.

Tremenda paixão esta, de que nossa memória sobreviva acima do esquecimento dos demais, se possível. Parte dela a inveja, à qual se deve, segundo o relato bíblico, o crime que iniciou a história humana: o assassinato de Abel por seu irmão Caim. Não foi luta por pão, foi luta por sobreviver em Deus, na memória divina. A inveja é mil vezes mais terrível do que a fome, porque é fome espiritual. Resolvido o que chamamos de problema da vida, o do pão, a Terra se transformaria num inferno, porque surgiria com mais força a luta pela sobrevivência.

Ao nome se sacrifica não só a vida, mas a sorte. A vida, é claro. "Morra eu, viva minha fama!", exclama Rodrigo Árias em *Los mocedades del Cid*, ao cair ferido de morte por dom Diego Ordóñez de Lara. Uma pessoa se deve a seu nome. "Ânimo, Gerolamo, que te recordarão por muito tempo; a morte é amarga, mas a fama é eterna!", exclamou Gerolamo Olgiati, discípulo de Cola Montano e assassino, mancomunado com Lampugnani e Visconti, de Galeazzo Sforza, tirano de Milão. Há quem deseje até o patíbulo para alcançar a fama, ainda que seja infame: *avidus malae famae*, como disse Tácito.

E esse "erostratismo" que é, no fundo, senão ânsia de imortalidade, já que não de substância e vulto, ao menos de nome e sombra?

Ele tem seus graus. Quem despreza o aplauso da multidão de hoje é porque busca sobreviver em renovadas minorias durante gerações. "A posteridade é uma superposição de minorias", dizia Gounod. Quer se prolongar mais no tempo do que no espaço. Os ídolos das multidões logo são derrubados por elas mesmas, e sua estátua se desfaz ao pé do pedestal sem que ninguém olhe para ela, enquanto os que conquistam o coração dos eleitos receberão por mais tempo o fervoroso culto numa capela, mesmo que retirada e pequena, mas que atravessará as avenidas do esquecimento. O artista sacrifica a extensão de sua fama à sua duração; anseia mais durar para sempre num cantinho, do que brilhar um segundo no universo inteiro; quer mais ser átomo eterno e consciente de si do que momentânea consciência do universo inteiro; sacrifica a infinidade à eternidade.

E tornam a martelar nossos ouvidos com o estribilho do orgulho, hediondo orgulho! Orgulho, querer deixar nome inapagável? Orgulho? É como quando se fala de sede de prazeres, interpretando assim a sede de riquezas. Não, não é tanto ânsia de prazeres quanto terror à pobreza o que nos arrasta, pobres homens, a buscar o dinheiro, como não era o desejo de glória, e sim o terror ao inferno, que levava os homens da Idade Média ao claustro com sua rudeza. Isso não é orgulho, mas terror do nada. Tendemos a ser tudo, por ver nisso o único remédio para não nos reduzirmos a nada. Queremos salvar nossa memória, pelo menos nossa memória. Quanto durará? No máximo, quanto durar a linhagem humana. E se salvássemos nossa memória em Deus?

Tudo isso que confesso são, bem sei, misérias. Mas do fundo dessas misérias surge nova vida, e só bebendo até a lia o cálice da dor espiritual pode-se chegar a degustar o mel da borra da taça da vida. A angústia nos leva ao consolo.

Essa sede de vida eterna muitos saciam, sobretudo os simples, na fonte da fé religiosa, mas nem a todos é dado beber dela. A instituição cujo fim primordial é proteger essa fé na imortalidade pessoal da alma é o catolicismo; mas o catolicismo quis racionalizar essa fé, fazendo da religião teologia, querendo pôr como base da crença vital uma filosofia, e uma filosofia do século XIII. Vamos ver isso e suas consequências.

CAPÍTULO IV
A ESSÊNCIA DO CATOLICISMO

Vamos agora à solução cristã católica, pauliniana ou atanasiana, de nosso problema vital íntimo, a fome de imortalidade.

O cristianismo brotou da confluência de duas grandes correntes espirituais, uma judaica e a outra helênica, que já antes se haviam influído mutuamente, e Roma acabou de dar-lhe cunho prático e permanência social.

Afirmou-se do cristianismo primitivo, talvez com precipitação, que foi anescatológico, que nele não aparece claramente a fé em outra vida depois da morte, mas sim num próximo fim do mundo e no estabelecimento do reino de Deus, no chamado *quiliasmo*. No fundo, acaso não eram a mesma coisa? Seja dito que a fé na imortalidade da alma, cuja condição talvez não fosse muito precisa, é uma espécie de *subentendido*, decerto tácito, em todo o Evangelho, sendo essa a situação do espírito de muitos dos que hoje o leem, situação oposta à dos cristãos dentre os quais surgiu o Evangelho, o que os impede de vê-lo. Sem dúvida, aquilo da segunda vinda de Cristo, com grande poder, rodeado de majestade e entre nuvens, para julgar os vivos e os mortos, abrir para uns o reino dos céus e jogar os outros na geena, onde tudo é choro e ranger de dentes, deve ser entendido quiliasticamente. Também se faz Cristo dizer no Evangelho (Marcos, 9:1) que havia com Ele alguns que não experimentariam a morte sem antes ter visto o reino de Deus, que viria, pois, durante sua geração. No mesmo capítulo, versículo 10, faz-se Tiago, Pedro e João, que tinham subido com Jesus ao monte da Transfiguração e ouviram-no falar que ressuscitaria de entre os mortos, perguntarem-se "uns aos outros o que seria o ressuscitar dentre os mortos". Em todo caso, o Evangelho foi composto quando essa crença, base e razão de ser do cristianismo, estava se formando. Ver em Mateus, 22:29-32; Marcos, 12:24-27; Lucas, 16:22-31; 20:34-37; João, 5:24-29; 6:40, 54, 58; 8:51; 11:25, 56; 14:2, 19. E, sobretudo, Mateus, 27:52, segundo o qual, quando Cristo ressuscitou, "muitos corpos santos, que dormiam, ressuscitaram."

Mas essa não era uma ressurreição, não. A fé cristã nasceu da fé em que Jesus não permaneceu morto, mas Deus o ressuscitou, e em que essa ressurreição era um fato. Mas isso não supunha uma mera imortalidade da alma do modo filosófico[1]. Mesmo para os primeiros Padres da Igreja, a imortalidade da alma não era uma coisa natural; bastava para sua demonstração, como diz Nemésio, o ensinamento das Divinas Escrituras, sendo, segundo Lactâncio, um dom – e, como tal, gratuito – de Deus. Mas falaremos sobre isso adiante.

O cristianismo surgiu, dizíamos, de uma confluência dos dois grandes processos espirituais, o judaico e o helênico, cada um dos quais chegara, por sua vez, se não à definição precisa, pelo menos ao preciso anseio de outra vida. Entre os judeus, a fé em outra vida não foi nem geral, nem clara, mas levou-os a ela a fé num Deus pessoal e vivo, cuja formação é toda sua história espiritual.

Javé, o Deus judaico, começou sendo um deus dentre muitos outros, o deus do povo de Israel, revelado entre o fragor da tormenta no monte Sinai. Mas era tão ciumento, que exigia que só prestassem culto a ele, e foi pelo monocultismo que os judeus chegaram ao monoteísmo. Era adorado como força viva, não como entidade metafísica, e era o deus das batalhas. Mas esse Deus, de origem social e guerreira, cuja gênese vamos voltar, fez-se mais íntimo e pessoal nos profetas, e, ao fazer-se mais íntimo e pessoal, fez-se mais individual e universal, portanto. É Javé, que não ama Israel por ser seu filho, senão que o toma como filho por amá-lo (Oseias, 11:1). E a fé no Deus pessoal, no Pai dos homens, traz consigo a fé na eternização do homem individual, prenunciada no farisaísmo, mesmo antes de Cristo.

A cultura helênica, por sua vez, acabou descobrindo a morte, e descobrir a morte é descobrir a fome de imortalidade. Esse anseio não aparece nos poemas homéricos, que não são coisa inicial, mas final, não o ponto de partida, mas o término de uma civilização. Eles marcam a passagem da velha religião da Natureza, a de Zeus, à religião mais espiritual de Apolo, a da redenção. Mas, no fundo, persistia sempre a religião popular e íntima dos mistérios eleusinos, o culto das almas e dos antepassados. "Na medida em que cabe falar de uma teologia délfica, é necessário levar em conta, entre seus elementos mais importantes, a fé na continuação da vida das almas depois da morte, em suas formas populares e no culto das almas dos defuntos", escreve Rohde[2]. Havia o titânico e o dionisíaco, e o homem devia, segundo a doutrina órfica, libertar-se dos laços do corpo, em que a alma estava como que prisioneira num cárcere.[3] A noção nietzschiana do eterno retorno é uma ideia órfica. Mas a ideia da imortalidade da alma não foi um princípio filosófico. A tentativa de Empédocles de irmanar um sistema hilozoístico com o espiritualismo provou que uma ciência natural filosófica não pode, por si, levar a uma corroboração do axioma da perpetuidade da alma individual. Só uma especulação teológica podia servir de apoio. Os primeiros filósofos gregos afirmaram a imortalidade por contradição, saindo da filosofia natural e entrando na teologia, estabelecendo um dogma dionisíaco e órfico, não apolíneo. Mas "uma imortalidade da alma humana como tal, em virtude de suas próprias natureza e condição, como força divina imperecedoura no corpo mortal, nunca foi objeto da fé popular helênica"[4].

Lembrem-se do *Fédon* platônico e das elucubrações neoplatônicas. Ali já se vê a ânsia de imortalidade pessoal, ânsia que, não satisfeita de todo pela razão, produziu o pessimismo helênico. Porque, como observa muito bem Pfleiderer, "nenhum povo veio à terra tão sereno e ensolarado como o grego, nos dias juvenis de sua existência histórica [...]; mas nenhum povo mudou tão por completo sua noção do valor da vida. O grecismo, que acaba nas especulações religiosas dos neopitagóricos e dos neoplatônicos, considerava este mundo, que tão alegre e luminoso lhe pareceu outrora, como morada de trevas e de erros, e a existência terrena como um período de provação que nunca passava demasiado depressa"[5]. O nirvana é uma noção helênica.

Assim, cada um de seu lado, judeus e gregos chegaram à verdadeira descoberta da morte, que é o que faz os povos, como os homens, entrarem na puberdade espiritual, a do sentimento trágico da vida, que é quando a Humanidade gera o Deus vivo. A descoberta da morte é o que nos revela Deus, e a morte do homem perfeito, do Cristo, foi a suprema revelação da morte, a do homem que não devia morrer, mas morreu.

Essa descoberta, a da imortalidade, preparada pelos processos religiosos judaico e helênico, foi especificamente cristã. Levou-a a cabo sobretudo Paulo de Tarso, aquele judeu fariseu helenizado. Paulo não conhecera pessoalmente Jesus, por isso o descobriu como Cristo. "Pode-se dizer que a teologia do Apóstolo é, em geral, a primeira teologia cristã. Era, para ele, uma necessidade; substituía, de certo modo, sua falta de conhecimento pessoal de Jesus", diz Weizsäcker[6]. Não conheceu Jesus, mas sentiu-o renascer em si, e pôde dizer o "não vivo em mim, mas em Cristo". E predicou a cruz, que era um escândalo para os judeus e uma tolice para os gregos (I Cor., 1:23). O dogma central para o Apóstolo convertido foi o da ressurreição de Cristo; o importante, para ele, era que Cristo se tivesse feito homem e tivesse morrido e ressuscitado, não o que fez em vida, não sua obra moral e pedagógica, mas sua obra religiosa e eternizadora. Foi ele que escreveu aquelas palavras imortais: "Ora, se é corrente pregar-se que Cristo ressuscitou dentre os mortos, como, pois, afirmam alguns dentre vós que não há ressurreição de mortos? E, se não há ressurreição de mortos, então Cristo não ressuscitou. E, se Cristo não ressuscitou, é vã nossa pregação e vã a vossa fé [...] E ainda mais: os que dormiram em Cristo, pereceram. Se a nossa esperança em Cristo se limita apenas a esta vida, somos os mais infelizes de todos os homens" (I Cor., 15:12-14 e 18-19).

A partir disso, pode-se afirmar que, quem não crê nessa ressurreição carnal de Cristo, pode ser filocristão, mas não especificamente cristão. É verdade que um Justino mártir pôde dizer que "são cristãos os que vivem conforme a razão, ainda que sejam tidos como ateus, como, entre os gregos, Sócrates, Heráclito e outros"; mas esse mártir é mártir, isto é, testemunho do cristianismo? Não.

Em torno do dogma, de experiência íntima pauliniana, da ressurreição e imortalidade de Cristo, garantia da ressurreição e da imortalidade de cada crente, formou-se toda a cristologia. O Deus homem, o Verbo feito carne, foi para que o homem, a seu modo, se fizesse Deus, isto é, imortal. E o Deus cristão, o Pai de Cristo, um Deus necessariamente antropomórfico, é o que, como diz o Catecismo da doutrina cristã, que nos fizeram aprender de cor na escola, criou o mundo para o homem, para cada homem. O fim da redenção foi, apesar das aparências de desvio ético em relação ao dogma propriamente religioso, muito mais nos salvar da morte que do pecado, ou deste na medida em que implica a morte. Cristo morreu, ou, antes, ressuscitou, para *mim*, para cada um de nós. E estabeleceu-se certa solidariedade entre Deus e sua criatura. Dizia Malebranche que o primeiro homem caiu *para* que Cristo nos redimisse, muito mais que nos redimiu *porque* aquele caíra.

Depois de Paulo, passaram-se os anos e as gerações cristãs, trabalhando em torno daquele dogma central e de suas consequências para assegurar a fé na imortalidade da alma individual. Veio o Concílio de Niceia e, nele, o formidável Atanásio, cujo nome já é um emblema, encarnação da fé popular. Atanásio era um homem de poucas letras, mas de muita fé e, sobretudo, de fé popular, cheio de fome de imortalidade. Opôs-se ao arianismo, que, como o protestantismo unitário e soziniano, ameaçava sem saber nem querer a base dessa fé. Para os arianos, Cristo era, antes de mais nada, um mestre, um mestre de moral, o homem perfeitíssimo e garantia, portanto, de que podemos chegar à suma perfeição. Mas Atanásio sentia que Cristo não nos podia fazer deuses, se antes Ele mesmo não se fizer Deus; se sua divindade tivesse sido por participação, não poderia tê-la participado a nós. "Não é, pois", – dizia –, "que, sendo homem, fez-se depois Deus, mas que, sendo Deus, fez-se depois homem para melhor nos deificar (θεοποιήση)" (Orat., I, 30). Não era o Logos dos filósofos, o Logos cosmológico, que Atanásio conhecia e adorava[7]. E assim fez que se separassem natureza e revelação. O Cristo atanasiano ou niceno, que é o Cristo católico, não é o Cristo cosmológico, nem mesmo, a rigor, o Cristo ético: é o eternizador, o deificador, o religioso. Diz Harnack desse Cristo, do Cristo da cristologia nicena ou católica, que ele é, no fundo, docético, isto é, aparencial, porque o processo da divinização do homem em Cristo fez-se por interesse escatológico. Mas qual é o Cristo real? Acaso esse chamado Cristo histórico da exegese racionalista que se nos dilui ou num mito, ou num átomo social?

Esse mesmo Harnack, um racionalista protestante, diz-nos que o arianismo ou unitarismo teria sido a morte do cristianismo, reduzindo-o à cosmologia e à moral, e que ele só serviu de ponte para levar os doutos ao catolicismo, isto é, da razão à fé. Para esse mesmo douto historiador dos dogmas, parece indicação de um estado de coisas perverso o fato de que o homem Atanásio, que salvou o cristianismo como religião da comunhão viva em Deus, tenha apagado o Jesus de Nazaré, o Jesus histórico, o Jesus que nem Paulo nem Atanásio conheceram pessoalmente, nem o mesmo Harnack. Entre os protestantes, esse Jesus histórico sofre sob o escalpelo da crítica, enquanto vive o Cristo católico, o verdadeiramente histórico, o que vive os séculos garantindo a fé na imortalidade e na salvação pessoais.

Atanásio teve a coragem suprema da fé, a de afirmar coisas contraditórias entre si: "a perfeita contradição que há no ὁμοούσιος trouxe em sua esteira todo um exército de contradições, e tanto mais quanto mais avançou o pensamento", disse Harnack. Sim, assim foi e assim teve de ser. "A dogmática se despediu para sempre do pensamento claro e dos conceitos sustentáveis, e se acostumou com o antirracional", acrescenta. Porque aderiu à vida, que é antirracional e oposta ao pensamento claro. As determinações de valor não somente nunca são racionalizáveis, como são antirracionais.

Em Niceia, venceram, pois, como mais tarde no Vaticano, os idiotas – tomada essa palavra no seu reto sentido primitivo e etimológico –, os ingênuos, os bispos rústicos e voluntariosos, representantes do genuíno espírito humano, do popular, do que não quer morrer, diga a razão o que quiser, e busca a garantia mais material possível para seu desejo.

Quid ad aeternitatem? Eis uma pergunta capital. O Credo acaba com o *resurrectionem mortuorum et vitam venturi saeculi*, a ressurreição dos mortos e a vida vindoura. No cemitério, hoje desativado, de Mallona, em minha cidade natal, Bilbao, está gravada uma quadrinha que diz:

> Embora estejamos em pó convertidos,
> em ti, Senhor, nossa esperança fia,
> que voltaremos a viver vestidos
> com a carne e a pele que nos cobria.

Ou, como diz o Catecismo, com os mesmos corpos e almas que tiveram. A tal ponto, que é doutrina católica ortodoxa a de que a felicidade dos bem-aventurados não é de todo perfeita enquanto não recobrarem seus corpos. Queixam-se no Céu, e "esse queixume nasce de não estarem inteiros no Céu" – diz nosso frei Pedro Malón de Chaide, da Ordem de Santo Agostinho, espanhol e basco[8] –, "pois só está lá a alma, e embora não possa sofrer penas, porque vêm a Deus, em quem inefavelmente gozam, com tudo isso parece que não estão de todo contentes. Está-lo-ão quando se vestirem com seus próprios corpos".

A esse dogma central da ressurreição em Cristo e por Cristo corresponde um sacramento também central, eixo da piedade popular católica: o sacramento da Eucaristia. Nele, administra-se o corpo de Cristo, que é pão de imortalidade.

É o sacramento genuinamente realista, *dinglich*, como se diria em alemão, não sendo grande violência traduzir como material, o sacramento mais genuinamente *ex opere operato*, substituído entre os protestantes com o sacramento idealista da palavra. Trata-se, no fundo, e digo isso com todo o respeito possível, mas sem querer sacrificar a expressividade da frase, de comer e beber Deus, o Eternizador, de alimentar-se Dele. Entende-se, pois, que santa Teresa diga que, estando na Encarnação, no segundo ano do priorado, oitava de são Martinho, para comungar, quando frei Juan de la Cruz partiu a hóstia para dar a outra irmã, pensou que não era falta de hóstia, mas que ele a queria mortificar, "porque eu lhe dissera que gostava muito quando as hóstias eram grandes, não porque não entendesse que nem por isso deixasse de estar inteiro o Senhor, mesmo se fosse bem pequeno o pedacinho". Aqui, a razão vai por um lado, e o sentimento, por outro. E que importam para esse sentimento as mil e uma dificuldades que surgem de refletir racionalmente sobre o mistério desse sacramento? Que é um corpo divino? O corpo, enquanto corpo de Cristo, era divino? Que é um corpo imortal e imortalizador? Que é uma substância separada dos acidentes? Que é uma substância do corpo? Hoje já apuramos muito esse problema da materialidade e da substancialidade, mas há até Padres da Igreja para os quais a imaterialidade de Deus mesmo não era coisa tão definida e clara como para nós. Esse sacramento da Eucaristia é o imortalizador por excelência e, portanto, o eixo da piedade popular católica. E, se cabe dizer, o mais especificamente religioso.

Porque o específico religioso católico é a imortalização, e não a justificação ao modo protestante. Este é, muito mais, ético. Foi em Kant que o protestantismo, em que pese a seus ortodoxos, tirou suas penúltimas consequências: a religião depende da moral, e não esta daquela, como no catolicismo. Não foi a preocupação do pecado, nunca tão angustiante entre os católicos, ou, pelo menos, com tanta aparência de angústia. O sacramento da confissão contribui para isso. Talvez por persistir aqui, mais que entre aqueles, o fundo da concepção primitiva judaica e pagã do pecado como algo material, infeccioso e hereditário, que se cura com o batismo e a absolvição. Em Adão, pecou toda a sua descendência, quase materialmente, e seu pecado transmitiu-se, como se transmite uma doença material. Portanto, tinha razão Renan, cuja educação era católica, ao voltar-se contra o protestante Amiel, que o acusou de não dar a devida importância ao pecado. Em troca, o protestantismo, absorto na justificação, tomada num sentido mais ético que outro qualquer, embora com aparências religiosas, acaba neutralizando e quase suprimindo o escatológico, abandona a simbólica nicena, cai na anarquia confessional, em puro individualismo religioso e em vaga religiosidade estética, ética ou cultural. Aquela que poderíamos chamar de "alendade", *Jenseitigkeit*, apaga-se pouco a pouco atrás da "aquendade", *Diesseitigkeit*. Isso apesar do mesmo Kant, que a quis salvar, mas arruinando-a. A vocação terrenal e a confiança passiva em Deus passam sua vulgaridade religiosa ao luteranismo, que esteve a ponto de naufragar na idade da ilustração, da *Aufklärung*, e que o pietismo, imbuindo-o de alguma seiva religiosa católica, mal conseguiu galvanizar um pouco. Portanto, é muito exato o que Oliveira Martins dizia em sua esplêndida *História da civilização ibérica*, livro 4, capítulo III, a saber: "o catolicismo deu heróis, e o protestantismo, sociedades sensatas, felizes, ricas, livres, no que concerne às instituições e à economia externa, mas incapazes de qualquer ação grandiosa, porque a religião começava por despedaçar no coração do homem aquilo que o faz suscetível das audácias e dos nobres sacrifícios". Tomem uma Dogmática qualquer das produzidas pela última dissolução protestante, a do "ritschliniano" Kaftan, por exemplo, e vejam a que fica reduzida ali a escatologia. Seu próprio mestre, Albrecht Ritschl, diz-nos: "O problema da necessidade da justificação ou remissão dos pecados só pode derivar do conceito da vida eterna como relação direta de finalidade daquela ação divina. Mas, se se aplicar esse conceito apenas ao estado da vida de além-túmulo, seu conteúdo fica fora de toda e qualquer experiência, não podendo fundamentar conhecimento algum que tenha caráter científico. Não são, portanto, mais claras as esperanças e os anseios da mais forte certeza subjetiva e não contêm em si garantia alguma da integridade do que se espera e se anseia. Clareza e integridade da representação ideal são, contudo, as condições para a compreensão, isto é, para o conhecimento da conexão necessária da coisa em si e com seus pressupostos dados. Assim, a confissão evangélica de que a justificação da fé pela fé fundamental traz consigo a certeza da vida eterna, é teologicamente inaplicável, enquanto não se revelar possível, na experiência presente, essa relação de finalidade"[9]. Tudo isso é muito racional, mas...

Na primeira edição dos *Loci communes*, de Melanchton, a de 1521, primeira obra teológica luterana, seu autor omite as especulações trinitária e cristológica, base dogmática da escatologia. O doutor Hermann, professor em Marburgo, autor do livro sobre o comércio do cristão com Deus (*Der Verkehr des Christen mit Gott*), livro cujo primeiro capítulo trata da oposição entre a mística e a religião cristã e que é, no entender de Harnack, o mais perfeito manual luterano, nos diz em outra parte,[10] referindo-se a essa especulação cristológica – ou atanasiana –, que "o conhecimento efetivo de Deus e de Cristo em que vive a fé é algo inteiramente distinto. Não deve achar lugar na doutrina cristã nada que não possa ajudar o homem a reconhecer seus pecados, obter a graça de Deus e servi-lo em verdade. Até então (isto é, até Lutero), passara na Igreja como *doctrina sacra* muita coisa que não pode em absoluto contribuir para dar a um homem um coração livre e uma consciência tranquila". Quanto a mim, não concebo a liberdade de um coração, nem a tranquilidade de uma consciência, que não estejam seguras de sua perdurabilidade depois da morte. "O desejo da salvação da alma" – prossegue Hermann – "devia levar finalmente os homens a conhecer e compreender a efetiva doutrina da salvação." Nesse eminente doutor em luteranismo, em seu livro sobre o comércio do cristão com Deus, tudo se reduz a falar-nos de confiança em Deus, de paz na consciência e de uma segurança na salvação que não é precisamente e a rigor certeza na vida perdurável, mas, antes, na remissão dos pecados.

Num teólogo protestante, Ernest Troeltsch, li que a coisa mais elevada que o protestantismo produziu na ordem conceitual deu-se na arte da música, a que Bach proporcionou sua mais poderosa expressão artística. Nisso se resolve o protestantismo, em música celestial! Podemos dizer, em compensação, que a mais elevada expressão artística católica, pelo menos espanhola, está, na arte mais material, tangível e permanente – pois os sons, leva-os o ar –, da escultura e da pintura, no Cristo de Velázquez, esse Cristo que está sempre morrendo, sem nunca acabar de morrer, para nos dar vida!

Não que o catolicismo abandone o ético, não! Não há religião moderna que possa evitá-lo. Mas essa nossa religião é, no fundo e em grande parte, muito embora seus doutores protestem contra isso, um compromisso entre a escatologia e a moral, aquela posta a serviço desta. Que outra coisa é, senão esse horror das penas eternas do Inferno, que mal se compadece com a apocatástase paulina? Atenhamo-nos ao que a *Theologia deutsch*, o manual místico que Lutero lia, faz Deus dizer: "Se devo recompensar tua maldade, devo fazê-lo com o bem, pois nem sou nem tenho outra coisa." E Cristo disse: "Pai, perdoai-os, pois não sabem o que se fazem", e não há homem que saiba o que se faz. Foi necessário, porém, em benefício da ordem social, converter a religião em polícia, então o inferno. O cristianismo oriental, ou grego, é predominantemente escatológico, o protestantismo é predominantemente ético, enquanto o catolicismo é um compromisso entre ambas as coisas, embora com predominância do primeiro. A mais genuína moral católica, a ascética monástica, é moral de escatologia, dirigida mais à salvação da alma individual do que à manutenção da sociedade. E, no culto da virgindade, não haverá acaso certa ideia obscura de que a perpetuação em outros estorva a própria perpetuação? A moral ascética é uma moral negativa. A rigor, o importante é não morrer, peque-se ou não. Nem se deve levar muito ao pé da letra, senão como uma efusão lírica, antes retórica, o que diz nosso célebre soneto:

> Não me move, meu Deus, para te querer
> o céu que me tens prometido.

E o que se segue.

O verdadeiro pecado, talvez pecado contra o Espírito Santo, que não tem remissão, é o pecado da heresia, o de pensar por conta própria. Já se ouviu aqui, na Espanha, que ser liberal, isto é, herege, é pior do que ser assassino, ladrão ou adúltero. O pecado mais grave é não obedecer a Igreja, cuja infalibilidade nos defende da razão.

Por que haveria de escandalizar a infalibilidade de um homem, do Papa? Que diferença há em que seja infalível um livro, a Bíblia, uma sociedade de homens, a Igreja, ou um homem só? Muda por isso a dificuldade racional essencial? Pois, não sendo mais racional a infalibilidade de um livro ou de uma sociedade que a de um homem só, é preciso deixar claro isso que é o supremo escândalo para o racionalismo.

É o vital que se afirma e, para afirmar-se, cria, servindo-se do racional seu inimigo, toda uma construção dogmática, que a Igreja defende contra o racionalismo, contra o protestantismo e contra o modernismo. Defende a vida. Ela atalhou Galileu, e fez bem, porque sua descoberta, a princípio e até acomodá-la à economia dos conhecimentos humanos, tendia a debilitar a crença antropocêntrica de que o universo foi criado para o homem; opôs-se a Darwin, e fez bem, porque o darwinismo tende a debilitar nossa crença de que o homem é um animal de exceção, criado expressamente para ser eternizado. Por último, Pio IX, o primeiro Pontífice declarado infalível, declarou-se irreconciliável com a chamada civilização moderna. E fez bem.

Loisy, ex-abade católico, disse: "Digo simplesmente que a Igreja e a teologia não favoreceram o movimento científico, mas antes estorvaram-no, na medida em que delas dependia, em certas ocasiões decisivas; digo, sobretudo, que o ensinamento católico não se associou nem se acomodou a esse movimento. A teologia comportou-se e se comporta ainda como se possuísse em si mesma uma ciência da Natureza e uma ciência da História com a filosofia geral das coisas que resultam de seu conhecimento científico. Dir-se-ia que o domínio da teologia e o da ciência, distintos em princípio e até por definição do concílio do Vaticano, não devem sê-lo na prática. Tudo acontece mais ou menos como se a teologia não tivesse nada a aprender com a ciência moderna, natural ou histórica, e que tivesse disposição e direito de exercer por si mesma uma inspeção direta e absoluta sobre todo o trabalho do espírito humano"[11].

Assim tem de ser e assim é em sua luta contra o modernismo, de que Loisy foi doutor e líder.

A luta recente contra o modernismo kantiano e fideísta é uma luta pela vida. Acaso pode a vida, a vida que busca a segurança da sobrevivência, tolerar que um Loisy, sacerdote católico, afirme que a ressurreição do Salvador não é um fato de ordem histórica, demonstrável e demonstrado pelo simples testemunho da História? Leiam, por outro lado, na excelente obra de E. Le Roy, *Dogme et Critique*, sua exposição do dogma central, o da ressurreição de Jesus, e digam-me se resta algo sólido em que apoiarmos nossa esperança. Não veem que, mais que a vida imortal de Cristo, reduzida talvez a uma vida na consciência coletiva cristã, trata-se de uma garantia de nossa própria ressurreição pessoal, em alma e também em corpo? Essa nova apologética psicológica apela para o milagre moral, e nós, como os judeus, queremos sinais, algo que se possa apreender com todas as forças da alma e com todos os sentidos do corpo. Com as mãos, os pés e a boca, se possível.

Mas, ai!, não o conseguimos. A razão ataca, e a fé, que não se sente segura sem ela, tem de com ela pactuar. Daí vêm as trágicas contradições e as dilacerações da consciência. Necessitamos de segurança, certeza, sinais, e recorremos aos *motiva credibilitatis*, aos motivos de credibilidade para fundar o *rationale obsequium*; e, conquanto a fé preceda a razão, *fides praecedit rationem*, segundo santo Agostinho, esse mesmo doutor e bispo queria chegar pela fé à inteligência, *perfidem ad intellectum*, e crer para entender, *credo ut intelligam*. Quão longe daquela soberba expressão de Tertuliano: *et sepultus resurrexit, certum est, quia impossibile est*, "e sepultado ressuscitou; é certo porque é impossível!" E de seu excelso *credo quia absurdum*!, escândalo dos racionalistas. Quão longe do *il faut s'abêtir*, de Pascal e daquele "a razão humana ama o absurdo", de nosso Donoso Cortés, que deve tê-lo aprendido com o grande Joseph de Maistre!

Buscou-se como primeira pedra angular a autoridade da tradição e a revelação da palavra de Deus, tendo-se chegado até o consentimento unânime. *Quod apud multos unum invenitur non est erratum, sed traditum*, disse Tertuliano; e Lamennais acrescentou, séculos mais tarde, que "a certeza, princípio da vida e da inteligência [...] é, se se permite a expressão, um produto social"[12]. Mas, aqui, como em tantas outras coisas, deu a fórmula suprema aquele grande católico do catolicismo popular e vital, o conde Joseph de Maistre, quando escreveu: "Não creio que seja possível mostrar uma só opinião universalmente útil que não seja verdadeira"[13]. Este é o eixo católico: deduzir a verdade de um princípio de sua bondade ou utilidade suprema. E que há de mais útil, de mais soberanamente útil, do que nunca morrer nossa alma? "Como tudo é incerto, ou se deve crer em todos, ou em ninguém", dizia Lactâncio. Mas, aquele formidável místico e asceta, que foi o beato Heinrich Suso, o dominicano, perguntou à eterna Sabedoria em uma só palavra o que era o amor; tendo ela respondido: "Todas as criaturas invocam que o sou"; Suso, o servidor, replicou: "Ai, Senhor, isso não basta para uma alma ansiosa." A fé não se sente segura nem com o sentimento dos demais, nem com a tradição, nem sob a autoridade. Busca o apoio de sua inimiga, a razão.

Assim se forjou a teologia escolástica e, oriunda dela, sua criada, a *ancilla theologiae*, a filosofia escolástica; também esta criada saiu respondona. A escolástica, magnífica catedral com todos os problemas de mecânica arquitetônica resolvidos pelos séculos, mas catedral de adobes, levou pouco a pouco ao que chamam de teologia natural, que nada mais é que o cristianismo despotencializado. Procurou-se apoiar, até onde era racionalmente possível, os dogmas; mostrar pelo menos que, se bem sobrerracionais, não eram contrarracionais, tendo-se-lhes dado um embasamento filosófico de filosofia aristotélico-neoplatônico-estoica do século XIII, que é o tomismo, recomendado por Leão XIII. Já não se trata de fazer aceitar o dogma, mas de sua interpretação filosófica medieval e tomista. Não basta acreditar que, ao tomar a hóstia consagrada, toma-se o corpo e o sangue de Nosso Senhor Jesus Cristo; é necessário passar por toda a transubstanciação, e a substância separada dos acidentes, rompendo com toda a concepção racional moderna da substancialidade.

Mas para isso vale a fé implícita, a fé do carvoeiro, a dos que, como santa Teresa[14], não querem se aproveitar da teologia. "Isso não perguntem a mim, que sou ignorante; tem doutores a Santa Madre Igreja que saberão responder-lhes", como fizeram-nos aprender no Catecismo. Para isso, entre outras coisas, instituiu-se o sacerdócio, para que a Igreja docente fosse a depositária, depósito mais que rio, *reservoir instead of river*, como disse Brooks, dos segredos teológicos. "O trabalho do Niceno" – diz Harnack[15] – "foi um triunfo do sacerdócio sobre a fé do povo cristão. Já a doutrina do Logos se tornara ininteligível para os não teólogos. Com a elevação da fórmula niceno--capadócia como confissão fundamental da Igreja, ficou completamente impossível para os leigos católicos adquirir um conhecimento íntimo da fé cristã segundo a norma da doutrina eclesiástica. E arraigou-se cada vez mais a ideia de que o cristianismo era a revelação do ininteligível." Assim é, de fato.

Por que foi assim? Porque a fé, isto é, a vida, já não se sentia segura de si mesma. Não lhe bastava nem o tradicionalismo, nem o positivismo teológico de Duns Scot: queria racionalizar-se. E procurou colocar seu fundamento, não contra a razão, que é onde está, mas sobre a razão, isto é, na própria razão. A posição nominalista, ou positivista, ou voluntarista de Scot – segundo a qual a lei e a verdade dependem menos da essência quanto da livre e inescrutável vontade de Deus, acentuando a irracionalidade suprema da religião –, punha esta em perigo entre a maioria dos crentes, dotados de razão adulta e não carvoeiros. Por isso o triunfo do racionalismo teológico tomista. Já não basta crer na existência de Deus: cai anátema sobre quem, embora nela acreditando, não crê que essa sua existência seja por razões demonstráveis, ou que até hoje alguém a tenha irrefutavelmente demonstrado por meio delas. Embora caiba talvez dizer aqui como Pohle: "Se a salvação eterna dependesse dos axiomas matemáticos, seria necessário contar com que a mais odiosa sofistaria humana já se tivesse voltado contra sua validez universal com a mesma força com que agora contra Deus, a alma e Cristo"[16].

Porque o catolicismo oscila entre a mística – que é experiência íntima do Deus vivo em Cristo, experiência intransmissível e cujo perigo está, por outro lado, em absorver em Deus sua própria personalidade, a qual não salva nosso anseio vital – e o racionalismo a que combate[17]; oscila entre a ciência religionizada e a religião cientificada. O entusiasmo apocalíptico foi se transformando pouco a pouco em misticismo neoplatônico, que a teologia fez recuar. Temiam-se os excessos da fantasia, que suplantava a fé, criando extravagâncias gnósticas. Mas foi necessário firmar certo pacto com o gnosticismo e com o outro racionalismo; nem a fantasia, nem a razão deixavam-se vencer de todo. Assim a dogmática católica tornou-se um sistema de contradições, mais ou menos harmônicas. A Trindade foi um certo pacto entre o monoteísmo e o politeísmo; pactuaram a humanidade e a divindade em Cristo, a natureza e a graça, esta e o livre-arbítrio, este com a presciência divina etc. Talvez porque, como diz Hermann (*loco citato*), "enquanto se desenvolve um pensamento religioso em suas consequências lógicas, entra em conflito com outros, que pertencem igualmente à vida da religião". Que é o que dá ao catolicismo sua profunda dialética vital. Mas a que custo?

A custo, é necessário dizê-lo, de oprimir as necessidades mentais dos crentes em uso da razão adulta. Exige-se deles que creiam em tudo ou nada, que aceitem a inteira totalidade da dogmática ou que se perca todo mérito, se se rejeitar a menor parte dela. Disso resulta o que o grande pregador unitário Channing dizia[18], que temos na França e na Espanha multidões que passaram da rejeição do papismo ao absoluto ateísmo, porque "o fato é que as doutrinas falsas e absurdas, quando expostas, têm a tendência natural a engendrar ceticismo nos que sem reflexão as recebem, e não há quem esteja mais pronto a crer demasiado pouco do que aqueles que começaram por crer demasiado" (*believing too much*). Aqui está, de fato, o terrível perigo: crer demasiado. Mas não! O terrível perigo está em outro lugar: em crer com a razão, e não com a vida.

A solução católica para nosso problema, para nosso único problema vital, o problema da imortalidade e da salvação eterna da alma individual, satisfaz à vontade e, portanto, à vida. Mas, ao querer racionalizá-la com a teologia dogmática, não satisfaz à razão. E esta tem suas exigências, tão imperiosas quanto as da vida. Não adianta querer forçar-se a reconhecer como sobrerracional o que claramente se nos apresenta como contrarracional, nem adianta fazer-se carvoeiro quem não o é. A infalibilidade, noção de origem helênica, é, no fundo, uma categoria racionalista.

Vejamos agora, pois, a solução, ou melhor, a dissolução racionalista ou científica de nosso problema.

CAPÍTULO V
A DISSOLUÇÃO RACIONAL

O grande mestre da fenomenologia racionalista, David Hume, começa seu ensaio *Sobre a imortalidade da alma* com estas palavras definitivas: "parece difícil provar com a mera luz da razão a imortalidade da alma. Os argumentos a favor dela derivam comumente de tópicos metafísicos, morais ou físicos. Mas, na realidade, foi o Evangelho, e tão só o Evangelho que trouxe à luz a vida e a imortalidade". O que equivale a negar a racionalidade da crença de que a alma de cada um de nós é imortal.

Kant, que partiu de Hume para sua crítica, tratou de estabelecer a racionalidade desse anseio e da crença que este importa, sendo essa a verdadeira origem, a origem íntima de sua crítica da razão prática, de seu imperativo categórico e de seu Deus. Mas, apesar disso tudo, fica de pé a afirmação cética de Hume, não havendo maneira alguma de provar racionalmente a imortalidade da alma. Em compensação, há modos de provar racionalmente sua mortalidade.

Seria, não direi supérfluo, mas até ridículo, nos estendermos aqui expondo até que ponto a consciência individual humana depende da organização do corpo, como vai nascendo pouco a pouco, conforme o cérebro recebe as impressões de fora, como se interrompe temporalmente durante o sono, os desmaios e outros acidentes, e como tudo nos leva a conjecturar racionalmente que a morte traz consigo a perda da consciência. Assim como antes de nascer não fomos, nem temos recordação pessoal alguma de então, também depois de morrer não seremos. Isso é o racional.

O que chamamos de alma nada mais é que um termo para designar a consciência individual em sua integridade e em sua persistência, sendo evidente que ela muda e que, do mesmo modo que se integra, se desintegra. Para Aristóteles, era a forma substancial do corpo, a enteléquia, mas não uma substância. E mais de um moderno chamou-a de epifenômeno, termo absurdo. Basta chamá-la de fenômeno.

O racionalismo – e, com isso, entendo a doutrina que não se atem mais que à razão, à verdade objetiva – é forçosamente materialista. E não se escandalizem os idealistas.

É mister deixar tudo claro, e a verdade é que isso que chamamos de materialismo não nos quer dizer outra coisa que a doutrina que nega a imortalidade da alma individual, a persistência da consciência pessoal depois da morte.

Em outro sentido, cabe dizer que, como não sabemos o que é a matéria mais do que é o espírito, e como matéria, para nós, nada mais é que uma ideia, o materialismo é idealismo. De fato e para o nosso problema – o mais vital, o único deveras vital –, dá no mesmo dizer que tudo é matéria, ou que tudo é ideia, tudo é força, ou o que se quiser. Todo sistema monístico sempre será, para nós, materialista. Só preservam a imortalidade da alma os sistemas dualistas, que ensinam que a consciência humana é algo substancialmente distinto e diferente das demais manifestações fenomênicas. E a razão é, naturalmente, monista. Porque é obra da razão compreender e explicar o Universo, e, para compreendê-lo e explicá-lo, em nada faz falta a alma como substância imperecível. Para explicar e compreender a vida anímica, para a psicologia, não é necessária a hipótese da alma. Aquela que era chamada de psicologia racional, em oposição à chamada psicologia empírica, não é psicologia, mas metafísica, e uma metafísica muito turva, não racional, mas profundamente irracional, ou, antes, antirracional.

A doutrina pretensamente racional da substancialidade da alma e de sua espiritualidade, com todo o aparato que a acompanha, não nasceu senão dos homens que sentiam a necessidade de apoiar, em razão de seu inquestionável anseio de imortalidade, a crença a este subsequente. Todas as sofistarias que tendem a provar que a alma é substância simples e incorruptível procedem dessa origem. Mais ainda, o próprio conceito de substância, tal como o deixou assentado e definido a escolástica, esse conceito que não resiste à crítica, é um conceito teológico destinado a apoiar a fé na imortalidade da alma.

W. James, na terceira de suas conferências que dedicou ao pragmatismo no Lowell Institute de Boston, em dezembro de 1906 e janeiro de 1907,[1] e que é o texto mais fraco de toda a obra do insigne pensador norte-americano – excessivamente fraco –, diz assim: "O escolasticismo tomou a noção de substância no sentido comum, tornando-a técnica e articulada. Poucas coisas pareceriam ter menos consequências pragmáticas para nós do que as substâncias, privados que estamos de todo contato com elas. Mas há um caso em que o escolasticismo provou a importância da substância-ideia, tratando-a pragmaticamente. Refiro-me a certas contendas relativas ao mistério da Eucaristia. A substância aparecerá aqui com um grande valor pragmático. Já que os acidentes da hóstia não mudam na consagração e que ela, no entanto, converteu-se no corpo de Cristo, a mudança não pode ser mais que a da substância. A substância do pão tem de se ter retirada, substituindo-a miraculosamente a divina substância, sem se alterarem as propriedades sensíveis imediatas. Contudo, mesmo quando estas não se alteram, ocorreu uma tremenda diferença: nada menos que a de que nós, os que recebemos o sacramento, nos alimentamos agora com a própria substância da divindade. A noção de substância irrompe, pois, na vida, com terrível efeito, se se admitir que as substâncias podem separar-se de seus acidentes e mudar estes últimos. Esta é a única aplicação pragmática da ideia de substância de que eu tenha conhecimento, e é óbvio que só pode ser tratada seriamente pelos que creem na presença real por fundamentos independentes."

Pois bem, deixando de lado a questão de se, em boa teologia, e não digo em boa razão, porque isso tudo situa-se fora dela, pode-se confundir a substância do corpo – do corpo, não da alma – de Cristo com a própria substância da divindade, isto é, com Deus mesmo, parece impossível que tão ardente desejador da imortalidade da alma, um homem como W. James, cuja filosofia toda tende tão só a estabelecer racionalmente essa essência, não se tivesse dado conta de que a aplicação pragmática do conceito de substância à doutrina da transubstanciação eucarística nada mais é que uma consequência de sua aplicação anterior à doutrina da imortalidade da alma. Como expus no capítulo anterior, o sacramento da eucaristia é apenas o reflexo da crença na imortalidade; é, para o crente, a prova experimental mística de que a alma é imortal e gozará eternamente de Deus. E o conceito de substância nasceu, antes de tudo e sobretudo, do conceito de substancialidade da alma, tendo este se afirmado para apoiar a fé em sua persistência depois de separada do corpo. É essa a sua primeira aplicação pragmática e, com ela, sua origem. Depois transferimos esse conceito às coisas exteriores. Por me sentir substância, isto é, permanente em meio a minhas mudanças, é que atribuo substancialidade aos agentes que, fora de mim, em meio a suas mudanças, permanecem. Do mesmo modo que o conceito de força, enquanto distinto do movimento, nasce de minha sensação de esforço pessoal ao pôr algo em movimento.

Leia-se com cuidado, na primeira parte da *Summa Theologica*, de santo Tomás de Aquino, os seis primeiros artigos da questão LXXV, em que indaga se a alma humana é corpo, se é algo subsistente, se também o é a alma dos brutos, se o homem é alma, se esta se compõe de matéria e forma, se é incorruptível, e, diga-se, então, se tudo isso não está sutilmente destinado a suportar a crença em que essa substancialidade incorruptível lhe permite receber de Deus a imortalidade, pois está claro que, assim como a criou ao infundi-la no corpo, segundo santo Tomás, também poderia aniquilá-la ao separá-la dele. Como já se fez cem vezes a crítica dessas provas, não cabe repeti-la aqui.

Que razão desprevenida pode concluir, do fato de que a consciência de nossa identidade – e isso dentro de limites muito estreitos e variáveis – persista através das mudanças de nosso corpo, que nossa alma seja uma substância? Seria o mesmo que falar da alma substancial de um barco que sai de um porto, perde hoje uma tábua que é substituída por outra de forma e tamanho iguais, depois perde outra peça e, assim, uma a uma, todas; volta o mesmo barco, com forma idêntica, com condições de navegabilidade idênticas, e todos o reconhecem como sendo o mesmo. Que razão desprevenida pode deduzir a simplicidade da alma do fato de que tenhamos de julgar e unificar pensamentos? Nem o pensamento é uno, mas vário, nem a alma é, para a razão, nada mais que a sucessão de estados de consciência coordenados entre si.

É corrente que, nos livros de psicologia espiritualista, ao se tratar da existência da alma como substância simples e separável do corpo, se comece com uma fórmula deste gênero: há em mim um princípio que pensa, quer e sente... O que implica uma petição de princípio. Porque não é uma verdade imediata, ao contrário, que haja em mim esse princípio: a verdade imediata é que penso, quero e sinto eu. E eu, o eu que pensa, quer e sente, é imediatamente meu corpo vivo, com os estados de consciência que suporta. É meu corpo vivo que pensa, quer e sente. Como? Como for.

Depois, querem fixar a substancialidade da alma hipostasiando os estados de consciência, e começam por sustentar que essa substância tem de ser simples, isto é, por opor, ao modo do dualismo cartesiano, o pensamento à extensão. Como foi nosso Balmes um dos espiritualistas que deram forma mais concisa e clara ao argumento da simplicidade da alma, vou tomá-lo dele, tal como o expõe no capítulo II da Psicologia de seu *Curso de filosofia elementar*. "A alma humana é simples", diz, e acrescenta: "É simples o que carece de partes, e a alma não as tem. Suponha-se que haja nela três partes, A, B e C; pergunto: onde reside o pensamento? Se apenas em A, B e C estão demais; por conseguinte o sujeito simples A será a alma. Se o pensamento residir em A, B e C, estará ele dividido em partes, o que é absurdo. Que será uma percepção, uma comparação, um juízo, um raciocínio, distribuídos em três sujeitos?" Não há petição de princípio mais evidente. Começa considerando ponto pacífico que o todo, como todo, não pode julgar. Prossegue Balmes: "A unidade de consciência se opõe à divisão da alma: quando pensamos, há um sujeito que sabe tudo o que pensa, e isso é impossível atribuindo-lhe partes. Do pensamento que está em A nada saberão nem B, nem C, e reciprocamente; logo não haverá *uma* consciência de todo o pensamento, cada parte terá sua consciência especial e, dentro de nós, haverá tantos seres pensantes quantas forem as partes." Continua a petição de princípio. Supõe-se, por supor-se, sem prova alguma, que um todo como todo não pode perceber unitariamente. Depois Balmes passa a perguntar se essas partes, A, B e C, são simples ou compostas, repetindo o argumento até chegar ao resultado de que o sujeito pensante tem de ser uma parte que não seja tudo, isto é, simples. O argumento se baseia, como se vê, na unidade de apercepção e de juízo. Em seguida trata de refutar a hipótese de apelar a uma comunicação das partes entre si.

Balmes e, com ele, os espiritualistas *a priori*, que tratam de racionalizar a fé na imortalidade da alma, deixam de lado a única explicação racional: a de que a apercepção e o juízo são uma resultante, a de que são as percepções ou as próprias ideias componentes que se harmonizam. Começam por supor algo fora e distinto dos estados de consciência, que não é o corpo vivo que os suporta, algo que não sou eu, mas que está em mim.

A alma é simples, dizem outros, porque se volta para si toda inteira. Não, o estado de consciência A, em que penso em meu estado de consciência anterior B, não é este mesmo estado. Ou, se penso em minha alma, penso numa ideia distinta do ato em que penso nela. Pensar que se pensa, e nada mais, não é pensar.

A alma é o princípio da vida, dizem. Sim, também se ideou a categoria de força ou de energia como princípio do movimento. Mas isso são conceitos, não fenômenos, não realidades externas. O princípio do movimento se move?

Só tem realidade externa o que se move. O princípio da vida vive? Com razão escrevia Hume: "Nunca dou com essa ideia de mim mesmo; só me observo desejando, fazendo ou sentido algo." A ideia de algo individual, deste tinteiro que está diante de mim, deste cavalo que está à porta de casa, deles dois e não de outros indivíduos quaisquer de sua classe, é o fato, o próprio fenômeno. A ideia de mim mesmo sou eu.

Todos os esforços para substantivar a consciência, tornando-a independente da extensão – lembrem-se de que Descartes opunha o pensamento à extensão –, não são mais que argúcias sofísticas para estabelecer a racionalidade da fé em que a alma é imortal. Pretende-se dar valor de realidade objetiva ao que não a tem, àquilo cuja realidade está apenas no pensamento. E a imortalidade que desejamos é uma imortalidade fenomênica, é uma continuação desta vida.

A unidade da consciência não é, para a psicologia científica – a única racional – nada mais que uma unidade fenomênica. Ninguém pode dizer que seja uma unidade substancial. Mais ainda, ninguém pode dizer que seja uma substância. Porque a noção de substância é uma categoria não fenomênica. É o númeno, e pertence, a rigor, ao ininteligível. Isto é, conforme seja aplicada. Mas, em sua aplicação transcendente, é algo na realidade inconcebível e, a rigor, irracional. É o próprio conceito de substância que uma razão desprevenida reduz a um uso que está muito longe daquela sua aplicação pragmática a que James se referia.

Não salva essa aplicação tomá-la de maneira idealista, segundo o princípio berkeleyano de que ser é ser percebido, *esse est percipi*. Dizer que tudo é ideia ou dizer que tudo é espírito é a mesma coisa que dizer que tudo é matéria ou que tudo é força, pois, se tudo for ideia ou espírito, este diamante é ideia ou espírito, do mesmo modo que minha consciência, não se vê por que o diamante não persistirá eternamente se minha consciência, por ser ideia ou espírito, persiste sempre.

George Berkeley, bispo anglicano de Cloyne e irmão em espírito do também bispo anglicano Joseph Butler, queria salvar como este a fé na imortalidade da alma. Desde as primeiras palavras do Prefácio de seu *Tratado referente aos princípios do conhecimento humano* (*A Treatise concerning the Principles of Human Knowledge*), diz-nos que esse seu tratado parece-lhe útil especialmente para os tocados pelo ceticismo ou que necessitam uma demonstração da existência e da imaterialidade de Deus e da imortalidade natural da alma. No capítulo CXL estabelece que temos uma ideia, ou, antes, uma noção do espírito, conhecendo outros espíritos por meio dos nossos, do que afirma rotundamente no parágrafo seguinte que se segue a natural imortalidade da alma. Entra aqui numa série de conclusões baseadas na ambiguidade que dá ao termo de noção. Depois de ter estabelecido quase *per saltum* a imortalidade da alma, porque esta não é passiva como os corpos, passa, no capítulo CXLVII, a nos dizer que a existência de Deus é mais evidente que a do homem. E dizer que, apesar disso, há quem duvide dela!

A questão se complicava porque se fazia da consciência uma propriedade da alma, que era algo mais que ela, isto é, uma forma substancial do corpo, originadora de todas as funções orgânicas deste. A alma não só pensa, sente e quer, como move o corpo e dá origem a suas funções vitais; na alma humana se unem as funções vegetativa, animal e racional. Essa é a doutrina. Mas a alma separada do corpo já não pode ter funções vegetativas e animais.

Para a razão, enfim, um conjunto de verdadeiras confusões.

A partir do Renascimento e da restauração do pensamento puramente racional e emancipado de toda teologia, a doutrina da mortalidade da alma se estabeleceu com Alexandre de Afrodísia, Pietro Pomponazzi e outros. A rigor, pouco ou nada se pode acrescentar ao que Pomponazzi deixou escrito em seu *Tractatus de inmortalitate animae* (1516). A razão é essa, e inútil é procurar outras.

No entanto, não faltou quem tenha tratado de apoiar empiricamente a fé na imortalidade da alma. Aí está a obra de Frederic W. H. Myers sobre a personalidade humana e sua sobrevivência à morte corporal, *Human Personality and its Survival of Bodily Death*. Ninguém se aproximou com maior ansiedade que eu dos grossos volumes dessa obra, em que aquele que foi a alma da Sociedade de Pesquisas Psíquicas (*Society for Psychical Research*) resumiu o formidável material de dados, sobre todos os gêneros de pressentimentos, aparições de mortos, fenômenos de sonho, telepatia, hipnotismo, automatismo sensorial, êxtase e tudo o que constitui o arsenal espírita. Encetei sua leitura não somente sem a prevenção de antemão com que os homens de ciência encaram tais pesquisas, mas até favoravelmente predisposto, como quem vai buscar confirmação de seus mais íntimos anseios; por isso a decepção foi maior. Apesar do aparato crítico, tudo isso em nada se diferencia das milagrarias medievais. Há, no fundo, um erro de método, de lógica.

Se a ciência não pôde achar uma comprovação empírica racional na imortalidade da alma, tampouco lhe satisfaz o panteísmo. Dizer que tudo é Deus e que, ao morrer, voltamos a Deus, melhor dizendo, continuamos n'Ele, de nada serve para nosso anseio; pois, se assim for, antes de nascer estávamos em Deus, e se voltamos, ao morrer, aonde estávamos antes de nascer, a alma humana, a consciência individual, é perecedoura. Como sabemos muito bem que Deus, o Deus pessoal e consciente do monoteísmo cristão, nada mais é que o produtor e, sobretudo, o garantidor de nossa imortalidade, aí está por que se diz, e se diz muito bem, que o panteísmo nada mais é que um ateísmo disfarçado. Creio que sem disfarces. Tinham razão os que chamaram Spinoza de ateu, cujo panteísmo é o mais lógico, o mais racional. Também não resguarda o anseio de imortalidade, mas o dissolve e submerge, o agnosticismo ou doutrina do inconhecível, que, quando quis deixar a salvo os sentimentos religiosos, sempre procedeu com a mais refinada hipocrisia. Toda a primeira parte, sobretudo o capítulo V, intitulado "Reconciliação" – entre a razão e a fé, ou entre a religião e a ciência, entenda-se –, dos *Primeiros princípios*, de Spencer, é um modelo, ao mesmo tempo, de superficialidade filosófica e de insinceridade religiosa, do mais refinado *cant* britânico. O inconhecível, se é algo mais que o meramente desconhecido até hoje, é tão só um conceito puramente negativo, um conceito de limite. E sobre isso não se edifica nenhum sentimento.

A ciência da religião, por outro lado, da religião como fenômeno psíquico individual e social, sem entrar na validade objetiva transcendente das afirmações religiosas, é uma ciência que, ao explicar a origem da fé em que a alma é algo que pode viver separado do corpo, destruiu a racionalidade dessa crença. Por mais que o homem religioso repita com Schleiermacher: "A ciência não pode te ensinar nada; aprenda ela contigo", no íntimo, a coisa é diferente.

Por qualquer lado que se examine a coisa, sempre resulta que a razão se ergue diante de nosso anseio de imortalidade pessoal e o contradiz. Porque, a rigor, a razão é inimiga da vida.

É uma coisa terrível, a inteligência. Tende à morte, como a memória tende à estabilidade. O vivo, o que é absolutamente instável, o absolutamente individual, é, a rigor, ininteligível. A lógica tende a reduzir tudo a identidades e a gêneros, a que cada representação não tenha mais que um só e mesmo conteúdo em qualquer lugar, tempo ou relação em que se nos ocorra. Não há nada que seja a mesma coisa em dois momentos sucessivos de seu ser. Minha ideia de Deus é diferente cada vez que a concebo. A identidade, que é a morte, é a aspiração do intelecto. A mente busca o morto, pois o vivo lhe escapa; quer congelar a corrente fugidia, quer fixá-la. Para analisar um corpo, é necessário reduzi-lo ou destruí-lo. Para compreender algo, é necessário matá-lo, enrijecê-lo na mente. A ciência é um cemitério de ideias mortas, conquanto delas saia vida. Também os vermes se alimentam de cadáveres. Meus pensamentos, tumultuosos e agitados no seio de minha mente, arrancados de sua raiz cordial, vertidos neste papel e nele fixado em formas inalteráveis, já são cadáveres de pensamentos. Como, pois, a razão vai se abrir à revelação da vida? É um trágico combate, é o fundo da tragédia, o combate da vida contra a razão. E a verdade? Vive-se ou compreende-se?

Basta ler o terrível *Parmênides* de Platão, e chegar à sua conclusão trágica de que "o único existe e não existe; ele e tudo o mais existem e não existem, aparecem e não aparecem em relação a si mesmos e uns a outros". Tudo o que é vital é irracional, e tudo o que é racional é antivital, porque a razão é essencialmente cética.

O racional, de fato, nada mais é que o relacional: a razão se limita a relacionar elementos irracionais. A matemática é a única ciência perfeita, na medida em que soma, subtrai, multiplica e divide números, mas não coisas reais e vultosas, na medida em que é a mais formal das ciências. Quem é capaz de extrair a raiz cúbica deste freixo?

Apesar disso, precisamos da lógica, desse poder terrível, para transmitir pensamentos e percepções e até para pensar e perceber, porque pensamos com palavras, percebemos com formas. Pensar é falar consigo mesmo, e a fala é social, como são sociais o pensamento e a lógica. Mas acaso não têm um conteúdo, uma matéria individual e intraduzível? E não está nisso sua força?

O que há é que o homem, prisioneiro da lógica, sem a qual não pensa, sempre quis pô-la a serviço de seus anseios, sobretudo do mais fundamental deles. Sempre se quis manter a lógica – e mais na Idade Média – a serviço da teologia e da jurisprudência, que partiam, ambas, do estabelecido pela autoridade. A lógica não se propôs, até bem tarde, o problema do conhecimento, o da validade de si mesma, o exame dos fundamentos metalógicos.

"A teologia ocidental" – escreve Stanley – "é essencialmente lógica em sua forma e se baseia na lei; a oriental é retórica na forma e se baseia na filosofia. O teólogo latino sucedeu ao advogado romano; o teólogo oriental, ao sofista grego"[2].

E todas as elucubrações pretensamente racionais ou lógicas em apoio à nossa fome de imortalidade não são mais que advocacia e sofisma.

O próprio e característico da advocacia, de fato, é pôr a lógica a serviço de uma tese a defender, enquanto o método rigorosamente científico parte dos fatos, dos dados que a realidade nos proporciona para chegarmos ou não a uma conclusão. O importante é colocar bem o problema; donde o progresso consiste, não poucas vezes, em desfazer o feito. A advocacia sempre supõe uma petição de princípio, e todos os seus argumentos são *ad probandum*. E a teologia supostamente racional nada mais é que advocacia.

A teologia parte do dogma, e dogma, δόγμα, em seu sentido primitivo e mais direto, significa decreto, algo como o latim *placitum*, e que pareceu ser lei para a autoridade legislativa. Desse conceito jurídico parte a teologia. Para o teólogo, como para o advogado, o dogma, a lei, é algo dado, um ponto de partida que não se discute, senão quanto à sua aplicação e a seu sentido mais correto. Aí está por que o espírito teológico ou advocatício é, em seu princípio, dogmático, enquanto o espírito estritamente científico, puramente racional, é cético, σκεπτικός, isto é, investigativo. Cito-o no original, porque o outro sentido do termo ceticismo, o mais corrente hoje em dia – o de um sistema de dúvida, desconfiança e incerteza – nasceu do emprego teológico ou advocatício da razão, do abuso do dogmatismo. Querer aplicar a lei pela força da autoridade, o *placitum*, o dogma, a distintas e por vezes opostas necessidades práticas foi o que gerou o ceticismo de dúvida. A advocacia, ou, o que dá no mesmo, a teologia, é que ensina a desconfiar da razão, não a verdadeira ciência, a ciência investigativa, cética no sentido primitivo e direto desse termo, que não caminha para uma solução já prevista, nem procede senão a ensaiar uma hipótese.

Tomem a *Summa Theologica*, de santo Tomás, o monumento clássico da teologia – isto é, da advocacia – católica e abram-na onde quiserem. Primeiro, a tese: *utrum...* se tal coisa é assim ou de outro modo; em seguida, as objeções: *ad primum sic proceditur*; depois as respostas às objeções: *sed contra est...* ou *respondeo dicendum...* Pura advocacia. E, no fundo de uma grande parte, talvez da maioria de seus argumentos, vocês encontrarão uma falácia lógica que pode ser expressa *more scholastico* com este silogismo: eu não compreendo este fato, a não ser dando-lhe esta explicação; é assim que tenho de compreendê-lo, logo esta tem de ser sua explicação. Ou fico sem compreendê-lo. A verdadeira ciência ensina, antes de mais nada, a duvidar e a ignorar; a advocacia não duvida nem crê que ignora. Necessita de uma solução.

A DISSOLUÇÃO RACIONAL 91

    Este estado de ânimo em que se supõe, de maneira mais ou menos consciente, que temos de conhecer uma solução, é acompanhado por aquele das funestas consequências. Peguem qualquer livro apologético, isto é, de teologia advocatícia, e verão com que frequência vão topar com epígrafes que dizem: "Funestas consequências desta doutrina." E as consequências funestas de uma doutrina provarão, no máximo, que essa doutrina é funesta, mas não que seja falsa, porque falta provar que o verdadeiro é o que mais convém. A identificação da verdade e do bem não é mais que um piedoso desejo. A. Vinet, em seus *Études sur Blaise Pascal*, diz: "Das duas necessidades que atribulam sem cessar a natureza humana, a da felicidade não só é a mais universalmente sentida e mais constantemente experimentada, como é também a mais imperiosa. E essa necessidade não é apenas sensitiva, é intelectual. Não só para a *alma*, mas também para o *espírito*[3], é uma necessidade da dita. A dita faz parte da verdade." Essa última proposição, *le bonheur fait partie de la vérité*, é profundamente advocatícia, mas não científica nem de razão pura. Melhor seria dizer que a verdade faz parte da dita num sentido tertulianesco, de *credo quia absurdum*, que a rigor quer dizer *credo quia consolans*, creio porque me consola.

    Não, para a razão, a verdade é o que se pode demonstrar que é, que existe, console-nos ou não. E a razão não é certamente uma faculdade consoladora. Aquele tremendo poeta latino, Lucrécio, sob cuja aparente serenidade e ataraxia epicurista tanto desespero se oculta, dizia que a piedade consiste em poder contemplar tudo com alma serena, *pacata posse mente omnia tueri*. Foi esse Lucrécio o mesmo que escreveu que a religião pode induzir-nos a tantos males, *tantum religio potuit suadere malorum*. Porque a religião foi, sobretudo mais tarde a religião cristã, como diz o Apóstolo, um escândalo para os judeus, e uma loucura para os intelectuais (I Cor., 1:23). Tácito chamou a religião cristã, a da imortalidade da alma, de perniciosa superstição, *exitialis superstitio*, afirmando que envolvia um ódio ao gênero humano, *odium generis humani*.

Falando da época desses homens, da época mais genuinamente racionalista, Flaubert escrevia a madame Roger des Genettes estas palavras fecundas: "A senhora tem razão; é preciso falar com respeito de Lucrécio; acho-o comparável apenas a Byron, e Byron não tem nem sua gravidade nem a sinceridade de sua tristeza. A melancolia antiga me parece mais profunda que a dos modernos; todos estes subentendem mais ou menos a imortalidade para além do *buraco negro*. Porém, para os antigos, esse buraco negro era o próprio infinito; seus sonhos se delineiam e se passam sobre um fundo de ébano imutável. Já não existindo os deuses e ainda não existindo Cristo, houve, de Cícero a Marco Aurélio, um momento único em que o homem esteve só. Em nenhuma parte encontro essa grandeza; mas o que torna Lucrécio intolerável é sua física, que ele apresenta como positiva. Se é fraca, é por ele não ter duvidado o bastante: quis explicar, concluir!"[4].

Sim, Lucrécio quis concluir, solucionar e, o que é pior, quis achar consolo na razão. Porque também há uma advocacia antiteológica e um *odium antitheologicum*.

Muitos, muitíssimos homens de ciência, a maioria dos que se dizem racionalistas, deles padecem.

O racionalista se conduz de maneira racional, isto é, cumpre seu papel enquanto se limita a negar que a razão satisfaça nossa fome vital de imortalidade; mas logo, possuído pela raiva de não poder crer, cai na irritação do *odium antitheologicum* e diz, com os fariseus: "Esses vulgares não sabem a lei, são malditos." Há muito de verdade naquelas palavras de Soloviev: "Pressinto a proximidade de tempos em que os cristãos se reunirão de novo nas catacumbas, porque se perseguirá a fé, talvez de maneira menos brutal do que na época de Nero, mas com um rigor não menos refinado, pela mentira, a zombaria e todas as hipocrisias."

O ódio antiteológico, a raiva cientificista – não digo científica – contra a fé em outra vida é evidente. Não tomem os pesquisadores científicos mais serenos, os que sabem duvidar, mas os fanáticos do racionalismo, e vejam com que grosseira brutalidade falam da fé. Parecia provável a Vogt que os apóstolos apresentassem, na estrutura do crânio, acentuadas características simiescas; das grosserias de Haeckel, esse supremo incompreensivo, nem falar; tampouco das de Büchner; o próprio Virchow não se vê livre delas. Outros são mais sutis. Há gente que parece não se limitar a não crer que haja outra vida, melhor dizendo, a crer que não haja; mas, além disso, incomoda-os e dói-lhes que outros creiam nela, ou até desejem que ela exista. Essa posição é desprezível, assim como é digna de respeito a de quem, empenhando-se em crer que exista, porque a necessita, não consegue crer. Mas desse nobilíssimo, o mais profundo, o mais humano, o mais fecundo estado de espírito – o do desespero –, falaremos mais adiante.

Os racionalistas que não caem na raiva antiteológica empenham-se em convencer o homem de que há motivos para viver e há consolo em ter nascido, ainda que chegue um tempo, ao cabo de mais ou menos dezenas, centenas ou milhões de séculos, em que toda consciência humana terá desaparecido. Esses motivos de viver e agir, isso que alguns chamam de humanismo, são a maravilha do vazio afetivo e emocional do racionalismo e de sua estupenda hipocrisia, empenhada em sacrificar a sinceridade à veracidade e em não confessar que a razão é uma potência desconsoladora e dissolvente.

Terei de repetir o que já disse sobre isso tudo de forjar cultura, progredir, realizar o bem, a verdade e a beleza, trazer a justiça à terra, tornar melhor a vida para os que nos sucederem, servir a não sei que destino, sem nos preocuparmos com a finalidade última de cada um de nós? Terei de voltar a falar-lhes da suprema vacuidade da cultura, da ciência, da arte, do bem, da verdade, da beleza, da justiça... de todas essas formosas concepções, se, no fim das contas, em quatro dias ou quatro milhões de séculos – o que, no caso, é a mesma coisa –, não existirá consciência humana que receba a cultura, a ciência, a arte, o bem, a verdade, a beleza, a justiça e tudo o mais assim?

Muitas e muito variadas são as invenções racionalistas – mais ou menos racionais – com que, desde os tempos de epicuristas e estoicos tratou-se de buscar na verdade racional consolo e de convencer os homens, conquanto os que trataram disso não estivessem, em si mesmos, convencidos de que há motivos para agir e estímulos para viver, mesmo estando a consciência humana destinada a desaparecer um dia.

A posição epicurista, cuja forma extrema mais grosseira é a de "comamos e bebamos que amanhã morreremos", ou o *carpe diem* horaciano, que poderia ser traduzido como "vive o dia", não é, no fundo, distinta da posição estoica com seu "faz o que a consciência moral te dita, e seja, depois, o que for". Ambas as posições têm uma base comum, e o prazer pelo prazer é a mesma coisa que o dever pelo dever.

O mais lógico e consequente dos ateus, quero dizer, dos que negam a persistência em tempo futuro indefinido da consciência individual, e, ao mesmo tempo, o mais piedoso deles, Spinoza, dedicou a quinta e última parte de sua *Ética* a elucidar o caminho que leva à liberdade e a estabelecer o conceito de felicidade. O conceito! O conceito e não o sentimento! Para Spinoza, que era um terrível intelectualista, a felicidade, a *beatitudo*, é um conceito, e o amor a Deus, um amor intelectual. Depois de estabelecer, na proposição 21 dessa parte quinta, que "a mente não pode imaginar nada, nem se lembrar das coisas passadas, a não ser enquanto dura o corpo" – o que equivale a negar a imortalidade da alma, pois uma alma que, separada do corpo em que viveu, já não se lembra de seu passado, não é imortal nem é alma –, vem dizer-nos, na proposição 23, que "a mente humana não se pode destruir em absoluto com o corpo, mas resta dela algo que *é eterno*", e essa eternidade da mente é certo modo de pensar. Mas não se deixem enganar: não há essa eternidade da mente individual. Tudo é *sub aeternitatis specie*, isto é, um ledo engano. Nada mais triste, nada mais desolador, nada mais antivital do que essa felicidade, essa *beatitudo* spinoziana, que consiste no amor intelectual a Deus, que nada mais é que o próprio amor de Deus, o amor com que Deus ama a si mesmo (proposição 36). Nossa felicidade, isto é, nossa liberdade, consiste no constante e eterno amor de Deus aos homens. Assim diz o escólio a essa proposição 36. E tudo para concluir, na proposição final de toda a *Ética*, em seu coroamento, com a afirmação de que a felicidade não é o prêmio da virtude, mas a própria virtude. O de sempre! Trocando em miúdos: de Deus saímos, e a Deus voltamos, o que, traduzido em linguagem vital, sentimental, concreta, quer dizer que minha consciência pessoal brotou do nada, de minha inconsciência, e ao nada voltará.

Essa voz tristíssima e desoladora de Spinoza é a própria voz da razão. A liberdade de que ele nos fala é uma liberdade terrível. Contra Spinoza e sua doutrina da felicidade cabe apenas um argumento incontestável: o argumento *ad hominem*. Foi feliz Baruch Spinoza, enquanto, para fazer calar sua íntima infelicidade dissertava sobre a felicidade mesma? Foi ele livre?

No escólio à proposição 41 desta mesma última e mais trágica parte da formidável tragédia que é sua *Ética*, fala-nos o pobre judeu desesperado de Amsterdã da persuasão comum do vulgo quanto à vida eterna. Ouçamo-lo: "Parecem acreditar na piedade e na religião, e tudo o que se refere à fortaleza de espírito são cargas que se deve depor depois da morte, e esperam receber o preço da servidão, não o da piedade e da religião. Não apenas por essa esperança, mas também, e principalmente, pelo medo de serem castigados com terríveis suplícios depois da morte, põem-se a viver conforme a prescrição da lei divina enquanto são levados por sua fraqueza e por seu espírito impotente. Não fossem essa esperança e esse medo, se acreditassem, ao contrário, que as almas morrem com os corpos, e não lhes restasse viver mais tempo senão como miseráveis sob o peso *da piedade*, voltariam a sua índole, preferindo ajeitar tudo a seu gosto e se entregarem mais à sorte do que a si mesmos. O que não parece menos absurdo do que se alguém, por não crer poder alimentar seu corpo com bons alimentos para sempre, preferisse saturar-se de venenos mortíferos, ou porque vê que a alma não é eterna ou imortal, prefira ser sem alma (*amens*) e viver sem razão; tudo isso sendo tão absurdo que mal merece ser refutado (*quae adeo absurda sunt, ut vix recenseri mereantur*).

Quando se diz de algo que não merece sequer refutação, podem estar certos, ou é uma insigne tolice, e nesse caso nem isso há que dizer dela, ou é algo formidável, é a própria chave do problema. Assim se dá nesse caso. Porque, sim, pobre judeu português desterrado na Holanda, sim, não tem nada, absolutamente nada de absurdo o fato de que, quem se convence, sem sombra de dúvida, sem o mais leve resquício de incerteza salvadora, de que sua alma não é imortal, prefira ser sem alma, *amens*, ou irracional, ou idiota, prefira não ter nascido. Ele, pobre judeu intelectualista definidor do amor intelectual e da felicidade, foi feliz? Porque o problema é esse, e não outro. "Para que te serve saber definir a compunção, se não a sentes?", diz Kempis. E para que serve pôr-se a definir a felicidade se com tal não se consegue ser feliz? Cabe aqui aquela terrível história de Diderot sobre o eunuco que, para melhor poder escolher escravas destinadas ao harém do sultão, seu amo, quis receber aulas de estética de um marselhês. Na primeira lição, fisiológica, brutal e carnalmente fisiológica, o eunuco exclamou compungido: "Vê-se que eu nunca saberei estética!" Assim é: nem os eunucos jamais saberão estética aplicada à seleção de mulheres formosas, nem os puros racionalistas saberão ética, nem conseguirão definir a felicidade, que é uma coisa que se vive e se sente, não uma coisa que se racionaliza e se define.

Aí temos outro racionalista, este já não resignado e triste como Spinoza, mas rebelde e fingindo-se hipocritamente alegre, quando era não menos desesperado que o outro, aí temos Nietzsche, que inventou *matematicamente* (!!!) aquele remédio da imortalidade da alma que se chama o eterno retorno e que é a mais formidável tragicomédia ou comitragédia. Sendo finito o número de átomos ou elementos primeiros irredutíveis, no universo eterno tem de voltar alguma vez a ocorrer uma combinação como a atual e, portanto, tem de se repetir um número eterno de vezes o que acontece agora. Fica claro que, assim como voltarei a viver a vida que estou vivendo, já a vivi infinitas vezes, porque há uma eternidade na direção do passado, *a parte ante*, como haverá uma no porvir, *a parte post*. Mas sucede o triste fato de que não me lembro de nenhuma de minhas existências anteriores, se é possível que me lembre delas, pois duas coisas absoluta e totalmente idênticas são uma só. Em vez de supor que vivemos num universo finito, de um número finito de elementos primeiros componentes irredutíveis, suponham que vivamos num universo infinito, sem limite no espaço – cuja finitude concreta não é menos inconcebível que a eternidade concreta, no tempo. Resultará, então, que esse nosso sistema, o da Via Láctea, repete-se infinitas vezes no infinito do espaço, e que estou vivendo infinitas vidas, todas exatamente idênticas. Uma piada, como estão vendo, mas não menos cômica, isto é, não menos trágica que a de Nietzsche, a do leão que ri. E de que ri o leão? Creio que de raiva, porque não se consola com já ter sido antes o mesmo leão e que voltará a sê-lo.

Mas o fato é que tanto Spinoza quanto Nietzsche eram, sim, racionalistas, cada um deles a seu modo. Mas não eram eunucos espirituais. Tinham coração, sentimento e, sobretudo, uma fome louca de eternidade, de imortalidade. O eunuco físico não sente a necessidade de reproduzir-se carnalmente, em corpo, e o eunuco espiritual tampouco sente a fome de se perpetuar.

É verdade que há quem garanta que a razão lhe basta e nos aconselha a desistir de querer penetrar o impenetrável. Mas desses que dizem não necessitar de fé alguma na vida pessoal eterna para encontrar estímulos de vida e móveis de ação, não sei que pensar. Também um cego de nascimento pode garantir-nos que não sente grande desejo de desfrutar o mundo da visão, nem muita angústia por não tê-lo gozado, e devemos acreditar nele, pois do totalmente desconhecido não cabe anseio, pois *nihil volitum quin praecognitum*, não cabe querer senão o antes conhecido. Mas quem alguma vez na vida, ou em sua mocidade, ou temporariamente, chegou a abrigar a fé na imortalidade da alma não pode persuadir-me a crer que se tranquilize sem ela. Desse ponto de vista, mal cabe entre nós a cegueira de nascimento, a não ser que seja uma estranha aberração. Pois é uma aberração, e não outra coisa, o homem mera e exclusivamente racional.

Mais sinceros, muito mais sinceros, são os que dizem: "disso não se deve falar, pois é perder tempo e enfraquecer a vontade; cumpramos aqui com nosso dever e, depois, seja o que for". Mas essa sinceridade oculta uma insinceridade mais profunda. Acaso dizendo-se "disso não se deve falar" consegue-se não pensar nisso? A vontade se enfraquece?... E daí? Incapacita-nos para uma ação humana? E daí? É muito cômodo dizer a quem tem uma doença mortal que o condene a uma vida curta, e que dela sabe, que não pense nisso.

> *Meglio oprando ubliar, senza indagarlo,*
> *questo enorme mister de l'universo!*

"Melhor trabalhando esquecer, sem indagá-lo, este enorme mistério do universo!", escreveu Carducci em seu *Idilio maremmano*, o mesmo Carducci que, no fim de sua ode *Sobre o monte Mario*, falou-nos que a terra, mãe da alma fugidia, há de levar em torno do sol glória e dor:

> até que, sob o Equador rendida,
> às chamadas do calor que foge,
> tão só a maltratada prole uma mulher
>   tenha, e um homem,
> que erguidos entre trechos de montanhas,
> em mortos bosques, lívidos, com olhos
> vítreos te vejam, sobre imenso gelo,
>   ó, sol, te pores!

Mas é possível trabalhar em algo sério e duradouro, esquecendo o enorme mistério do Universo e sem inquiri-lo? É possível contemplá-lo todo com alma serena, segundo a piedade lucreciana, pensando que, um dia, isso tudo não se refletirá em consciência humana alguma?

"Sois feliz?", pergunta Caim, no poema byroniano a Lúcifer, príncipe dos intelectuais, e este lhe responde: "Sou poderoso"; e Caim replica: "Sois feliz?"; então o grande intelectual lhe diz: "Não; tu o és?" Mais adiante, este mesmo Luzbel diz a Ada, irmã e mulher de Caim: "Escolhe entre o Amor e a Ciência, pois não há outra escolha." Nesse mesmo estupendo poema, ao dizer Caim que a árvore da ciência do bem e do mal era uma árvore mentirosa, porque "não sabemos nada, e sua prometida ciência foi a preço da morte", Luzbel lhe replica: "Pode ser que a morte leve ao mais alto conhecimento." Isto é, ao nada.

Em todos esses trechos em que traduzi ciência, lorde Byron diz *knowledge*, conhecimento; o francês *science* e o alemão *Wissenschaft*, a que muitos antepõem *wisdom* – *sagesse* francesa e *Weisheit* alemã –, a sabedoria. "A ciência chega, mas a sabedoria tarda e traz um peito carregado, cheio de triste experiência, avançando para a quietude de seu descanso."

Knowledge comes, but Wisdom lingers, and he heards a laden
[breast,
Full of sad experience, moving toward the stillness of his rest.

Assim diz outro lorde, Tennyson, em seu *Locksley Hall*. E o que é essa sabedoria, que é preciso buscá-la principalmente nos poetas, deixando a ciência? Está bem que se diga, com Matthew Arnold – em seu prólogo aos poemas de Wordsworth –, que a poesia é a realidade, e a filosofia, a ilusão; a razão é sempre a razão, e a realidade, a realidade, o que se pode provar que existe fora de nós, quer nos console, quer nos desespere.

Não sei por que tanta gente se escandalizou ou fez que se escandalizava quando Brunetière voltou a proclamar a bancarrota da ciência. Porque a ciência, enquanto substituta da religião, e a razão, enquanto substituta da fé, sempre fracassaram. A ciência poderá satisfazer, como de fato satisfaz de modo crescente, nossas crescentes necessidades lógicas ou mentais, nosso anseio de saber e conhecer a verdade; mas a ciência não satisfaz nossas necessidades afetivas e volitivas, nossa fome de imortalidade, e, longe de satisfazê-la, a contradiz. A verdade racional e a vida estão em contraposição. E há por acaso outra verdade, além da verdade racional?

Portanto, deve ficar assentado que a razão, a razão humana, dentro de seus limites, não só não prova racionalmente que a alma é imortal e que a consciência humana será, na sequência dos tempos vindouros, indestrutível, como, ao contrário, prova, dentro de seus limites, repito, que a consciência individual não pode persistir depois da morte do organismo corporal de que depende. Esses limites, dentro dos quais digo que a razão humana prova isso, são os limites da racionalidade, do que conhecemos comprovadamente. Fora deles está o irracional, que tanto faz chamarmos de sobrerracional, infrarracional ou contrarracional; fora deles está o absurdo de Tertuliano, o impossível *certum est, quia impossibile est*. E esse absurdo não pode se apoiar senão na mais absoluta incerteza.

A dissolução racional termina por dissolver a própria razão no mais absoluto ceticismo, no fenomenalismo de Hume, ou no contingencialismo absoluto dos Stuart Mill, este o mais consequente e lógico dos positivistas. O triunfo supremo da razão, também analítica, isto é, destrutiva e dissolvente, é pôr em dúvida sua própria validez. Quando há uma úlcera no estômago, este acaba digerindo-se a si mesmo. E a razão acaba por destruir a validade imediata e absoluta do conceito de verdade e do conceito de necessidade. Ambos os conceitos são relativos: não há verdade nem necessidade absolutas. Chamamos verdadeiro um conceito que concorda com o sistema geral de todos nossos conceitos, verdadeira uma percepção que não contradiz o sistema de nossas percepções; verdade é coerência. Quanto ao sistema todo, ao conjunto, como não há, fora dele, nada conhecido para nós, não cabe dizer se é ou não verdadeiro. É imaginável que o universo seja em si, fora de nós, de modo bem diferente de como nos aparece, conquanto esta seja uma proposição que carece de qualquer sentido racional. Quanto à necessidade, acaso há uma absoluta? Necessário é apenas o que é e enquanto é, pois em outro sentido mais transcendente, que necessidade absoluta, lógica, independente do fato de que o universo existe, há de que haja universo ou qualquer outra coisa?

O absoluto relativismo, que não é nada mais, nada menos, que o ceticismo, no sentido mais moderno dessa denominação, é o triunfo supremo da razão raciocinante.

Nem o sentimento consegue fazer do consolo verdade, nem a razão consegue fazer da verdade consolo; mas esta segunda, a razão, procedendo sobre a própria verdade, sobre o próprio conceito da realidade, consegue soçobrar num profundo ceticismo. Nesse abismo, o ceticismo racional encontra-se com o desespero sentimental, e desse encontro sai uma base – terrível base! – de consolo. Vamos ver isso.

CAPÍTULO VI
NO FUNDO DO ABISMO

> *Parce unicae spes totiuns orbis.*
> (Tertuliano, Adversus Marcionem, 5)

Portanto, nem o anseio de imortalidade humana encontra confirmação racional, nem a razão nos proporciona estímulo, consolo de vida e verdadeira finalidade a esta. Mas eis que, no fundo do abismo, encontram-se frente a frente o desespero sentimental e volitivo e o ceticismo racional, e se abraçam como irmãos. Desse abraço, um abraço trágico, isto é, profundamente amoroso, é que vai brotar um manancial de vida, de uma vida séria e terrível. O ceticismo, a incerteza, última posição a que chega a razão exercendo sua análise sobre si mesma, sobre sua própria validade, é o fundamento sobre o qual o desespero do sentimento vital fundará sua esperança.

Tivemos de abandonar, desenganados, a posição dos que querem fazer verdade racional e lógica do consolo, pretendendo provar sua racionalidade, ou, pelo menos, sua não irracionalidade; tivemos também de abandonar a posição dos que queriam fazer da verdade racional consolo e motivo de vida. Nem uma nem outra de ambas as posições nos satisfazia. Uma briga com nossa razão, outra, com nosso sentimento. A paz entre essas duas potências se torna impossível e é necessário viver de sua guerra. E fazer desta, da própria guerra, a condição de nossa vida espiritual.

Tampouco cabe aqui esse expediente repugnante e grosseiro que os políticos mais ou menos parlamentares inventaram e a que chamam uma fórmula de concórdia, de que não resultam nem vencedores, nem vencidos. Aqui não há lugar para temporização. Talvez uma razão degenerada e covarde chegasse a propor tal fórmula de acordo, porque, a rigor, a razão vive de fórmulas; mas a vida, que é informulável, a vida, que vive e quer viver sempre, não aceita fórmulas. Sua única fórmula é: ou tudo, ou nada. O sentimento não transige com termos médios.

Initium sapientiae timor Domini, foi dito, querendo talvez dizer *timor mortis*, ou talvez *timor vitae*, que é o mesmo. Sempre resulta que o princípio da sabedoria é um temor.

Esse ceticismo salvador de que agora vou lhes falar, pode-se dizer que seja a dúvida? É a dúvida, sim, mas é muito mais que a dúvida. A dúvida é, com frequência, uma coisa muito fria, muito pouco vitalizadora e, sobretudo, uma coisa um tanto artificiosa, especialmente desde que Descartes a rebaixou ao papel de método. O conflito entre a razão e a vida é algo mais que uma dúvida. Porque a dúvida se reduz com facilidade a ser um elemento cômico.

A dúvida metódica de Descartes é uma dúvida cômica, uma dúvida puramente teórica, provisória; isto é, a dúvida de alguém que age como se duvidasse sem duvidar. E por ser uma dúvida de quarto aquecido, o homem que concluiu que existia porque pensava, não aprovava "esses temperamentos turbulentos [*brouillonnes*] e inquietos, que, não sendo chamados, nem pelo nascimento, nem pela fortuna, ao manejo dos negócios públicos, não deixam de neles sempre fazer em pensamentos alguma nova reforma"¹, e lamentava que pudesse haver algo assim em seus escritos. Não; ele, Descartes, não se propôs senão "reformar [seus] próprios pensamentos e construir um terreno que é todo meu"². Propôs-se não aceitar como verdadeiro nada que não conhecesse como evidência ser tal, e destruir todos os preconceitos e ideias recebidas para construir, de novo, sua morada intelectual. Mas como "antes de começar a reconstruir a casa onde moramos, não basta demoli-la, prover-nos de materiais e de arquitetos, ou nós mesmos exercermos a arquitetura [...], mas também é necessário providenciar uma outra, onde nos possamos alojar comodamente enquanto durarem os trabalhos"³. formou-se uma moral provisória (*une morale de provision*), cuja primeira lei era obedecer aos costumes de seu país e conservar com constância a religião em que Deus lhe deu a graça de ser instruído desde a sua infância, conduzindo-se em tudo de acordo com as opiniões mais moderadas. Sim, uma religião provisória e até um Deus provisório. E escolhia as opiniões mais moderadas, por serem "sempre as mais cômodas para a pratica"⁴. Mas é melhor não continuarmos.

Essa dúvida cartesiana, metódica ou teórica, essa dúvida filosófica de estufa, não é a dúvida, não é o ceticismo, não é a incerteza de que estou lhes falando aqui. Não! Essa outra dúvida é uma dúvida de paixão, é o eterno conflito entre a razão e o sentimento, a ciência e a vida, a lógica e a biótica. Porque a ciência destrói o conceito de personalidade, reduzindo-o a um complexo em contínuo fluxo de momento, isto é, destrói a própria base sentimental da vida do espírito, que, sem se render, volta-se contra a razão.

Essa dúvida não se pode valer de moral provisória alguma, mas tem de fundar sua moral, como veremos, sobre o próprio conflito, uma moral de batalha; e tem de fundar sobre si mesma a religião. Ela habita uma casa que está se destruindo continuamente e que continuamente precisa ser reconstruída. Continuamente, a vontade, quero dizer, a vontade de não morrer nunca, a ir resignação à morte, forja a morada da vida e continuamente a razão a está fustigando com vendavais e aguaceiros.

Ainda há mais: no problema concreto e vital que nos interessa, a razão não toma posição alguma. A rigor, faz algo ainda pior do que negar a imortalidade da alma, a qual seria uma solução, porque desconhece o problema como o desejo vital no-lo apresenta. No sentido racional e lógico do termo problema, esse problema não existe. Isso da imortalidade da alma, da persistência da consciência individual, não é racional, está fora da razão. Como problema, independentemente da solução que lhe seja dada, é irracional. Racionalmente, carece de sentido até mesmo propô-lo. É tão inconcebível a imortalidade da alma, como é, a rigor, sua mortalidade absoluta. Para nos explicarmos o mundo e a existência – e isso é tarefa da razão –, não é necessário supormos nem que nossa alma é mortal nem que é imortal. Portanto, é uma irracionalidade a simples proposição do suposto problema.

Ouçamos o irmão Kierkegaard, que nos diz: "Onde precisamente se mostra o risco da abstração é com relação ao problema da existência, cuja dificuldade resolve-se contornando-a, jactando-se depois de ter explicado tudo. Explica a imortalidade em geral, e o faz egregiamente, identificando-a com a eternidade; com a eternidade, que é essencialmente o meio do pensamento. Mas que cada homem singularmente existente seja imortal – o que é, precisamente, a dificuldade –, disso a abstração não se preocupa, não lhe interessa. Mas a dificuldade da existência é o interesse do existente; para o que existe, interessa infinitamente existir. O pensamento abstrato não serve à minha imortalidade, a não ser para matar-me enquanto indivíduo singularmente existente e, assim, fazer-me imortal, mais ou menos como aquele doutor de Holberg, que, com sua medicina, tirava a vida do paciente, mas também acabava-lhe com a febre. Quando se considera um pensador abstrato, que não quer esclarecer e confessar a relação existente entre seu pensamento abstrato e o fato de ele ser existente, produz-nos, por mais excelente e distinto que seja, uma impressão cômica, porque corre o risco de deixar de ser homem. Enquanto um homem efetivo, composto de infinitude e de finitude, tem sua efetividade precisamente em manter ambas juntas e se interessa infinitamente em existir, semelhante pensador abstrato é um ser duplo, um ser fantástico, que vive no puro ser da abstração e, às vezes, a triste figura de um professor que põe de lado aquela essência abstrata, como se encosta uma bengala. Quando se lê a vida de um pensador assim – cujos escritos podem ser excelentes –, treme-se ante a ideia do que é ser homem. E quando se lê em seus escritos que o pensar e o ser são uma mesma coisa, pensa-se, pensando em sua vida, que esse ser que é idêntico ao pensar, não é precisamente ser homem"[5].

Que intensa paixão, isto é, que verdade encerra essa amarga invectiva contra Hegel, protótipo do racionalista, que nos tira a febre tirando-nos a vida e nos promete, em vez de uma imortalidade concreta, uma imortalidade abstrata, como se fosse abstrata, e não concreta, a fome dela que nos consome!

Poderão dizer, sim, que, morto o cão, acaba-se a raiva; que, depois de eu morrer essa fome de não morrer não mais me atormentará e que o medo da morte, ou, melhor dizendo, do nada, é um medo irracional, mas... Sim, mas... *E pur si muove*! E continuará movendo-se. Pois é a fonte de todo movimento!

Mas não creio que o irmão Kierkegaard esteja de todo certo, porque o mesmo pensador abstrato, ou pensador de abstrações, pensa *para* existir, para não deixar de existir, ou talvez pense para esquecer que terá de deixar de existir. É esse o fundo da paixão do pensamento abstrato. Talvez Hegel se interessasse tão infinitamente quanto Kierkegaard por sua existência concreta e singular, ainda que, para manter o decoro profissional de filósofo do Estado, ocultasse isso. Exigências do cargo.

A fé na imortalidade é irracional. No entanto, fé, vida e razão se necessitam mutuamente. Esse anseio vital não é propriamente problema, não pode adquirir estado lógico, não pode formular-se em proposições racionalmente discutíveis, mas se coloca a nós, como a nós se coloca a fome. Um lobo que se lança sobre sua presa para devorá-la ou sobre a loba para fecundá-la também não pode colocar-se racionalmente, e como problema lógico, seu impulso. Razão e fé são dois inimigos que não podem sustentar-se um sem o outro. O irracional pede para ser racionalizado, e a razão só pode agir sobre o irracional. Têm de se apoiar um no outro e se associar. Mas associar-se em luta, já que a luta é um modo de associação.

No mundo dos vivos, a luta pela vida, *the struggle for life*, estabelece uma associação, e muito estreita, não entre os que se unem para combater um terceiro, mas entre os que se combatem mutuamente. Há por acaso associação mais íntima do que a que se instaura entre o animal que come outro, e este que por ele é comido, entre o devorador e o devorado? Isso se vê com nitidez na luta dos indivíduos entre si e, com mais nitidez ainda, na luta dos povos. A guerra sempre foi o mais completo fator de progresso, mais ainda que o comércio. É pela guerra que aprendem a conhecer-se e, em consequência disso, a querer-se, vencedores e vencidos.

O cristianismo, a loucura da cruz, a fé irracional em que Cristo havia ressuscitado para nos ressuscitar, foi salvo pela cultura helênica racionalista, e esta pelo cristianismo. Sem ele, sem o cristianismo, teria sido impossível o Renascimento; sem o Evangelho, sem são Paulo, os povos que haviam atravessado a Idade Média não teriam compreendido nem Platão, nem Aristóteles. Uma tradição puramente racionalista é tão impossível quanto uma tradição puramente religiosa. Costuma-se discutir se a Reforma nasceu como filha do Renascimento, ou em protesto contra este, e pode-se afirmar que ambos, porque o filho sempre nasce em protesto contra o pai. Também se diz que foram os clássicos gregos redivivos que transformaram homens como Erasmo, são Paulo e o cristianismo primitivo, o mais irracional; mas cabe retrucar dizendo que quem transformou os clássicos foi são Paulo, foi a irracionalidade cristã a sustentar sua teologia católica. "O cristianismo só é o que chegou a ser" – dizem – "graças à sua aliança com a Antiguidade, enquanto entre os coptas e os etíopes nada mais é que uma bufonaria. O Islã se desenvolveu sob a influência das culturas persa e grega, mas sob a dos turcos converteu-se em destruidora incultura"[6].

Saímos da Idade Média e de sua fé tão ardente quanto, no fundo, desesperada, e não sem íntimas e profundas incertezas, para entrarmos na idade do racionalismo, tampouco sem suas incertezas. A fé na razão está exposta à mesma insustentabilidade racional que qualquer outra fé. E cabe dizer, com Robert Browning, que "tudo o que ganhamos com nossa incredulidade foi uma vida de dúvida diversificada pela fé, em vez de uma fé diversificada pela dúvida":

> *All we have gained, then, by our unbelief*
> *Is a life of doubt diversified by faith,*
> *For one of faith diversified by doubt.*
> (Bishop Blougram's Apology)

É que, como digo, se a fé, a vida, não pode ser sustentada senão com base na razão que a torne transmissível – e, antes de mais nada, transmissível de mim a mim mesmo, isto é, reflexa e consciente –, a razão, por sua vez, não pode se sustentar senão sobre a fé, sobre a vida, pelo menos a fé na razão, fé em que esta serve para algo mais que para conhecer, serve para viver. No entanto, nem a fé é transmissível ou racional, nem a razão é vital.

A vontade e a inteligência se necessitam, e não é tão paradoxal quanto parece à primeira vista retrucar àquele velho aforismo que diz *nihil volitum quin praecognitum* – não se quer nada que não se tenha conhecido antes –, dizendo *nihil cogitum quin praevolitum*, não se conhece nada que não se tenha querido antes. "O próprio conhecimento do espírito, como tal" – escreve Vinet em seu estudo sobre o livro de Cousin acerca dos *Pensamentos* de Pascal – "precisa do coração. Sem o desejo de ver, não se vê; numa grande materialização da vida e do pensamento, não se crê nas coisas do espírito." Já veremos que crer é, em primeira instância, querer crer.

A vontade e a inteligência buscam coisas opostas: aquela, absorver o mundo em nós, apropriá-lo para nós; esta, que sejamos absorvidos no mundo. Opostas? Não são, antes, uma mesma coisa? Não, não são, ainda que pareça. A inteligência é monista ou panteísta, a vontade é monoteísta ou egoísta. A inteligência não necessita de algo fora dela para exercer-se; ela se funde com as próprias ideias, ao passo que a vontade requer matéria. Conhecer algo é fazer-me aquilo que conheço; mas, para servir-me dele, para dominá-lo, há que permanecer distinto de mim.

Filosofia e religião são inimigas e, por serem inimigas, necessitam uma da outra. Não há religião sem alguma base filosófica, nem filosofia sem raízes religiosas; cada uma vive de seu contrário. A história da filosofia é, a rigor, uma história da religião. E os ataques dirigidos à religião, de um ponto de vista presumidamente científico ou filosófico, não são mais que ataques do outro ponto de vista religioso adverso. "A colisão que ocorre entre a ciência natural e a religião cristã é, na realidade, uma colisão entre o instinto da religião natural, fundido na observação natural científica, e o valor da concepção cristã do universo, que assegura ao espírito sua preeminência em todo o mundo natural", diz Ritschl[7]. Agora, esse instinto é o próprio instinto de racionalidade. O idealismo crítico de Kant é de origem religiosa, e foi para salvar a religião que Kant ultrapassou os limites da razão, depois de tê-la, de certo modo, dissolvido no ceticismo. O sistema de antíteses, contradições e antinomias sobre o qual Hegel construiu seu idealismo absoluto tem sua raiz e seu germe no próprio Kant, e essa raiz é uma raiz irracional.

Veremos mais adiante, ao tratarmos da fé, como esta não é, em sua essência, mais que uma coisa de vontade, não de razão, do mesmo modo que crer é querer crer, e crer em Deus, antes de tudo e sobretudo, é querer que ele exista. Assim, crer na imortalidade da alma é querer que a alma seja imortal, mas querê-lo com tanta força que essa querença, atropelando a razão, passe por cima dela. Mas não sem represália.

O instinto de conhecer e o de viver, ou, antes, de sobreviver, entram em luta. O doutor E. Mach, em sua obra *A análise das sensações e a relação entre o físico e o psíquico*[8] nos diz numa nota que também o pesquisador, o cientista (*der Forscher*), luta na batalha pela existência; que também os caminhos da ciência levam à boca, e que, em nossas condições sociais atuais, ainda não é mais que um ideal o puro instinto de conhecer, *der reine Erkenntnisstrieb*. E assim será sempre. *Primus vivere, deinde philosophari*; ou melhor, talvez: *primum supervivere*, ou *superesse*.

Qualquer posição de acordo e harmonia estáveis entre a razão e a vida, entre a filosofia e a religião, torna-se impossível. E a trágica história do pensamento humano nada mais é que a de uma luta entre a razão e a vida, aquela empenhada em racionalizar esta, fazendo que se resigne ao inevitável, à mortalidade; e esta, a vida, empenhada em vitalizar a razão, obrigando-a a servir de apoio a seus anseios vitais. Esta é a história da filosofia, inseparável da história da religião.

O sentimento do mundo, da realidade objetiva, é necessariamente subjetivo, humano, antropomórfico. E o vitalismo sempre se levantará diante do racionalismo, sempre a vontade se erguerá diante da razão. Por isso o ritmo da história da filosofia e a sucessão de períodos em que se impõe a vida, produzindo formas espiritualistas, e outros em que a razão se impõe produzindo formas materialistas, embora ambas as classes de formas de crer sejam disfarçadas com outros nomes. Nem a razão, nem a vida se dão por vencidas nunca. Mas sobre isso voltaremos no próximo capítulo.

A consequência vital do racionalismo seria o suicídio. Como Kierkegaard diz muito bem: "O suicídio é a consequência de existência[9] do pensamento puro [...] Não elogiamos o suicídio, mas sim a paixão. O pensador, pelo contrário, é um animal curioso, que é muito inteligente em certos momentos do dia, mas que, quanto ao mais, nada tem em comum com o homem"[10].

Como o pensador não deixa, apesar de tudo, de ser homem, coloca a razão a serviço da vida, quer o saiba, quer não. A vida engana a razão, e esta, aquela. A filosofia escolástico-aristotélica, a serviço da vida, forjou um sistema teleológico-evolucionista de metafísica, aparentemente racional, que servisse de apoio a nosso anseio vital. Essa filosofia, base do sobrenaturalismo ortodoxo cristão, seja católico, seja protestante, não era, no fundo, senão uma astúcia da vida para obrigar a razão a apoiá-la. Mas tanto a apoiou que acabou por pulverizá-la.

Li que o ex-carmelita Hyacinthe Loyson dizia poder apresentar-se tranquilamente a Deus, pois estava em paz com sua consciência e com sua razão. Com que consciência? A religiosa? Então não o compreendo. Pois não cabe servir a dois amos, menos ainda quando esses dois amos, embora firmem tréguas, armistícios e pactos, são inimigos porque são opostos seus interesses.

Não faltará a tudo isso quem diga que a vida deve submeter-se à razão, ao que responderemos que ninguém deve o que não pode, e a vida não pode submeter-se à razão. "Deve, logo pode", replicará algum kantiano. E contra replicaremos: "Não pode, logo não deve." E não pode porque a finalidade da vida é viver, não compreender.

Não faltou quem tenha falado do dever religioso de resignar-se à mortalidade. Isso já é o cúmulo da aberração e da insinceridade. E ao falarmos de sinceridade virá alguém opondo-nos a veracidade. Seja. Mas ambas as coisas podem muito bem se conciliar. A veracidade, o respeito ao que creio ser o racional, o que logicamente chamamos de verdade, leva-me a afirmar uma coisa neste caso: a imortalidade da alma individual é um contrassenso lógico, é algo não só irracional, mas contrarracional; mas a sinceridade me leva a afirmar também que não me resigno a essa outra afirmação e que protesto contra a sua validade. O que sinto é uma verdade, tão verdade pelo menos como o que vejo, toco, ouço e me é demonstrado – creio que mais verdade ainda –, e a sinceridade me obriga a não ocultar meus sentimentos.

A vida, que se defende, procura o ponto fraco da razão, encontra-o no ceticismo, agarra-se a ele e trata de salvar-se assim agarrada. Necessita da fraqueza de sua adversária.

Nada é seguro, tudo está no ar. E Lamennais exclama, cheio de paixão: "Como! Iremos submergir, perdida toda esperança e às cegas, nas mudas profundezas de um ceticismo universal? Duvidaremos que pensamos, que sentimos, que somos? A Natureza não deixa: somos obrigados a crer até mesmo quando nossa razão não está convencida. A certeza absoluta e a dúvida absoluta nos estão igualmente vedadas. Flutuamos num meio vago entre esses dois extremos, como entre o ser e o nada, porque o ceticismo completo seria a extinção da inteligência e a morte total do homem. Mas não lhe é dado aniquilar-se. Há nele algo que resiste invencivelmente à destruição, não sei que fé vital, indomável até para sua própria vontade. Queira-o ou não, tem de se conservar. Sua razão, se não ouvisse mais que ela, ensinando-o a duvidar de tudo e de si mesma, reduzi-lo-ia a um estado de inação absoluta; pereceria antes mesmo de ter podido provar a si mesmo que existe"[11].

Não é, a rigor, que a razão nos leve ao ceticismo absoluto, não! A razão não me leva, nem me pode levar a duvidar de que eu exista; ela me leva é ao ceticismo vital, melhor ainda, à negação vital; já não a duvidar, mas a negar que minha consciência sobreviva à minha morte. O ceticismo vital vem do choque entre a razão e o desejo. E desse choque, desse abraço entre o desespero e o ceticismo, nasce a santa, a doce, a salvadora incerteza, nosso supremo consolo.

A certeza absoluta, total, de que a morte é uma completa, definitiva e irrevogável aniquilação da consciência pessoal, uma certeza disso, como estamos certos de que os três ângulos de um triângulo valem dois ângulos retos; ou a certeza absoluta, completa, de que nossa consciência pessoal se prolonga além da morte, nestas ou em outras condições, inserindo sobretudo aí o estranho e ocasional acréscimo do prêmio ou do castigo eternos, ambas as certezas nos tornariam igualmente impossível a vida. Num esconderijo, o mais recôndito do espírito, talvez sem o saber, o mesmo que crê estar convencido de que, com a morte, acaba sempre sua consciência pessoal, sua memória, nesse esconderijo resta-lhe uma sombra, uma vaga sombra de sombra de incerteza, e enquanto ele se diz: "Eia! vamos viver esta vida passageira, que outra não há!", o silêncio daquele esconderijo lhe diz: "Quem sabe!..." Talvez creia não o ouvir, mas ouve. E também num canto da alma do crente que guarde mais fé na vida futura há uma voz velada, uma voz de incerteza, que cochicha ao ouvido espiritual: "Quem sabe!..." Essas vozes são, talvez, como o zumbido de um mosquito quando o vendaval brama entre as árvores do bosque: não nos damos conta desse zumbido, mas, junto com o fragor da tormenta, ele nos chega ao ouvido. Como poderíamos viver, senão, sem essa incerteza?

O "e se houver?" e o "e se não houver?" são as bases de nossa vida íntima. Talvez exista algum racionalista que nunca tenha vacilado em sua convicção da mortalidade da alma, e algum vitalista que não haja vacilado em sua fé na imortalidade; mas isso só quererá dizer, no máximo, que, assim como há monstros, também há estúpidos afetivos ou sentimentais, por maior que seja a inteligência deles, e estúpidos intelectuais, por maior que seja a sua virtude. Mas, normalmente, não posso crer nos que me garantem que nunca, nem no mais fugaz pestanejar, nem nas horas de maior solidão e tribulação, se lhes aflorou à consciência esse rumor da incerteza. Não compreendo os homens que me dizem que nunca lhes atormentou a perspectiva do além da morte, nem que sua própria aniquilação os inquiete. De minha parte, não quero celebrar a paz entre meu coração e minha cabeça, entre minha fé e minha razão; quero, antes, que combatam entre si.

O capítulo 9 do Evangelho segundo Marcos nos conta como alguém levou Jesus para ver seu filho possesso de um espírito mudo, que, onde o pegava, o derrubava, fazia-o espumar, ranger os dentes e ir definhando, pelo que o queria apresentar para que Jesus o curasse. O Mestre, impaciente com aqueles homens que queriam apenas milagres e sinais, exclamou: "Ó geração incrédula! até quando estarei convosco? até quando vos sofrerei? Trazei--mo!" (versículo 19). Trouxeram-no. O Mestre viu-o rolando no chão, perguntou a seu pai quanto tempo fazia aquilo, este respondeu-lhe que desde menino, e Jesus lhe disse: "Se podes crer, tudo é possível ao que crê!" (v. 23). Então o pai do epilético ou possesso respondeu com estas palavras fecundas e eternas: "Eu creio, ajuda-me em minha falta de fé" Πιστεύω, κύριε, βοήθει, τή ἀπιστία μόνο (v. 23).

Creio, Senhor, socorre minha falta de fé! Isso poderá parecer uma contradição, pois se crê, se confia, como é que pede ao Senhor que venha em auxílio de sua falta de confiança? No entanto, essa contradição é o que dá seu mais profundo valor humano a esse grito das entranhas do pai do possesso. Sua fé é uma fé baseada na incerteza. Porque crê, isto é, porque quer crer, porque necessita que seu filho se cure, pede ao Senhor que venha em ajuda de sua falta de fé, de sua dúvida de que tal cura possa fazer--se. Assim é a fé humana, assim foi a fé heroica que Sancho Pança teve em seu amo, o cavaleiro Dom Quixote de la Mancha – conforme creio ter mostrado em minha *Vida de Dom Quixote e Sancho* – uma fé baseada na incerteza, na dúvida. Porque Sancho Pança era homem, homem inteiro e verdadeiro, e não era tolo, pois só o sendo teria acreditado, sem sombra de dúvida, nas loucuras de seu amo. Este, por sua vez, tampouco acreditava nelas desse modo, pois também, embora louco, não era tolo. Era, no fundo, um desesperado, como nessa minha obra citada creio ter mostrado. E por ser um heroico desesperado, o herói do desespero íntimo e resignado, por isso é o eterno modelo de todo homem cuja alma é um campo de batalha entre a razão e o desejo imortal. Nosso senhor Dom Quixote é o exemplar vitalista, cuja fé se baseia em incerteza, e Sancho é o exemplo do racionalista que duvida de sua razão.

Atormentado por torturadoras dúvidas, August Hermann Francke decidiu invocar Deus, um Deus em que já não cria, ou em que, antes, cria não crer, para que tivesse piedade dele, do pobre pietista Francke, se é que existia.[12] Foi um estado de alma análogo que me inspirou aquele soneto intitulado "A oração do ateu", que figura em meu *Rosário de sonetos líricos* e termina assim:

> Sofro à tua custa,
> Deus não existente; pois, se existisses,
> existiria também eu deveras.

Sim, se existisse o Deus garantidor de nossa imortalidade pessoal, então nós existiríamos deveras. Se não, não!

Aquele terrível segredo, aquela vontade oculta de Deus que se traduz na predestinação, aquela ideia que ditou a Lutero seu *servum arbitrium* e dá seu trágico sentido ao calvinismo, aquela dúvida em sua salvação, não é, no fundo, senão a incerteza que, aliada ao desespero, constitui a base da fé. A fé, dizem alguns, é não pensar nisso, é entregar-se confiadamente aos braços de Deus, cuja providência possui segredos inescrutáveis. Sim, mas também a infidelidade é não pensar nisso. Essa fé absurda, essa fé sem sombra de incerteza, essa fé de estúpidos carvoeiros se une à incredulidade absurda, à incredulidade sem sombra de incerteza, à incredulidade dos intelectuais atacados de estupidez afetiva para não pensar nisso.

E que mais, senão a incerteza, a dúvida, a voz da razão, era o abismo, o *gouffre* terrível diante do qual Pascal tremia? Foi ele que o levou a formular sua terrível sentença: *il faut s'abêtir, é* necessário embrutecer-se!

Todo o jansenismo, adaptação católica do calvinismo, traz essa mesma marca. Aquele Port Royal, que devia o que era a um basco, ao abade de Saint-Cyran, basco como Inácio de Loiola e como quem estas linhas traça, sempre traz em seu fundo um sedimento de desespero religioso, de suicídio da razão. Também Inácio matou-a na obediência.

Por desespero se afirma, por desespero se nega e por desespero abstém-se de afirmar e de negar. Observem a maioria de nossos ateus e verão que o são por raiva, por raiva de não poderem crer que Deus exista. São inimigos pessoais de Deus. Substantivaram e personalizaram o Nada, e seu não Deus é um anti-Deus.

Nada temos que dizer daquela frase abjeta e ignóbil: "se não houvesse Deus, seria necessário inventá-lo". Ela é expressão do imundo ceticismo dos conservadores, dos que estimam que a religião é um artifício de governo e cujo interesse é que haja na outra vida um inferno para os que aqui se opõem a seus interesses mundanos. Essa repugnante frase de saduceu é digna do incrédulo adulador de poderosos a quem é atribuída.

Não, não é esse o sentido vital profundo. Não se trata de uma polícia transcendente, não se trata de garantir a ordem – e que ordem! – na terra com ameaças de castigos e distribuição de prêmios eternos depois da morte. Tudo isso é muito baixo, isto é, nada mais que política, ou, se quiserem, ética. Trata-se de viver.

A base mais forte da incerteza, o que mais faz vacilar nosso desejo vital, o que maior eficácia dá à obra dissolvente da razão é pôr-se a considerar o que poderia ser uma vida da alma depois da morte. Porque, mesmo vencendo, por um poderoso esforço de fé, a razão que nos diz e ensina que a alma não é uma função do corpo organizado, resta ainda imaginar o que pode ser uma vida imortal e eterna da alma. Em tal imaginação as contradições e os absurdos se multiplicam e chega-se, talvez, à conclusão de Kierkegaard: se é terrível a mortalidade da alma, não menos terrível é sua imortalidade.

Mas, vencida a primeira dificuldade, a única verdadeira, vencido o obstáculo da razão, alcançada a fé – por mais dolorosa e envolta em incertezas que ela seja – em que nossa consciência pessoal persistirá depois da morte, que dificuldade, que obstáculo há para que imaginemos essa persistência na medida de nosso desejo? Sim, podemos imaginá-la como um eterno rejuvenescimento, como um eterno crescimento em direção a Deus, até a Consciência Universal, sem nunca alcançá-la; podemos imaginá-la... Quem põe freios à imaginação, uma vez rompida a cadeia do racional?

Já sei que estou sendo pesado, incômodo, talvez tedioso, mas tudo isso é necessário. E vou repetir mais uma vez que não se trata nem de polícia transcendente, nem de fazer de Deus o grande Juiz ou Guarda Civil, isto é, não se trata de céu e de inferno para escorar nossa pobre moral mundana, nem se trata de nada de egoísta e pessoal. Não sou eu, é toda a linhagem humana que entra em jogo, é a finalidade última de toda a nossa cultura. Eu sou uno; mas todos são eus.

Lembram-se do fim daquele *Cântico do galo selvagem*, que escreveu em prosa o desesperado Leopardi, a vítima da razão, que não conseguiu chegar a crer? "Chegará o tempo" – diz – "em que este Universo e a própria Natureza ter-se-ão extinguido. E do mesmo modo que de grandes reinos e impérios humanos não resta hoje nem sinal, nem fama alguma, assim também do mundo inteiro e das infinitas vicissitudes e calamidades das coisas criadas não restará um só vestígio, e apenas um silêncio nu e uma quietude profundíssima encherão o espaço imenso. Assim, esse arcano admirável e espantoso da existência universal, antes de ter-se declarado ou dado a entender se extinguirá e se perderá." Coisa que ora chamam, com um termo científico e muito racionalista, *entropia*. Bonito, não? Spencer inventou aquela história do homogêneo primitivo, do qual não se sabe como pôde brotar qualquer heterogeneidade, Pois bem, a entropia é uma espécie de homogêneo último, de estado de perfeito equilíbrio. Para uma alma ansiosa de vida, o mais parecido com o nada que possa existir.

*
* *

Trouxe até aqui o leitor que teve a paciência de ler-me através de uma série de dolorosas reflexões, procurando sempre dar à razão sua parte e dar também sua parte ao sentimento. Não quis calar o que outros calam; quis pôr a nu, não minha alma, mas a alma humana, seja ela o que for e esteja ou não destinada a desaparecer. E chegamos ao fundo do abismo, ao irreconciliável conflito entre a razão e o sentimento vital. Chegando aqui, disse-lhes que é preciso aceitar o conflito como tal e viver dele. Agora falta-me expor-lhes como, em meu modo de sentir e até de pensar, esse desespero pode ser base de uma vida vigorosa, de uma ação eficaz, de uma ética, de uma estética, de uma religião e, até, de uma lógica. Mas no que se vai seguir haverá tanto de fantasia quanto de raciocínio, isto é, muito mais.

Não quero enganar ninguém, nem fazer passar por filosofia o que talvez não seja mais que poesia ou fantasmagoria, mitologia enfim. O divino Platão, depois de discutir em seu diálogo *Fédon* sobre a imortalidade da alma – uma imortalidade ideal, isto é, mentirosa – pôs-se a expor os mitos sobre a outra vida, dizendo que também se deve mitologizar. Mitologizemos, pois.

Quem estiver em busca de razões, às quais chamamos estritamente de argumentos científicos, considerações tecnicamente lógicas, pode renunciar a seguir-me. No que resta dessas reflexões sobre o sentimento trágico, vou pescar a atenção do leitor com anzol nu, sem isca; quem quiser morder, que morda, mas eu a ninguém engano. Só no final penso reunir tudo e sustentar que esse desespero religioso de que lhes falava e que não é mais que o próprio sentimento trágico da vida é, mais ou menos velada, o próprio fundo da consciência dos indivíduos e dos povos cultos de hoje em dia; isto é, daqueles indivíduos e daqueles povos que não padecem nem de estupidez intelectual, nem de estupidez sentimental.

E esse sentimento é a fonte das façanhas heroicas.

Se no que vai seguir-se depararem com apotegmas arbitrários, com transições bruscas, com soluções de continuidade, com verdadeiros saltos mortais do pensamento, não pensem que os enganei. Vamos entrar, se quiserem me acompanhar, num campo de contradições entre o sentimento e o raciocínio, tendo de servir-nos de um e do outro.

O que se vai seguir não me saiu da razão, mas da vida, embora para transmiti-lo tenha, em certo modo, de raciociná-lo. A maior parte não pode reduzir-se a teoria ou a sistema lógico; mas, como Walt Whitman, o enorme poeta americano, peço-lhes que não se funde escola ou teoria sobre mim.

> *I charge that there be no theory or school founded out of me.*
> (Myself and Mine)

As fantasias que vêm a seguir não são minhas, não! São também de outros homens, não precisamente de outros pensadores, que me precederam neste vale de lágrimas, expuseram sua vida e expressaram-na. Sua vida, digo eu, e não seu pensamento; a não ser enquanto pensamento de vida, pensamento de base irracional.

Quererá isso dizer que o que vamos ver, os esforços do irracional para se expressar, carece de qualquer racionalidade, de qualquer valor objetivo? Não. O que é absoluta, irrevogavelmente irracional é inexprimível, é intransmissível. Mas o contrarracional não. Talvez não haja modos de racionalizar o irracional, mas há meio de racionalizar o contra racional, e é tratando de expô-lo. Como só é inteligível, deveras inteligível, o racional – assim como o absurdo está condenado a ser intransmissível, carecendo, como carece, de sentido –, verão que, quando alguém consegue expressar algo que parece irracional ou absurdo e fazer com que seja entendido, sempre se resolve em algo racional, ainda que na negação do que se afirma.

Os mais loucos sonhos da fantasia têm algum fundo de razão, e quem sabe se tudo o que um homem pode imaginar não sucedeu, sucede ou sucederá alguma vez em alguém em outro mundo. As combinações possíveis talvez sejam infinitas. Só falta saber se todo o imaginável é possível.

Também poderão dizer, e com justiça, que muito do que vou expor é repetição de ideias cem vezes expostas antes e outras cem refutadas; mas, quando uma ideia volta a se repetir é que, a rigor, não foi realmente refutada. Não pretendo seja inédita a maioria dessas fantasias, como tampouco pretendo, é claro, que não tenham soado, antes da minha, vozes lançando ao vento as mesmas queixas. Mas o fato de que a mesma queixa eterna possa voltar, saindo de outra boca, significa apenas que a dor persiste.

Convém repetir, mais uma vez, as mesmas eternas lamentações, as que já eram velhas nos tempos de Jó e do Eclesiastes, mesmo que seja repeti-las com as mesmas palavras, para que os progressistas vejam que isso é algo que nunca morre. Aquele que, fazendo suas a vaidade das vaidades do Eclesiastes, ou as lamentações de Jó, as repete, mesmo que ao pé da letra, cumpre uma advertência. É preciso estar repetindo continuamente o *memento mori*.

"Para quê?", perguntarão. Nem que seja apenas para que alguns se irritem e vejam que isso não morreu, que isso, enquanto houver homens, não pode morrer; para que se convençam que subsistem hoje, no século XX, todos os séculos passados, e todos eles vivos. Quando até um suposto erro volta, é, creiam-me, porque não deixou de ser verdade em parte, do mesmo modo que, quando alguém reaparece, é porque não morreu de todo.

Sim, já sei que outros sentiram antes de mim o que sinto e exprimo; que muitos outros o sentem hoje, ainda que calem. Por que não calo também? Ora, porque cala a maioria dos que o sentem; mas, mesmo calando, obedecem em silêncio a essa voz das entranhas. Não calo o que é para muitos o que não se deve dizer, o infando (*infandum*), e creio ser necessário dizer mais uma vez o que não se deve dizer. Isso não leva a nada? Ainda que só levasse a irritar os progressistas, os que creem que a verdade é consolo, levaria a não pouco. A irritá-los e a que digam: "Pobre homem! Se empregasse melhor sua inteligência!..." Ao que alguém talvez acrescente que não sei o que me digo, e eu responderei que talvez tenha razão – e ter razão é tão pouco! –, mas sinto o que digo e sei o que sinto, e isso me basta. E é melhor que falte razão do que sobre.

Quem continuar lendo-me verá também como desse abismo de desespero pode surgir esperança e como essa posição crítica pode ser fonte de ação e de labor humano, profundamente humano, de solidariedade e até de progresso. O leitor que continuar lendo-me verá sua justificação pragmática. E verá que, para agir, e agir de maneira eficaz e moral, não é necessária nenhuma das duas certezas opostas, nem a da fé, nem a da razão, nem, menos ainda – isso em nenhum caso – esquivar-se do problema da imortalidade da alma ou deformá-lo de maneira idealista, isto é, hipócrita. O leitor verá como essa incerteza, a dor que vem dela e a luta infrutífera para dela sair pode ser, e é, base de ação e cimento de moral.

Com o fato de ser base de ação e cimento de moral, o sentimento da incerteza, a luta íntima entre a razão e a fé, e o apaixonado anseio de vida eterna, ficaria, segundo o pragmatista, justificado tal sentimento. Mas deve constar que não busco essa consequência prática para justificá-lo, e sim porque a encontro por experiência íntima. Não quero nem devo procurar justificação alguma para esse estado de luta interior, de incerteza e de anseio: é um fato e basta. Se alguém, encontrando-se nele, no fundo do abismo, não encontra ali mesmo móveis e incentivos de ação e de vida, portanto se suicida corporal e espiritualmente, seja matando-se, seja renunciando a todo trabalho de solidariedade humana, não serei eu a censurá-lo por isso. À parte que as más consequências de uma doutrina, isto é, o que chamamos de más, só provam, repito, que a doutrina seja ruim para nossos desejos, mas não que seja falsa, as consequências dependem, mais que da doutrina, de quem as tira. Um mesmo princípio serve para que um aja e para que outro se abstenha de agir; para que este aja em tal sentido, e aquele, em sentido contrário. Porque nossas doutrinas não costumam ser mais que a justificação *a posteriori* de nossa conduta, ou o modo como tratamos de no-las explicar.

De fato, o homem não se amolda a ignorar os móveis de sua conduta própria e, tal como alguém que foi hipnotizado e a quem se sugere este ou aquele ato inventa depois razões que o justifiquem e o tornem lógico a seus próprios olhos e aos dos demais, ignorando, na realidade, a causa de seu ato, assim qualquer outro homem, que também é um hipnotizado, pois a vida é sonho, procura razões para a sua conduta. E se as peças do xadrez tivessem consciência, seria fácil atribuírem arbítrio a seus movimentos, isto é, à sua racionalidade finalista. Resulta, assim, que toda teoria filosófica serve para explicar e justificar uma ética, uma doutrina de conduta, que surge na realidade do íntimo sentimento de moral do autor dela. Mas talvez não tenha consciência clara da verdadeira razão ou causa desse sentimento aquele mesmo que o abriga.

Por conseguinte, creio poder supor que se minha razão, que é, de certo modo, parte da razão de meus irmãos em humanidade, em tempo e em espaço, me aponta esse absoluto ceticismo no que concerne ao anseio da vida inacabável, meu sentimento de vida, que é a essência da própria vida, minha vitalidade, meu apetite desenfreado de viver e minha repugnância em morrer, esta minha irresignação à morte é o que me sugerem as doutrinas com que trato de enfrentar a obra da razão. "Têm essas doutrinas um valor objetivo?", me perguntará alguém. Responderei que não entendo o que quer dizer valor objetivo de uma doutrina. Não direi que as doutrinas mais ou menos poéticas ou não filosóficas que vou expor é que me fazem viver, mas me atrevo a dizer que é meu anseio de viver e de viver para sempre que me inspira essas doutrinas. E se, com elas, consigo corroborar e sustentar em outro esse mesmo anseio, talvez desfalecente, terei feito obra humana e, sobretudo, terei vivido. Numa palavra: com razão, sem razão ou contra ela, não tenho vontade de morrer. E quando, por fim, morrer, se for de todo, não terei eu morrido, isto é, não me terei deixado morrer, mas ter-me-á matado o destino humano. Caso não chegue a perder a cabeça, ou, melhor ainda, o coração, não me demitirei da vida, serei destituído dela.

Tampouco de nada adianta lançar mão das ambíguas palavras pessimismo e otimismo, que com frequência nos dizem o contrário do que quem as emprega quer dizer-nos. Chamar uma teoria de pessimista não é condenar sua validade, nem os chamados otimistas são mais eficazes na ação. Creio, pelo contrário, que muitos dos grandes heróis, talvez os maiores, foram desesperados, e que, por desespero, acabaram suas façanhas. Que, à parte isso e aceitando, ambíguas e tal como são, essas denominações de otimismo e pessimismo, cabe um certo pessimismo transcendente, gerador de um otimismo temporal e terreno, é o que me proponho desenvolver na sequência deste tratado.

Bem diferente é, eu sei, a posição de nossos progressistas, *os da corrente central do pensamento europeu contemporâneo*; mas não posso acostumar-me à ideia de que esses sujeitos não fechem voluntariamente os olhos ao grande problema e vivam, no fundo, de uma mentira, tratando de abafar o sentimento trágico da vida.

Feitas essas considerações, que vão à guisa de resumo prático da crítica desenvolvida nos seis primeiros capítulos deste tratado, uma maneira de deixar assentada a posição prática a que tal crítica pode levar quem não quer renunciar à vida, nem tampouco quer renunciar à razão e tem de viver e agir entre essas duas mós contrárias que nos trituram a alma, já sabe o leitor que me seguir daqui para a frente que vou levá-lo a um campo de fantasias não desprovidas de razão, pois sem ela nada subsiste, mas fundadas em sentimento. Quanto à verdade, a verdade verdadeira, a que é independente de nós, fora da nossa lógica e de nosso coração, quem sabe?

CAPÍTULO VII
AMOR, DOR, COMPAIXÃO E PERSONALIDADE

> CAIN ....
> Let me, or happy or unhappy, learn.
> To anticipate my immortality.
> LUCIFER   Thou didst before I came upon thee.
> CAIN   How?
> LUCIFER   By suffering.
>
> (Lord Byron, *Cain*, act II, scene 1)

O amor, leitores e irmãos meus, é o que há de mais trágico no mundo e na vida; o amor é filho do engano e pai do desengano; o amor é consolo no desconsolo, é a única medicina contra a morte, sendo, como é, irmão dela.

> *Fratelli, a un tempo stesso, Amore e Morte*
> *Ingeneró la sorte,*

como cantou Leopardi.

O amor busca com fúria, através do amado, algo que está além deste e, como não acha, desespera.

Sempre que falamos de amor temos presente na memória o amor sexual, o amor entre homem e mulher para perpetuar a linhagem humana sobre a terra. E é isso que faz com que não se consiga reduzir o amor nem ao puramente intelectivo, nem ao puramente volitivo, deixando o sentimental, ou, se quiserem, sensitivo dele. Porque o amor não é, no fundo, nem ideia, nem volição; é, antes, desejo, sentimento; é algo carnal até no espírito. Graças ao amor, sentimos tudo o que o espírito tem de carne.

O amor sexual é o tipo gerador de qualquer outro amor e por ele procuramos perpetuar-nos, e só nos perpetuamos sobre a terra contanto que morramos, que entreguemos a outros nossa vida. Os mais humildes animais, os seres vivos ínfimos, multiplicam-se dividindo-se, partindo-se, deixando de ser o um que antes eram.

Mas, esgotada por fim a vitalidade do ser que assim se multiplica, dividindo-se da espécie, o manancial da vida tem de se renovar de vez em quando mediante uniões de dois indivíduos decadentes, mediante o que se chama conjugação, nos protozoários. Unem-se para voltarem a se dividir com mais vigor. E todo ato de geração é um deixar de ser, total ou parcialmente, o que se era, um partir-se, uma morte parcial. Viver é dar-se, perpetuar-se, e perpetuar-se e dar-se é morrer. Talvez o supremo deleite de gerar não seja mais que uma prova antecipada da morte, a dilaceração da própria essência vital. Unimo-nos a outro, mas para nos partirmos; esse abraço mais íntimo é apenas uma dilaceração mais íntima. No fundo, o deleite amoroso sexual, o espasmo genésico, é uma sensação de ressurreição, de ressuscitar em outro, porque só em outros podemos ressuscitar para nos perpetuar.

Há, sem dúvida, no fundo, algo de tragicamente destrutivo no amor, tal como em sua forma primitiva animal se nos apresenta, no invencível instinto que leva um macho e uma fêmea a confundirem suas entranhas num aperto de fúria. Do mesmo modo que lhes confunde os corpos, separa-lhes, sob certo aspecto, as almas: ao se abraçarem odeiam-se tanto quanto se amam e, sobretudo, lutam, lutam por um terceiro, ainda sem vida. O amor é uma luta, e há espécies animais em que, ao se unir à fêmea, o macho a maltrata, e outras em que a fêmea devora o macho depois deste a fecundar.

Hase disse do amor que é um egoísmo mútuo. De fato, cada um dos amantes procura possuir o outro e, procurando através dele, sem então pensar nem se propor tal coisa, sua própria perpetuação, procura, por conseguinte, seu gozo, Cada um dos amantes é, para o outro, imediatamente, um instrumento de gozo e, mediatamente, de perpetuação. Assim, são tiranos e escravos, cada um deles tirano e escravo, ao mesmo tempo, do outro.

Acaso há algo de estranho em que o mais profundo sentido religioso tenha condenado o amor carnal, exaltando a virgindade? A avareza é a fonte de todos os pecados, dizia o Apóstolo, e é por isso que a avareza toma a riqueza, que nada mais é que um meio, como fim. O cerne do pecado é isto: tomar os meios pelos fins, desconhecer ou desprezar o fim. O amor carnal, que toma por fim o gozo, que é tão somente meio, e não a perpetuação, que é fim, que mais é senão avareza? É possível que haja quem, para melhor se perpetuar, conserve sua virgindade. E para perpetuar algo mais humano que a carne.

Porque o que os amantes perpetuam na terra é a carne da dor, é a dor, é a morte. O amor é irmão, filho e, ao mesmo tempo, pai da morte, que é sua irmã, sua mãe e sua filha. Assim, há, na profundidade do amor, uma profundidade de eterno desesperar-se, da qual brotam a esperança e o consolo. Porque desse amor carnal e primitivo de que venho falando, desse amor de todo o corpo com seus sentidos, que é origem animal da sociedade humana, desse enamoramento surge o amor espiritual e doloroso.

Essa outra forma de amor, esse amor espiritual, nasce da dor, nasce da morte do amor carnal; nasce também do compassivo sentimento de proteção que os pais experimentam diante dos filhos desvalidos. Os amantes não chegam a se amar com entrega de si, com verdadeira fusão de suas almas, e não mais de seus corpos, a não ser depois que a poderosa maça da dor tritura seus corações, remexendo-os num mesmo almofariz de sofrimento. O amor sensual confundia seus corpos, mas separava suas almas; mantinha-as estranhas uma à outra. Mas desse amor tiveram um fruto de carne, um filho. Esse filho gerado em morte, talvez tenha adoecido e morrido. E sucedeu que, sobre o fruto da fusão carnal e da separação, ou do mútuo distanciamento espiritual, separados e frios de dor seus corpos, mas confundidas em dor suas almas, deram-se os amantes, os pais, um abraço de desespero, e nasceu, então, da morte do filho da carne, o verdadeiro amor espiritual. Ou então, rompido o laço de carne que os unia, respiraram com suspiro de libertação. Porque os homens só se amam com amor espiritual quando sofreram juntos uma mesma dor, quando araram durante algum tempo a terra pedregosa, presos ao mesmo jugo de uma dor comum. Então, se conheceram e se sentiram, se consentiram em sua miséria comum, se compadeceram e se amaram. Porque amar é compadecer, e, se os corpos são unidos pelo gozo, as almas o são pelo sofrimento.

Tudo isso é sentido ainda mais clara e fortemente quando brota, arraiga-se e cresce um desses amores trágicos que têm de lutar contra as diamantinas leis do Destino, um desses amores que nascem inoportuna ou agitadamente, antes ou depois do momento, ou fora da norma em que o mundo, como é costume, os teria recebido. Quanto mais muralhas ponham o Destino, o mundo e sua lei entre os amantes, com tanto mais força se sentem impelidos um para o outro, mais a dita de quererem-se amargura-os, mais lhes aumenta a dor de não poderem querer-se às claras e livremente, e eles se compadecem, desde as raízes do coração, um do outro, e essa compaixão comum, que é sua miséria e sua felicidade comuns, dá ao mesmo tempo fogo e alimento a seu amor. Eles sofrem seu gozo gozando seu sofrimento. Põem seu amor fora do mundo, e a força desse pobre amor que sofre sob o jugo do Destino os leva a intuir outro mundo em que não há outra lei que a liberdade do amor, outro mundo em que não há barreiras porque não há carne. Porque nada os embebe mais da esperança e da fé em outro mundo que a impossibilidade de que um nosso amor frutifique realmente neste mundo de carne e de aparências.

E o amor materno que é, senão compaixão pelo frágil, pelo desvalido, pelo pobre filho inerme que necessita do leite e do regaço da mãe? Na mulher, todo amor é materno. Amar em espírito é compadecer-se, e quem mais se compadece, mais ama. Os homens inflamados por ardente caridade para com seus próximos, é porque chegaram ao fundo de sua própria miséria, de sua própria superficialidade, de sua insignificância; voltando depois os olhos, assim abertos, para seus semelhantes, viram-nos também miseráveis, superficiais, aniquiláveis, deles se compadeceram e os amaram.

O homem anseia ser amado, ou, o que dá no mesmo, anseia ser compadecido. O homem quer que sejam sentidas e compartilhadas suas penas e suas dores. Há algo mais que uma artimanha para obter esmola no gesto dos mendigos que, à beira do caminho, mostram ao viandante sua chaga ou seu coto gangrenoso. A esmola, muito mais que socorro para suportar as tribulações da vida, é compaixão. O mendigo não agradece a esmola a quem a dá virando a cara para não vê-lo e afastá-lo, ele agradece mais a quem dele se compadeça não o auxiliando do que a quem, auxiliando-o, dele não se compadeça, embora, por outro lado, prefira isso. Vejam com que complacência conta suas misérias ao que se comove ouvindo-as. Quer ser compadecido, amado.

O amor da mulher, sobretudo, dizia eu que é sempre, no fundo, compassivo, é maternal. A mulher se rende ao amante porque sente-o sofrer com o desejo. Isabel compadeceu-se de Lorenzo, Julieta de Romeu, Francesca de Paolo. A mulher parece dizer: "Venha, pobrezinho, e não sofra tanto por minha causa!" Por isso, seu amor é mais amoroso e mais puro que o do homem, é mais valoroso e maior.

A compaixão é, pois, a essência do amor espiritual humano, do amor que tem consciência de sê-lo, do amor que não é puramente animal, do amor, enfim, de uma pessoa racional. O amor se compadece, e mais se compadece quanto mais ama.

Invertendo o *nihil volitum quin praecognitum*, disse-lhes que *nihil cognitum quin praevolitum*, que não se conhece nada que, de um modo ou de outro, não se tenha querido antes, cabendo até acrescentar que não se pode conhecer bem nada que não se ame, de que não se compadeça.

Crescendo o amor, essa ânsia dolorosa de mais além e mais dentro vai se estendendo a tudo quanto vê, vai se compadecendo de tudo. Conforme penetre em si mesmo e em si mesmo se aprofunde, você vai descobrindo sua própria inanidade, que você não é tudo o que é, que não é o que quisera ser, que não é, enfim, mais que ninharia. E, ao tocar sua própria insignificância, ao não sentir seu fundo permanente, ao não chegar nem a sua infinitude, nem, menos ainda, a sua eternidade, você se compadece de todo coração de si mesmo, inflama-se em doloroso amor por si mesmo, matando o que se chama de amor-próprio, que nada mais é que uma espécie de deleite sensual por si mesmo, algo como a carne da sua alma gozar-se a si mesma.

O amor espiritual a si mesmo, a compaixão que uma pessoa tem para consigo, talvez possa chamar-se egotismo;

AMOR, DOR, COMPAIXÃO E PERSONALIDADE 133

contudo é o que há de mais oposto ao egoísmo vulgar. Porque desse amor ou dessa compaixão para com você mesmo, desse intenso desespero – porque do mesmo modo que antes de nascer você não foi, tampouco depois de morrer será –, você passa a se compadecer, isto é, a amar todos os seus semelhantes e irmãos em aparência, miseráveis sombras que desfilam de seu nada a seu nada, centelhas de consciência que brilham um momento nas infinitas e eternas trevas. Dos demais homens, seus semelhantes, passando pelos que mais se assemelham a você, por seus conviventes, você vai se compadecer de todos os que vivem, até mesmo do que talvez não viva, mas exista. Aquela estrela distante, que brilha ali em cima durante a noite, algum dia se apagará, se tornará pó e deixará de brilhar e de existir. Como ela, todo o céu estrelado. Pobre céu!

E, se é doloroso ter de deixar de ser um dia, mais doloroso ainda talvez fosse continuar sendo sempre o mesmo, não ser mais que o mesmo, sem poder ser ao mesmo tempo outro, sem poder ser ao mesmo tempo tudo o mais, sem poder ser tudo.

Se você observar o universo o mais perto e mais dentro que possa observar, que é em você mesmo; se sentir não só que você contempla todas as coisas em sua consciência, onde todas elas deixaram suas dolorosas marcas, chegará ao fundo do tédio, não da vida, mas de algo mais: o tédio da existência, o poço da vaidade de vaidades. E, do mesmo modo que chegará a se compadecer de tudo, você chegará ao amor universal.

Para amar tudo, para se compadecer de tudo, humano e extra-humano, vivo e não vivo, é necessário que você sinta tudo dentro de si mesmo, que personalize tudo. Porque o amor personaliza tudo o que ama, tudo do que se compadece. Só nos compadecemos, isto é, amamos, o que é semelhante a nós e na medida em que o é, e amamos tanto mais quanto mais se nos assemelha; assim cresce nossa compaixão e, com ela, nosso amor pelas coisas, à medida que descobrimos as semelhanças que têm conosco. Ou, antes, é o próprio amor, que tende por si a crescer, que nos revela essas semelhanças. Se chego a me compadecer e amar a pobre estrela que desaparecerá um dia do céu, é porque o amor, a compaixão, me faz sentir nela uma consciência, mais ou menos obscura, que faz sofrer por não ser mais que estrela e por ter de deixar de ser um dia. Pois toda consciência é consciência de morte e de dor.

Consciência, *conscientia*, é conhecimento participado, é consentimento, e consentir é compadecer.

O amor personaliza o que ama. Só é possível enamorar-se de uma ideia personalizando-a. E, quando o amor é tão grande e tão vivo, tão forte e tão excessivo que a tudo ama, então tudo personaliza e descobre que o Todo total, que o Universo, é Pessoa também dotada de uma Consciência, Consciência que por sua vez sofre, compadece e ama, isto é, é consciência. E é essa Consciência do Universo, que o amor descobre personalizando o que ama, é o que chamamos Deus. Assim, a alma se compadece de Deus e sente-se por Ele compadecida, ama-o e sente-se por Ele amada, abrigando sua miséria no seio da miséria eterna e infinita, que é, ao se eternizar e se infinitizar, a própria felicidade suprema.

Deus é, portanto, a personalização do Todo, é a Consciência eterna e infinita do Universo, Consciência presa da matéria e lutando por se libertar dela. Personalizamos o Todo para nos salvarmos do nada, e o único mistério verdadeiramente enigmático é o mistério da dor.

A dor é o caminho da consciência e é por ela que os seres vivos chegam a ter consciência de si. Porque ter consciência de si, ter personalidade, é saber-se e sentir-se distinto dos demais seres, e só se chega a sentir essa distinção pelo choque, pela dor mais ou menos grande, pela sensação do próprio limite. A consciência de si nada mais é que a consciência de sua própria limitação. Sinto-me eu mesmo ao sentir que não sou os demais; saber e sentir até onde sou é saber onde acabo de ser, a partir de onde não sou.

E como saber que se existe sofrendo pouco ou muito? Como voltar-se para si, obter a consciência reflexa, senão pela dor? Quando alguém goza esquece de si mesmo, de que existe, passa ao outro, ao alheio, se alheia. E só se ensimesma, volta-se para si mesmo, a ser ele na dor.

> *Nessun maggior dolore*
> *che ricordarsi del tempo felice*
> *nella miseria.*

Dante faz Francesca da Rímini dizer[1]. Mas, se não há dor maior do que recordar-se do tempo feliz na desgraça, em contrapartida não há prazer em recordar-se da desgraça no tempo da prosperidade.

"A dor mais acerba entre os homens é a de aspirar a muito e não poder nada (πολλὰ φρονέοντα μηδενός κρατέειν)", como, segundo Heródoto (liv. IX, cap. 16), disse um persa a um tebano num banquete. Assim é. Podemos abarcar tudo, ou quase tudo, com o conhecimento e o desejo; nada, ou quase nada, com a vontade. E a felicidade não é contemplação, não, se essa contemplação significar impotência. Desse choque entre nosso conhecer e nosso poder surge a compaixão.

Compadecemo-nos do semelhante a nós, e tanto mais nos compadecemos quanto mais e melhor sentimos sua semelhança conosco. Se podemos dizer que essa semelhança provoca nossa compaixão, cabe também sustentar que nossa provisão de compaixão, pronta para derramar-se sobre tudo, é o que nos faz descobrir a semelhança das coisas conosco, o laço comum que nos une a elas na dor.

Nossa luta para tomar, conservar e aumentar nossa consciência nos faz descobrir nos esforços, movimentos e revoluções de todas as coisas uma luta para tomar, conservar ou aumentar a consciência, a que tudo tende. Sob os atos de meus semelhantes mais próximos, os demais homens, sinto – ou, antes, consinto – um estado de consciência como o meu sob meus próprios atos. Ao ouvir um grito de dor de meu irmão, minha própria dor desperta e grita no fundo de minha consciência. Da mesma maneira, sinto a dor dos animais e a de uma árvore de que arrancam um galho, sobretudo quando tenho viva a fantasia, que é a faculdade de intuição, de visão interior.

Descendendo de nós mesmos, desde nossa consciência humana, que é a única coisa que sentimos por dentro e em que o sentir se identifica com o ser, supomos que todos os seres vivos e as próprias pedras, que também vivem, têm alguma consciência, mais ou menos obscura. E a evolução dos seres orgânicos nada mais é que uma luta pela plenitude de consciência através da dor, uma aspiração constante a ser outros sem deixar de ser o que são, a romper seus limites limitando-se.

Esse processo de personalização ou de subjetivação de todo o exterior fenomênico, ou objetivo, constitui o próprio processo vital da filosofia na luta da vida contra a razão, e desta contra aquela. Já indicamos isso em nosso capítulo anterior, e aqui confirmaremos, desenvolvendo-o mais.

Giambattista Vico, com sua profunda penetração estética na alma da Antiguidade, viu que a filosofia espontânea do homem era erigir em regra o universo guiado por *istinto d'animazione*. A linguagem, necessariamente antropomórfica, mitopoética, engendra o pensamento. "A sabedoria poética, que foi a primeira sabedoria da gentilidade"

– diz-nos em sua *Scienza Nuova* –, "teve de começar não por uma metafísica arrazoada e abstrata, como a dos hoje doutrinados, mas sentida e imaginada, como deve ter sido a dos primeiros homens [...] Essa foi sua própria poesia, que lhes era uma faculdade conatural, porque estavam naturalmente providos de tais sentidos e tais fantasias, nascida da ignorância das causas, que foi para eles mãe de maravilhas em tudo, pois, ignorantes de tudo, admiravam-se intensamente. Essa poesia começou divina neles, porque, ao mesmo tempo em que imaginavam as causas das coisas, sentiam-se e admiravam-se como deuses [...] Dessa maneira, os primeiros homens das nações gentias, como filhos do nascente gênero humano, criavam de suas ideias as coisas [...] Dessa natureza de coisas humanas, ficou a eterna propriedade, explicada com nobre expressão por Tácito, ao dizer, não inutilmente, que os homens aterrados *fingunt simul creduntque*.[2]"

Em seguida, Vico passa a nos mostrar a era da razão, não mais a da fantasia, essa nossa idade em que nossa mente está demasiado retirada dos sentidos, inclusive no vulgo, "com tantas abstrações como estão cheias as línguas", sendo-nos "naturalmente negado poder formar a vasta imagem desta dama que se chama Natureza simpática, pois, enquanto com a boca é chamada assim, nada disso há na mente, porque a mente está no falso, no nada. [...] Agora" – acrescenta Vico –, "é-nos naturalmente negado poder entrar na vasta imaginação daqueles primeiros homens." Mas isso é certo? Não continuamos vivendo das criações de sua fantasia, encarnadas para sempre na linguagem, com a qual pensamos, ou antes, que pensa em nós?

Em vão Comte declarou que o pensamento humano já saiu da idade teológica e está saindo da idade metafísica para entrar na idade positiva: as três coexistem e se apoiam, mesmo se opondo, umas nas outras. O flamejante positivismo nada mais é que metafísica, quando deixa de negar para afirmar algo, quando se faz realmente positivo; e a metafísica é sempre, em seu fundo, teologia, e esta nasce da fantasia posta a serviço da vida, que se quer imortal.

O sentimento do mundo, sobre o qual se funda sua compreensão dele, é necessariamente antropomórfico e mitopoético. Quando o racionalismo surgiu, com Tales de Mileto, esse filósofo deixou Oceano e Tétis, deuses e pais de deuses, para colocar a água como princípio das coisas, mas essa água era um deus disfarçado. Sob a Natureza, φύσις, e o mundo, κόσμος, palpitavam criações míticas, antropomórficas. A própria língua as trazia consigo. Sócrates distinguia nos fenômenos, segundo nos conta Xenofonte[3], aqueles ao alcance do estudo humano e aqueles outros que os deuses se reservaram, e execrava que Anaxágoras quisesse explicar tudo racionalmente. Hipócrates, seu coetâneo, estimava serem divinas todas as doenças. Platão acreditava que o Sol e as estrelas eram deuses animados, com suas almas[4], e só permitia a pesquisa astronômica enquanto não se blasfemasse contra esses deuses. Aristóteles, em sua *Física*, nos diz que Zeus faz chover não para que o trigo cresça, mas por necessidade, ἐξ ἀνάγκης. Tentaram mecanizar ou racionalizar Deus, mas Deus se rebelava contra eles.

O conceito de Deus, sempre redivivo, pois brota do eterno sentimento de Deus no homem, que é senão o eterno protesto da vida contra a razão, o nunca vencido instinto de personalização? E que é a noção mesma de substância, senão a objetivação do mais subjetivo, que é a vontade ou a consciência? Porque a consciência, mesmo antes de se conhecer como razão, sente-se, toca-se, é muito mais como vontade, e como vontade de não morrer.

Daí esse ritmo de que falávamos na história do pensamento. O positivismo nos trouxe uma época de racionalismo, isto é, de materialismo, mecanicismo ou mortalismo; e eis que voltam o vitalismo, o espiritualismo. Que foram os esforços do pragmatismo, senão esforços para restaurar a fé na finalidade humana do universo? Que são os esforços de um Bergson, por exemplo, sobretudo em sua obra sobre a evolução criadora, senão esforços para restaurar o Deus pessoal e a consciência eterna? Porque a vida não se rende.

E de nada adianta querer suprimir esse processo mitopoético ou antropomórfico e racionalizar nosso pensamento, como se se pensasse apenas para pensar e conhecer, e não para viver. A própria língua, com a qual pensamos, nos impede. A língua, substância do pensamento, é um sistema de metáforas de base mítica e antropomórfica. Para nascer uma filosofia puramente racional, seria preciso fazê-la por fórmulas algébricas ou criar uma língua para ela – uma língua inumana, isto é, inapta para as necessidades da vida –, como tentou fazer o doutor Richard Avenarius, professor de filosofia em Zurique, em sua *Crítica da experiência pura* (*Kritik der reinen Erfahrung*), para evitar os preconceitos. Esse vigoroso esforço de Avenarius, líder dos empírico-criticistas, termina a rigor em puro ceticismo. Ele mesmo nos diz isso ao final do prólogo dessa sua obra: "Faz tempo que desapareceu a infantil confiança de que nos é possível achar a verdade; enquanto avançamos, nos damos conta de suas dificuldades e, com isso, do limite de nossas forças. E o fim?... Contanto que cheguemos a ver claro em nós mesmos!"

Ver claro!... Ver claro! Só veria claro um pensador puro que, em vez de linguagem, usasse álgebra e pudesse libertar-se de sua própria humanidade, isto é, um ser insubstancial, meramente objetivo, um não ser, enfim. Em que pese a razão, é necessário pensar com a vida, e, em que pese a vida, é necessário racionalizar o pensamento.

Essa animação, essa personificação está entranhada em nosso próprio conhecer. "Quem chove? Quem troveja?", pergunta o velho Estrepsíades a Sócrates, em *As nuvens*, de Aristófanes, e o filósofo responde: "Não Zeus, mas as nuvens." E Estrepsíades: "Mas quem, senão Zeus, as obriga a andar?" E Sócrates: "Nada disso, é o redemoinho etéreo." "O redemoinho?" – acrescenta Estrepsíades. "Não sabia... Então não é Zeus, mas o Redemoinho que, em vez dele, governa agora"[5]. E o pobre velho continua personificando e animando o Redemoinho, que reina agora como um rei, não sem consciência de sua realeza. E todos, ao passarmos de um Zeus qualquer a um redemoinho qualquer, de Deus à matéria, por exemplo, fazemos o mesmo. É por isso que a filosofia não trabalha sobre a realidade objetiva que temos diante dos sentidos, mas sobre o complexo de ideias, imagens, noções, percepções etc., incorporadas à linguagem e que nossos antepassados nos transmitiram com ela. O que chamamos de mundo, o mundo objetivo, é uma tradição social. No-lo dão pronto.

O homem não se resigna a estar, como consciência, sozinho no Universo, nem a ser mais um fenômeno objetivo. Quer salvar sua subjetividade vital ou passional tornando vivo, pessoal, animado, todo o universo. Por isso e para isso descobriu a Deus e à substância, Deus e substância que sempre tornam a seu pensamento disfarçados de um modo ou de outro. Por sermos conscientes, sentimo-nos existir, que é coisa bem diferente de saber-nos existentes, e queremos sentir a existência de tudo o mais, queremos que cada uma das demais coisas individuais também seja um eu.

O mais consequente, embora mais incongruente e vacilante idealismo, o de Berkeley, que negava a existência da matéria, de algo inerte, extenso e passivo, que seja a causa de nossas sensações e o substrato dos fenômenos externos, não é, no fundo, mais que um absoluto espiritualismo ou dinamismo, a suposição de que toda sensação nos vem, como de uma causa, de outro espírito, isto é, de outra consciência. De certo modo, sua doutrina dá a mão às de Schopenhauer e Hartmann. A doutrina da Vontade, do primeiro desses dois, e a do Inconsciente, do outro, já estão em potencial na doutrina berkeleyana, de que ser é ser percebido. Ao que convém acrescentar: e fazer que outro perceba aquele que é. Assim, o velho adágio *operari sequitur esse*, operar segue-se ao ser, deve ser modificado, dizendo-se que ser é operar, e só existe quem opera, o ativo, e enquanto opera.

No que concerne a Schopenhauer, não é necessário se esforçar em mostrar como a vontade que ele coloca como essência das coisas procede da consciência. Basta ler seu livro sobre a vontade da Natureza para ver como atribuía certo espírito e até certa personalidade às próprias plantas. E essa sua doutrina levou-o logicamente ao pessimismo, porque o mais próprio e mais íntimo da vontade é sofrer. A vontade é uma força que se sente, isto é, que sofre. "E que goza", acrescentará alguém. Mas o fato é que não é possível poder gozar sem poder sofrer, e a faculdade do gozo é a mesma que a da dor. Quem não sofre também não goza, como não sente calor quem não sente frio.

É muito lógico também que Schopenhauer, que tirou da doutrina voluntarista ou de personalização de tudo o pessimismo, tirasse de ambas que o fundamento da moral é a compaixão. Só que sua falta de sentido social e histórico, o não sentir a Humanidade como uma pessoa também, ainda que coletiva, seu egoísmo enfim, impediu-

-lhe sentir Deus, impediu-lhe individualizar e personalizar a Vontade total e coletiva: a Vontade do Universo.

Compreende-se, por outro lado, sua aversão às doutrinas evolucionistas ou transformistas puramente empíricas, tal como chegou a ver expostas por Lamarck e Darwin, cuja teoria, julgando-a tão só por um extenso extrato do *Times*, qualificou de "empirismo vulgar" (*platter Empirismus*), numa de suas cartas a Adam Ludwig von Doss (de 1º de março de 1860). De fato, para um voluntarista como Schopenhauer, numa teoria tão sadia e cautelosamente empírica e racional como a de Darwin ficava fora de consideração o móvel íntimo, o motivo essencial da evolução. Porque, de fato, qual é a força oculta, o último agente da perpetuação dos organismos, da luta pela sobrevivência e da propagação? A seleção, a adaptação, a herança são apenas condições externas. A essa força íntima, essencial, chamou vontade, por supormos que seja nos demais seres o que em nós mesmos sentimos como sentimento de vontade, o impulso de ser tudo, de ser também os outros sem deixar de ser o que somos. E essa força, cabe dizer, é o divino em nós, é Deus mesmo, age em nós porque em nós sofre.

Essa força, essa aspiração à consciência, a simpatia nos faz descobri-la em tudo. Move e agita os mais miúdos seres vivos; move e agita talvez as próprias células de nosso próprio organismo corporal, que é uma federação mais ou menos unitária de seres vivos; move os próprios glóbulos de nosso sangue. De vidas se compõe nossa vida, de aspirações, talvez no limbo da subconsciência, nossa aspiração vital. Não é um sonho mais absurdo do que tantos sonhos que são tidos por teorias válidas o de crer que nossas células, nossos glóbulos, tenham algo assim como uma consciência ou uma base de consciência rudimentar, celular, globular. Ou que possam chegar a tê-la. E já que estamos no caminho das fantasias, podemos fantasiar que essas células se comunicam entre si, e alguma delas expressa sua crença de fazer parte de um organismo superior dotado de consciência coletiva pessoal. Fantasia que se produziu mais de uma vez na história do sentimento humano, quando alguém, filósofo ou poeta, supunha que nós, homens, somos como glóbulos do sangue de um Ser Supremo, que tem sua consciência coletiva pessoal, a consciência do universo.

Talvez a imensa Via Láctea que contemplamos durante as noites claras no céu, esse enorme anel de que nosso sistema planetário não é mais que uma molécula, seja por sua vez uma célula do universo, Corpo de Deus. Todas as células de nosso corpo contribuem e concorrem com sua atividade para manter e inflamar nossa consciência, nossa alma; e, se as consciências ou as almas de todas elas entrassem inteiramente na nossa, na componente, se eu tivesse consciência de tudo o que acontece em meu organismo corporal, sentiria passar por mim o universo e se apagaria de vez o doloroso sentimento de meus limites. Se todas as consciências de todos os seres contribuem por inteiro para a consciência universal, esta, isto é, Deus, é tudo.

Em nós, nascem e morrem a cada instante obscuras consciências, almas elementares, e esse nascer e morrer delas constitui nossa vida. E quando morrem basicamente, em choque, fazem nossa dor. Assim, no seio de Deus, nascem e morrem – morrem? – consciências, constituindo seus nascimentos e suas mortes a sua vida.

Se há uma Consciência Universal e Suprema, eu sou uma ideia dela – e acaso pode, nela, apagar-se de todo qualquer ideia? Depois que eu morrer, Deus continuará se lembrando de mim, e o fato de eu ser lembrado por Deus, o fato de minha consciência ser mantida pela Consciência Suprema, acaso não é ser?

Se alguém dissesse que Deus fez o universo, poderíamos retrucar-lhe que também nossa alma fez nosso corpo, tanto ou mais quanto foi por ele feita. Se é que há alma.

Quando a compaixão, o amor, nos revela o Universo todo lutando para tomar, conservar e aumentar sua consciência, para conscientizar-se cada vez mais – sentindo a dor das discordâncias que se produzem dentro dele –, a compaixão nos revela a semelhança do Universo todo conosco, Universo que é humano e nos faz descobrir nele nosso Pai, de cuja carne somos carne: o amor nos faz personalizar o todo de que fazemos parte.

No fundo, dá no mesmo dizer tanto que Deus está produzindo eternamente as coisas, como que as coisas estão produzindo eternamente Deus. E a crença num Deus pessoal e espiritual se baseia na crença em nossa própria personalidade e espiritualidade. Porque nos sentimos consciência, sentimos Deus como consciência, isto é, pessoa; e porque ansiamos que nossa consciência possa viver e ser independente do corpo, cremos que a pessoa divina vive e é independente do Universo, que é seu estado de consciência *ad extra*.

É claro que virão os lógicos e nos colocarão todas as evidentes dificuldades racionais que daí nascem; mas já dissemos que, ainda que sob formas racionais, o conteúdo disso tudo não é, a rigor, racional. Toda concepção racional de Deus é, em si mesma, contraditória. A fé em Deus nasce do amor a Deus; cremos que existe por querer que exista, e talvez também nasça do amor de Deus por nós. A razão não nos prova que Deus existe, tampouco que não possa existir.

No entanto, mais adiante, falaremos ainda sobre essa ideia de que a fé em Deus é a personalização do Universo.

Recordando o que dissemos em outra parte desta obra, podemos afirmar que as coisas materiais, enquanto conhecidas, brotam para o conhecimento a partir da fome, e da fome brota o Universo sensível e material em que as englobamos; que as coisas ideais brotam do amor e do amor brota Deus, em quem englobamos essas coisas ideais, como Consciência do Universo. A consciência social, filha do amor, do instinto de perpetuação, é que nos leva a socializar tudo, a ver em tudo sociedade, e nos mostra, por último, o quanto toda a Natureza é uma sociedade realmente infinita. No que me diz respeito, senti que a Natureza é sociedade, nas cem vezes em que, ao passear num bosque, tive o sentimento da solidariedade com os carvalhos, que de alguma maneira obscura sentiam minha presença.

A fantasia, que é o sentido social, anima o inanimado e o antropomorfiza por inteiro; humaniza tudo, inclusive o humano. E o trabalho do homem é sobrenaturalizar a Natureza, isto é, divinizá-la humanizando-a, torná-la humana, ajudá-la a conscientizar-se, enfim. A razão, por sua vez, mecaniza ou materializa.

Assim como se dão, unidos e fecundando-se mutuamente, o indivíduo, que é, de certo modo, sociedade; e a sociedade, que também é um indivíduo, inseparáveis um do outro, sem que nos caiba dizer onde começa um para acabar o outro, sendo ambos antes aspectos de uma mesma essência, assim se dão, num indivíduo, o espírito, o elemento social, que ao nos relacionarmos com os demais nos torna conscientes, e a matéria ou elemento individual e individualizante. E se dão, num indivíduo, fecundando-se mutuamente, a razão, a inteligência e a fantasia; e se dão, num indivíduo, o Universo e Deus.

*
* *

Isso tudo é verdade? E o que é verdade? perguntarei por minha vez, como perguntou Pilatos. Mas não para novamente lavar as mãos sem esperar resposta.

Está a verdade na razão, ou sobre a razão, ou sob a razão, ou fora dela, de qualquer modo? Só o racional é verdadeiro? Não haverá realidade inacessível, por natureza, à razão e talvez, por natureza, oposta a ela? Como conhecer essa realidade, se é que só conhecemos pela razão?

Nosso desejo de viver, nossa necessidade de vida, gostaria que fosse verdadeiro o que nos faz conservar-nos e perpetuar-nos, o que mantém o homem e a sociedade; que fosse verdadeira água o líquido que, bebido, mata a sede e porque a mata, e pão verdadeiro o que nos mata a fome, porque a mata.

Os sentidos estão a serviço do instinto de conservação, e o que satisfizer essa necessidade de conservação, mesmo sem passar pelos sentidos, é como uma penetração íntima da realidade em nós. Acaso é menos real o processo de assimilação do alimento que o processo de conhecimento da coisa alimentícia? Dir-se-á que comer um pão não é a mesma coisa que vê-lo, tocá-lo ou prová-lo; que de um modo entra em nosso corpo, mas nem por isso em nossa consciência. É verdade isso? O pão que transformei em carne e sangue meus não entra mais em minha consciência do que aquele outro que, vendo-o e tocando-o, digo: "Isto é meu?" E a esse pão, assim convertido em minha carne e meu sangue, e feito meu, negarei a realidade objetiva quando só o toco?

Há quem viva do ar sem o conhecer. Assim vivemos de Deus e talvez em Deus, em Deus espírito e consciência da sociedade e de todo o Universo, na medida em que Ele também é sociedade.

Deus não é sentido senão enquanto vivido e "não só de pão viverá o homem, mas de toda palavra que procede da boca de Deus" (Mat., 4:4; Deut., 8:3).

AMOR, DOR, COMPAIXÃO E PERSONALIDADE

Essa personalização do todo, do Universo – a que nos leva o amor, a compaixão –, é a de uma pessoa que abarca e encerra em si as demais pessoas que a compõem.

O único modo de dar finalidade ao Universo é dando-lhe consciência. Porque onde não há consciência tampouco há finalidade, que supõe um propósito. E a fé em Deus não se apoia, como veremos, senão na necessidade vital de proporcionar finalidade à existência, de fazer com que corresponda a um propósito. Não para compreender o *porquê*, mas para sentir e sustentar o *para que* último, necessitamos de Deus, para dar sentido ao Universo.

Tampouco deve causar espécie dizer que essa consciência do Universo é composta e integrada pelas consciências dos seres que formam o Universo, pelas consciências de todos os seres e seja, todavia, uma consciência pessoal distinta das que a compõem. Somente assim se compreende que em Deus somos, nos movemos e vivemos. Aquele grande visionário que foi Emanuel Swedenborg viu ou entreviu isso quando, em seu livro sobre o céu e o inferno, nos diz que: "Uma inteira sociedade angélica aparece às vezes na forma de um só anjo, como o Senhor me permitiu ver. Quando o Senhor mesmo aparece em meio aos anjos, não o faz acompanhado de uma multidão, senão como um só ser em forma angélica. Daí que na Palavra chama-se o Senhor de anjo, e que assim é chamada uma sociedade inteira. Miguel, Gabriel e Rafael não são mais que sociedades angélicas, assim chamadas pelas funções que desempenham"[6].

Acaso não vivemos e amamos, isto é, sofremos e compadecemo-nos nessa Grande Pessoa que a todos envolve, todas as pessoas que sofremos e compadecemo-nos, e todos os seres que lutam para se personalizarem, para adquirirem consciência de sua dor e de sua limitação? Acaso não somos ideias dessa Grande Consciência total que, ao nos pensar existentes, nos dá a existência? Não é nosso existir sermos percebidos e sentidos por Deus? E mais adiante nos diz esse mesmo visionário, em sua maneira imaginativa, que cada anjo, cada sociedade de anjos e todo o céu contemplado conjuntamente se apresentam em forma humana, e que, em virtude dessa sua forma humana, o Senhor o rege como se fosse um só homem.

"Deus não pensa, cria; não existe, é eterno", escreveu Kierkegaard. Talvez, porém, seja mais exato dizer com Mazzini, o místico da unidade italiana, que "Deus é grande porque pensa obrando" (*Ai giovani d'Italia*), porque, Nele, pensar é criar e fazer existir aquilo que Ele pensa existente com o simples fato de pensá-lo; sendo o impossível o impensável por Deus. Não se diz na Escritura que Deus cria com sua palavra, isto é, com seu pensamento, e que, por este, por seu Verbo, se fez tudo o que existe? E acaso Deus esquece o que uma vez pensou? Não subsistem acaso, na Suprema Consciência, todos os pensamentos que por ela passam uma vez? Nele, que é eterno, não se eterniza toda existência?

Nosso anseio de salvar a consciência, de dar finalidade pessoal e humana ao Universo e à existência é tal, que até, num supremo, dolorosíssimo e dilacerante sacrifício, chegaríamos a ouvir ser-nos dito que, se nossa consciência se desvanece, é para ir enriquecer a Consciência infinita e eterna, que nossas almas servem de alimento à Alma Universal. Enriqueço, sim, a Deus, porque antes de eu existir não me pensava como existente, porque sou mais um, mais um, ainda que entre infinitos, que, tendo vivido, sofrido e amado realmente, permaneço em seu seio. Foi o furioso anseio de dar finalidade ao Universo, de torná-lo consciente e pessoal, que nos levou a crer em Deus, a querer que haja Deus, a criar Deus, numa palavra. A criá-lo, sim! O que, diga-se, não deve escandalizar nem ao mais piedoso teísta. Porque crer em Deus é, de certo modo, criá-lo, ainda que Ele nos crie antes. É Ele que, em nós, cria a si mesmo continuamente.

Criamos Deus para salvar o Universo do nada, pois o que não é consciência, e consciência eterna, consciente de sua eternidade e eternamente consciente, não é nada mais que aparência. A única coisa deveras real é a que sente, sofre, se compadece, ama e anseia, é a consciência; a única coisa substancial é a consciência. E necessitamos de Deus para salvar a consciência; não para pensar a existência, mas para vivê-la; não para saber por que e como é, mas para sentir para que é. O amor é um contrassenso, se não há Deus.

Vejamos agora a questão Deus, o Deus lógico ou Razão Suprema, e o Deus biótico ou cordial, isto é, o Amor Supremo.

CAPÍTULO VIII
DE DEUS A DEUS

Não creio que seja violentar a verdade dizer que o sentimento religioso é sentimento de divindade e que só com violência à linguagem humana pode-se falar de religião ateia. Embora seja claro que tudo dependerá do conceito que formemos de Deus. Conceito que depende, por sua vez, do de divindade.

De fato, convém-nos começar pelo sentimento de divindade, antes de amplificar o conceito dessa qualidade e, articulando-a, convertê-la na Divindade, isto é, em Deus. Porque o homem foi a Deus pelo divino, não deduziu o divino de Deus.

Já antes, no curso destas algo gratuitas e ao mesmo tempo insistentes reflexões sobre o sentimento trágico da vida, recordei o *timor fecit deos* de Estácio para corrigi-lo e limitá-lo. Não é o caso de traçar mais uma vez o processo histórico pelo qual os povos chegaram ao sentimento e ao conceito de um Deus pessoal como o do cristianismo. Digo os povos, não os indivíduos isolados, porque se há sentimento e conceito coletivo, social, este é o de Deus, conquanto o indivíduo depois o individualize. A filosofia pode ter, e de fato tem, uma origem individual; a teologia é necessariamente coletiva.

A doutrina de Schleiermacher, que coloca a origem, ou, antes, a essência do sentimento religioso, no sentimento imediato e simples de dependência, parece ser a explicação mais profunda e exata. O homem primitivo, vivendo em sociedade, sente-se depender de misteriosas potências que o rodeiam invisivelmente, sente-se em comunhão social, não só com seus semelhantes, os demais homens, mas com toda a Natureza, animada e inanimada; o que não quer dizer outra coisa senão que personaliza tudo. Não só ele tem consciência do mundo, como imagina que o mundo também tem consciência, como ele. Da mesma maneira que uma criança fala com seu cachorro ou sua boneca, como se o entendessem, o selvagem acredita que seu fetiche o ouve ou que a nuvem tormentosa se lembra dele e o persegue. Pois o espírito do homem natural, primitivo, ainda não se desplacentou da natureza, nem marcou o limiar entre o sono e a vigília, entre a realidade e a imaginação.

Portanto, o divino não foi algo objetivo, mas subjetividade da consciência projetada para fora, a personalização do mundo. O conceito de divindade surgiu do sentimento desta, e o sentimento de divindade nada mais é que o mesmo sentimento obscuro e nascente de personalidade extrovertida. A rigor, não cabe falar de fora e dentro, objetivo e subjetivo, quando essa distinção não era sentida e quando é dela que procedem o sentimento e o conceito de divindade: quanto mais clara a consciência da distinção entre o objetivo e o subjetivo, tanto mais obscuro o sentimento de divindade em nós.

Hase disse, ao que parece com inteira razão, que o paganismo helênico é, mais que politeísta, panteísta. A crença em muitos deuses, tomando o conceito de Deus como hoje o tomamos, não sei se existiu na cabeça humana. Se por panteísmo se entende a doutrina, não de que tudo e cada coisa é Deus – proposição, para mim, impensável –, mas de que tudo é divino, pode-se dizer, sem grande violência, que o paganismo era panteísta. Os deuses não só se misturavam entre os homens, como se misturavam com eles; os deuses geravam nas mulheres mortais, e os homens mortais geravam semideuses nas deusas. E, se há semideuses, isto é, semi-homens, é tão só porque o divino e o humano eram duas faces de uma mesma realidade. A divinização de tudo não era senão sua humanização. Dizer que o Sol era um deus equivalia a dizer que era um homem, uma consciência humana mais ou menos aumentada e sublimada. Isso é válido desde o fetichismo até o paganismo helênico.

Os deuses unicamente se distinguiam dos homens pelo fato de serem imortais. Um deus vinha a ser um homem imortal, e divinizar um homem, considerá-lo um deus, era estimar que, a rigor, ao morrer não tinha morrido. De certos heróis, acreditava-se que foram vivos para o reino dos mortos. Esse é um ponto importantíssimo para se estimar o valor do divino.

Naquelas repúblicas de deuses sempre havia algum deus máximo, algum verdadeiro monarca. Foi a monarquia divina que, pelo monocultismo, levou os povos ao monoteísmo. Monarquia e monoteísmo são, pois, coisas gerais. Zeus, Júpiter, estava em vias de se converter em deus único, do mesmo modo como Javé, que começou sendo um dentre tantos deuses, converteu-se em deus único, primeiro do povo de Israel, depois da humanidade e, por último, de todo o Universo.

Como a monarquia, o monoteísmo teve uma origem guerreira. "É na marcha e em tempo de guerra" – diz Robertson Smith[1] – "que um povo nômade sente a premente necessidade de uma autoridade central; e assim ocorreu que, nos primórdios da organização nacional em torno do santuário da arca, Israel acreditou-se a hoste de Jeová. O próprio nome de Israel é marcial, significando *Deus batalha*, e Jeová é, no Velho Testamento, *Iahwé Zebaoth*, o Jeová dos exércitos de Israel. Era no campo de batalha que se sentia mais claramente a presença de Jeová; mas, nas nações primitivas, o líder em tempo de guerra também é o juiz nacional em tempo de paz."

Deus, o Deus único, surgiu, portanto, do sentimento de divindade no homem, como Deus guerreiro, monárquico e social. Revelou-se ao povo, não a cada indivíduo. Foi o Deus de um povo, e exigia, ciumento, que cultuassem apenas a ele; desse monocultismo passou-se ao monoteísmo, em grande parte pela ação individual, talvez mais filosófica que teológica, dos profetas. Foi, de fato, a atividade individual dos profetas que individualizou a divindade. Sobretudo, ao torná-la ética.

Desse Deus, assim surgido na consciência humana a partir do sentimento de divindade, a razão, isto é, a filosofia logo se apoderou, e tendeu a defini-lo, a convertê-lo em ideia. Porque definir algo é idealizá-lo, para o que é necessário prescindir de seu elemento incomensurável ou irracional, de seu fundo vital. E o Deus sentido, a divindade sentida como pessoa e consciência única fora de nós, embora envolvendo-nos e submetendo-nos, converteu-se na ideia de Deus.

O Deus lógico, racional, o *ens summum*, o *primum movens*, o Ser Supremo da filosofia teológica, aquele a que se chega pelos três famosos caminhos da negação, eminência e causalidade, *viae negationis, eminentiae, causalitatis*, não é mais que uma ideia de Deus, algo morto. As tradicionais e tantas vezes debatidas provas de sua existência não são, no fundo, senão uma tentativa vã de determinar sua essência; porque, como Vinet observava muito bem, a existência é tirada da essência, e dizer que Deus existe, sem dizer o que é Deus e como é, equivale a não dizer nada.

Esse Deus, eminentemente negação, ou remoção de qualidades finitas, acaba sendo um Deus impensável, uma pura ideia, um Deus de quem, por causa de sua própria excelência ideal, podemos dizer que não é nada, como já definiu Scotus Erigena: *Deus propter excellentiam non inmerito nihil vocatur*. Ou, com frase do falso Dionísio Areopagita, em sua epístola 5: "A divina treva é luz inacessível na qual se diz que Deus habita." O Deus antropomórfico e sentido, ao ir purificando-se de atributos humanos e, como tais, finitos, relativos e temporais, evapora-se no Deus do deísmo ou do panteísmo.

As supostas provas clássicas da existência de Deus referem-se, todas, a esse Deus-Ideia, a esse Deus lógico, ao Deus por remoção; por isso que, a rigor, não provam nada, isto é, não provam mais que a existência dessa ideia de Deus.

Eu era um rapaz que começava a me inquietar com esses eternos problemas quando em certo livro, de cujo autor não quero me lembrar, li o seguinte: "Deus é uma grande incógnita sobre a última barreira dos conhecimentos humanos; à medida que a ciência avança, a barreira se retira." E escrevi à margem: "Da barreira para cá, tudo se explica sem Ele; da barreira para lá, nem com Ele, nem sem Ele; Deus, portanto, sobra." Com respeito ao Deus-Ideia, ao das provas, continuo na mesma sentença. Atribui-se a Laplace a frase de que não necessitara da hipótese de Deus para construir um sistema da origem do Universo, e isso é muito certo. A ideia de Deus em nada nos ajuda a compreender melhor a existência, a essência e a finalidade do Universo.

Que haja um Ser Supremo infinito, absoluto e eterno, cuja essência desconhecemos e que tenha criado o Universo, não é mais concebível do que seja eterna, infinita e absoluta a base material do próprio Universo, sua matéria. Em nada compreendemos melhor a existência do mundo do que dizendo-nos que Deus o criou. É uma petição de princípio ou uma solução meramente verbal para encobrir nossa ignorância. A rigor, deduzimos a existência do Criador do fato de que o criado existe, e não se justifica racionalmente a existência Daquele: de um fato não se tira uma necessidade, ou tudo é necessário.

Se do modo de ser do Universo passamos ao que se chama ordem e que, supõe-se, requer um ordenador, cabe dizer que ordem é a que há e não concebemos outra. A prova dessa ordem do Universo implica ficar a um passo da ordem ideal à ordem real, implica projetarmos nossa mente para fora, supõe que a explicação racional de uma coisa produz a própria coisa. A arte humana, lecionada pela Natureza, tem um fazer consciente com que compreende o modo de fazer; depois trasladamos esse fazer artístico e consciente para uma consciência de um artista, que não se sabe de que natureza aprendeu sua arte.

A já clássica comparação com o relógio e o relojoeiro é inaplicável a um Ser absoluto, infinito e eterno. É, ademais, outro modo de nada explicar. Porque dizer que o mundo é como é e não de outro modo porque Deus assim o fez, enquanto não saibamos por que razão o fez assim é nada dizer. Se sabemos a razão de Deus tê-lo feito assim, ele sobra, e a razão basta. Se tudo fosse matemática, se não houvesse elemento irracional, não se teria acudido a essa explicação de um Sumo Ordenador, que nada mais é que a razão do irracional e outro biombo da nossa ignorância. E não falemos daquela ridícula ocorrência de que, arrumando ao acaso os caracteres tipográficos, não pode sair composto o *Quixote*. Sairia composta qualquer outra coisa que chegaria a ser um *Quixote* para os que tivessem de se ater a ela, se formassem nela e fossem parte dela.

Essa já clássica suposta prova se reduz, no fundo, a hipostasiar ou substantivar a explicação ou razão de um fenômeno, a dizer que a Mecânica faz o movimento; a Biologia, a vida; a Filologia, a linguagem; a Química, os corpos, apenas ampliando a ciência e convertendo-a numa potência distinta dos fenômenos, de que a extraímos, e distinta de nossa mente, que a extrai. Mas esse Deus assim obtido, e que não é senão a razão hipostasiada e projetada no infinito, não há maneira de senti-lo como algo vivo e real, nem mesmo de concebê-lo senão como uma mera ideia que morrerá conosco.

Pergunta-se, por outro lado, se uma coisa imaginada qualquer, mas não existente, não existe porque Deus não quer, ou Deus não a quer porque não existe; e, com respeito ao impossível, se não pode ser porque Deus assim quer, ou se Deus não quer porque, em si e por seu absurdo mesmo, o impossível não pode ser. Deus tem de se submeter à lei lógica de contradição, não podendo fazer, segundo os teólogos, que dois mais dois façam mais ou menos que quatro. A lei da necessidade está sobre Ele ou é Ele mesmo. E, na ordem moral, pergunta-se se a mentira, o homicídio, ou o adultério são ruins porque assim Ele o estabeleceu, ou se assim o estabeleceu porque são maus. No primeiro caso, Deus é um Deus caprichoso e absurdo que estabelece uma lei, podendo ter estabelecido outra; senão, obedece a uma natureza e a uma essência intrínseca das próprias coisas e independente Dele, isto é, de sua vontade soberana. Se assim for, se obedecer a uma razão de ser das coisas, essa razão, se a conhecêssemos, nos bastaria, sem mais necessidade de Deus; e, se não a conhecêssemos, Deus tampouco nos esclareceria nada. Essa razão estaria acima de Deus. Não vale dizer que ela é Deus mesmo, razão suprema das coisas. Uma razão assim, necessária, não é algo pessoal. A personalidade é dada pela vontade. E esse problema das relações entre a razão, necessariamente necessária, de Deus e Sua vontade, necessariamente livre, Dele, é o que sempre fará do Deus lógico ou aristotélico um Deus contraditório.

Os teólogos escolásticos nunca souberam desenredar-se das dificuldades em que se viam metidos ao tratar de conciliar a liberdade humana com a presença divina e o conhecimento que Deus tem do futuro contingente e livre. Isto porque, a rigor, o Deus racional é completamente inaplicável ao contingente, pois a noção de contingência não é, no fundo, senão a noção de irracionalidade. O Deus racional é forçosamente necessário em seu ser e em seu agir e não pode fazer em cada caso senão o melhor, não sendo possível que haja várias coisas igualmente melhores, pois entre infinitas possibilidades só há uma mais apropriada a seu fim, como entre as infinitas linhas que se podem traçar de um ponto a outro só há uma reta. E o Deus racional, o Deus da razão, não pode deixar de seguir em cada caso a linha reta, a que melhor conduz ao fim que se propõe, fim necessário, como é necessária a única direção reta que a Ele conduz. Assim, a divindade de Deus é substituída por sua necessidade. E na necessidade de Deus perece sua vontade livre, isto é, sua personalidade consciente. O Deus que ansiamos, o Deus que salvará nossa alma do nada, o Deus imortalizador, tem de ser um Deus arbitrário.

É que Deus não pode ser Deus porque pensa, mas porque age, porque cria; não é um Deus contemplativo, mas um Deus ativo. Um Deus Razão, um Deus teórico ou contemplativo, como o do racionalismo teológico, é um Deus que se dilui em sua própria contemplação. A esse

Deus corresponde, como veremos, a visão beatífica como expressão suprema da felicidade eterna. Um Deus quietista, enfim, como é quietista, por sua própria essência, a razão.

Resta a outra famosa prova, a do consentimento, supostamente unânime, de todos os povos em crer num Deus. Mas essa prova não é, a rigor, racional nem mesmo a favor do Deus racional que explica o Universo, mas do Deus cordial que nos faz viver. Só poderíamos chamá-la de racional caso acreditássemos que a razão é o consentimento, mais ou menos unânime, dos povos, o sufrágio universal, caso déssemos razão à *vox populi* que se diz *vox Dei*.

Assim cria aquele trágico e ardente Lamennais, que disse que a vida e a verdade são uma só e mesma coisa – oxalá! – e que declarou ser a razão una, universal, perpétua e santa[2]. Ele glosou o "ou se crê em todos, ou em nenhum" (*aut omnibus credendum est aut nemini*) de Lactâncio; a afirmação de Horácio de que toda opinião individual é falível; a de Aristóteles, de que a mais forte prova é o consentimento de todos os homens; e, sobretudo, a de Plínio[3], de que nem um engana a todos, nem todos a um (*nemo omnes, neminem omnes fefellerunt*). Oxalá! E assim chega-se à afirmação de Cícero[4], de que é necessário crer nos mais velhos, mesmo sem que eles nos deem razões, *maioribus auntem nostris, etiam nulla ratione reddita, credere*.

Sim, suponhamos que seja universal e constante essa opinião dos antigos que nos diz que o divino penetra toda a Natureza e que é um dogma paternal, πάτριος δόξα, como diz Aristóteles[5]. Isso só provaria que há um motivo que leva os povos e os indivíduos – sejam todos, quase todos ou muitos – a crerem num Deus. Mas acaso não há ilusões e falácias que se fundam na própria natureza humana? Acaso todos os povos não começam por acreditar que o Sol gira em torno deles? E não é natural que todos propendamos a crer no que satisfaz nosso anseio? Diremos acaso com W. Hermann[6] "que, se há um Deus, ele não se deixou sem se indicar de algum modo e quer ser achado por nós"?

Piedoso desejo, sem dúvida, mas não razão no sentido estrito da palavra, se não lhe aplicamos a sentença agostiniana, que também não é razão, segundo a qual "já que me buscas é que me encontraste", crendo que é Deus quem faz que O busquemos.

Esse famoso argumento do consentimento supostamente unânime dos povos, que foi o que, com um instinto seguro, os antigos mais empregaram, não é, no fundo e trasladado da coletividade ao indivíduo, senão a chamada prova moral que Kant empregou em sua *Crítica da razão prática*, que é tirada da nossa consciência – ou, antes, de nosso sentimento da divindade –, que não é uma prova estrita e especificamente racional, mas vital, e que não pode ser aplicada ao Deus lógico, ao *ens summum*, ao Ser simplíssimo e abstratíssimo, ao primeiro motor imóvel e impassível, ao Deus Razão, enfim, que não sofre nem anseia; mas sim ao Deus biótico, ao ser complexo e concreto, ao Deus paciente que sofre e anseia em nós e conosco, ao Pai de Cristo, aquele a quem não se pode ir senão pelo Homem, por seu Filho (*vide* João, 14:6) e cuja revelação é histórica, ou, se quiserem, anedótica, mas não filosófica, nem categórica.

O consentimento unânime dos povos – suponhamo-lo assim! –, ou seja, o anseio universal de todas as almas humanas que alcançaram a consciência de sua humanidade que quer ser fim e sentido do Universo, esse anseio, que nada mais é que aquela essência mesma da alma, que consiste em seu conato de persistir eternamente e para que não se rompa a continuidade da consciência, leva-nos ao Deus humano, antropomórfico, projeção de nossa consciência na Consciência do Universo, ao Deus que dá finalidade e sentido humanos ao Universo e que não é o *ens summum*, o *primum movens*, nem o criador do Universo, não é a Ideia-Deus. É um Deus vivo, subjetivo – pois não é senão a subjetividade objetivada ou a personalidade universalizada –, que é mais que mera ideia, é antes razão que vontade. Deus é Amor, isto é, Vontade. A razão, o Verbo, deriva Dele; mas Ele, o Pai, é antes de tudo Vontade.

"Não há dúvida nenhuma" – escreve Ritschl[7] – "de que a personalidade espiritual de Deus é entendida de maneira muito imperfeita na antiga teologia, ao limitá-la às funções de conhecer e querer. A concepção religiosa não pode deixar de aplicar a Deus também o atributo do sentimento espiritual. Mas a antiga teologia atinha-se à impressão de que o sentimento e o afeto são notas de uma personalidade limitada e criada, e transformava a concepção da felicidade de Deus, por exemplo, no eterno conhecer-se a si mesmo, e a do ódio no habitual propósito de castigar o pecado." Sim, aquele Deus lógico, obtido *via negationis*, era um Deus que, a rigor, nem amava nem odiava, porque nem gozava, nem sofria, um Deus sem pena nem glória, inumano, e sua justiça, uma justiça racional ou matemática, isto é, uma injustiça.

Os atributos do Deus vivo, do Pai de Cristo, devem ser deduzidos de sua revelação histórica no Evangelho e na consciência de cada um dos crentes cristãos, não de raciocínios metafísicos que só levam ao Deus-Nada de Scotus Erigena, ao Deus racional ou panteísta, ao Deus ateu, enfim, à Divindade despersonalizada.

Porque ao Deus vivo, ao Deus humano, não se chega pelo caminho da razão, mas pelo caminho do amor e do sofrimento. A razão antes nos afasta Dele. Não é possível conhecê-Lo para, depois, amá-Lo; é preciso começar por amá-Lo, por ansiá-lo, por ter fome Dele, antes de conhecê-lo. O conhecimento de Deus procede do amor a Deus, e é um conhecimento que pouco ou nada tem de racional. Porque Deus é indefinível. Querer definir Deus é pretender limitá-Lo em nossa mente, matá-lo. Quando procuramos defini-Lo, surge o nada.

A ideia de Deus da pretensa teodiceia racional não é mais que uma hipótese, como, por exemplo, a ideia do éter.

Com efeito, o éter não é senão uma suposta entidade e que não tem valor a não ser enquanto explica o que procuramos nos explicar através dela: a luz, a eletricidade ou a grativação universal, e somente na medida em que não se possa explicar esses fatos de outro modo. Assim, a ideia de Deus também é uma hipótese que só tem valor na medida em que, com ela, nos explicamos o que procuramos, com ela, nos explicar – a existência e a essência do Universo – e enquanto não se expliquem melhor de outro modo. Como, na realidade, não explicamos melhor, nem pior, com essa ideia do que sem ela, a ideia de Deus, suprema petição de princípio, falha.

Mas se o éter for apenas uma hipótese para explicar a luz, o ar, em compensação, é uma coisa imediatamente sentida. E conquanto com ele não nos explicássemos o som, sempre teríamos sua sensação direta, sobretudo a de sua ausência, em momentos de sufocação, de falta de ar. Da mesma maneira, Deus mesmo, e não a ideia de Deus, pode chegar a ser uma realidade imediatamente sentida; e, embora não nos expliquemos com sua ideia nem a existência, nem a essência do Universo, temos às vezes o sentimento direto de Deus, sobretudo nos momentos de sufocação espiritual. Esse sentimento – observe-se bem, porque nisso reside todo o seu caráter trágico e o sentimento trágico da vida – é um sentimento de fome de Deus, de carência de Deus. Crer em Deus é, em primeira instância e como veremos, querer que haja Deus, não poder viver sem Ele.

Enquanto peregrinei pelos campos da razão em busca de Deus, não O pude encontrar, porque a ideia de Deus não me enganava, nem pude tomar por Deus uma ideia. Foi então, quando errava pelas paragens do racionalismo, que me disse que não devemos procurar outro consolo que a verdade, assim chamando a razão, sem que com isso me consolasse. Mas, ao ir afundando no ceticismo racional, de um lado, e no desespero sentimental, de outro, abrasou-me a fome de Deus, e a sufocação do espírito me fez sentir, com sua falta, sua realidade. Quis que houvesse Deus, que existisse Deus. E Deus não existe, mas antes sobre-existe, e está sustentando nossa existência existindo-nos.

Deus, que é o Amor, o Pai do Amor, é filho do amor em nós. Há homens levianos e superficiais, escravos da razão que nos exterioriza, que creem ter dito algo ao dizer que, longe de Deus ter feito o homem à sua imagem e semelhança, é o homem que faz seus deuses ou seu Deus à sua imagem e semelhança, sem reparar, os demasiado levianos, que, se esta segunda afirmação é verdade, como realmente é, isso se deve a que não é menos verdadeira a primeira. Deus e o homem se fazem mutuamente, de fato; Deus se faz ou se revela no homem, e o homem se faz em Deus. Deus fez-se a si mesmo, *Deus ipse se fecit*, disse Lactâncio[8], e podemos dizer que se está fazendo, no homem e pelo homem. Se cada um de nós, no impulso de seu amor, em sua fome de divindade, imagina Deus à sua medida, e à sua medida Deus se faz para ele, há um Deus coletivo, social, humano, resultante de todas as imaginações humanas que o imaginam. Porque Deus é e se revela na coletividade. E é Deus a mais rica e mais pessoal concepção humana.

Disse-nos o Mestre de divindade que sejamos perfeitos, como é perfeito nosso Pai que está no céu (Mat., 5:48); e, na ordem do sentir e do pensar, nossa perfeição consiste em perseverarmos para que nossa imaginação chegue à total imaginação da humanidade de que fazemos parte em Deus.

É conhecida a doutrina lógica da contraposição entre a extensão e a compreensão de um conceito, e sabe-se como, à medida que uma cresce, a outra mingua. O conceito mais extenso e, ao mesmo tempo, menos abrangente, é o de ente ou coisa que compreende todo o existente e tem como única característica ser; e o conceito mais abrangente e menos extenso é o do Universo, que só se aplica a si mesmo e compreende todas as características existentes. O Deus lógico ou racional, o Deus obtido por via de negação, o ente supremo desaparece, como realidade, no nada, pois o ser puro e o puro nada, conforme ensinava Hegel, se identificam. O Deus cordial ou sentido, o Deus dos vivos, é o próprio Universo personalizado, é a Consciência do Universo.

Um Deus universal e pessoal bem diferente do Deus individual do rígido monoteísmo metafísico.

Devo advertir aqui, mais uma vez, como oponho a individualidade à personalidade, ainda que uma necessite da outra. A individualidade é, se assim me posso exprimir, o continente, e a personalidade, o conteúdo; ou também poderia dizer, num certo sentido, que minha personalidade é minha compreensão, o que compreendo e encerro em mim – e que é, de certa maneira, todo o Universo –, e minha individualidade é minha extensão; um, meu infinito, e o outro, meu finito. Cem vasilhas de espessos cascos de barro estão vigorosamente individualizadas, mas podem ser iguais e vazias, ou, no máximo, cheias do mesmo líquido homogêneo, enquanto duas bexigas de fina membrana, através da qual se verifica uma ativa osmose e exosmose, podem diferenciar-se fortemente e estarem cheias de líquidos muito complexos. Assim, alguém pode destacar-se nitidamente de outros, enquanto indivíduo, como um crustáceo espiritual, e ser paupérrimo de conteúdo diferencial. Acontece ainda mais: quanto mais personalidade alguém tem, quanto maior riqueza interior, quanto mais sociedade em si mesmo, menos rudemente se distingue dos demais. Da mesma maneira, o rígido Deus do deísmo, do monoteísmo aristotélico, o *ens summum*, é um ser em quem a individualidade, ou, antes, a simplicidade, sufoca a personalidade. A definição O mata, porque definir é estabelecer fins, é limitar, e não cabe definir o absolutamente indefinível. Tal Deus carece de riqueza interior, não é sociedade em si mesmo. Isso tornou-se óbvio pela revelação vital, com a crença na Trindade, que faz de Deus uma sociedade, até mesmo uma família em si, e não mais um puro indivíduo. O Deus da fé é pessoal; é pessoal, porque inclui três pessoas, dado que a personalidade não se sente isolada. Uma pessoa isolada deixa de ser uma pessoa. Com efeito, a quem amaria? E, se não ama, não é pessoa. Não cabe amar a si mesmo sendo simples e sem se desdobrar pelo amor.

Foi sentir Deus como pai que trouxe consigo a fé na Trindade. Porque um Deus Pai não pode ser um Deus solteiro, isto é, solitário. Um pai é sempre pai de família. E sentir Deus como pai foi uma perene sugestão para concebê-lo, não antropomorficamente, isto é, como homem, *ánthropos*, mas andromorficamente, como varão, *anér*. De fato, a imaginação popular cristã concebe Deus Pai como um varão. Porque o homem, *homo*, ἄνθρωπος, não se nos apresenta senão como varão, *vir*, ἀνήρ, ou como mulher, *mulier*, γυνή. Ao que se pode acrescentar a criança, que é neutra. Por isso, para completar com a imaginação a necessidade sentimental de um Deus-homem-perfeito, isto é, família, o culto ao Deus Mãe, à Virgem Maria, e o culto ao menino Jesus.

De fato, o culto à Virgem, a mariolatria, que foi enaltecendo e dignificando pouco a pouco o divino da Virgem, até quase deificá-la, corresponde apenas à necessidade sentimental de que Deus seja um homem perfeito, de que a feminilidade se incorpore a Deus. Desde a expressão Mãe de Deus, θεοτόκος, *deípara*, a piedade católica foi exaltando a Virgem Maria até declará-la corredentora e proclamar dogmática sua concepção sem mácula de pecado original, o que já a coloca entre a Humanidade e a Divindade, mais perto desta do que daquela. Alguém manifestou sua suspeita de que, com o tempo, talvez se chegue a fazer dela algo assim como uma pessoa divina a mais.

Talvez nem assim a Trindade se convertesse em Quaternidade. Se πνεῦμα, espírito em grego, em vez de neutro fosse feminino, quem sabe já não se teria feito da Virgem Maria uma encarnação ou humanização do Espírito Santo? O texto do Evangelho segundo Lucas, no versículo 35 do capítulo 1, em que se narra a Anunciação pelo anjo Gabriel, que lhe diz: "Descerá sobre ti o Espírito Santo", πνεῦμα ἅγιον ἐπελεύσεται ἐπὶ σέ, teria bastado para uma inflamada piedade que sempre sabe submeter a seus desejos a especulação teológica. Ter-se-ia feito um trabalho dogmático paralelo ao da divinização de Jesus, o Filho, e sua identificação com o Verbo.

Como quer que seja, o culto à Virgem, ao eterno feminino, à maternidade divina, ajuda a completar a personalização de Deus, fazendo-O família.

Num de meus livros[9], disse que "Deus era e é, em nossas mentes, masculino. Seu modo de julgar e condenar os homens é modo de varão, não de pessoa humana acima do sexo, modo de Pai. Para compensá-lo, fazia falta a Mãe, a mãe que sempre perdoa, a mãe que sempre abre os braços para o filho, quando este foge da mão levantada ou do cenho franzido do irritado pai; a mãe em cujo regaço se busca como consolo uma obscura recordação daquela morna paz de inconsciência que foi, dentro dela, a aurora que precedeu nosso nascimento e um gosto daquele doce leite que impregnou de doces aromas nossos sonhos de inocência; a mãe que não conhece outra justiça que não o perdão, nem outra lei que não o amor. Nossa pobre e imperfeita concepção de um Deus com barba longa e voz de trovão, de um Deus que impõe preceitos e pronuncia sentenças, de um Deus dono de casa, *pater familias* à romana, precisava compensar-se e completar-se. E como, no fundo, não podemos conceber o Deus pessoal e vivo, não acima dos traços humanos, mas nem mesmo acima de traços varonis, menos ainda um Deus neutro e hermafrodita, tratamos de lhe dar um Deus feminino e pusemos, junto do Deus Pai, a Deusa Mãe, a que sempre perdoa, porque, como olha com amor cego, sempre vê o fundo da culpa e, nesse fundo, a justiça única do perdão..."

Ao que devo agora acrescentar que não só não podemos conceber o Deus vivo e inteiro como somente varão, mas também não podemos concebê-lo como somente indivíduo, como projeção de um eu solitário, fora da sociedade, de um eu, na realidade, abstrato. Meu eu vivo é um eu que é, na realidade, um nós; meu eu vivo, pessoal, não vive senão nos demais e pelos demais eus; procedo de uma multidão de avós, trago-os em mim, em extrato, e, ao mesmo tempo, levo em mim, em potencial, uma multidão de netos. Deus, projeção do meu eu, no infinito – ou, antes, eu projeção de Deus no infinito – também é multidão. Por isso, para salvar a personalidade de Deus, isto é, para salvar o Deus vivo, a necessidade de fé – isto é, a necessidade sentimental e imaginativa – de concebê-lo e senti-lo com uma certa multiplicidade interna.

O sentimento pagão de divindade viva manifestou-o com o politeísmo. É o conjunto de seus deuses, a república destes, que constitui realmente sua Divindade. O verdadeiro Deus pagão do paganismo helênico é, muito mais que Zeus Pai (*Júpiter*), toda a sociedade dos deuses e semideuses. Por isso a solenidade da invocação de Demóstenes, quando invocava a todos os deuses, todas as deusas: τοὶς θεόις εὔχομαι πᾶσι καὶ πάσαις. E, quando os raciocinadores substantivaram o termo deus, θεός, que é propriamente um adjetivo, uma qualidade predicada de cada um dos deuses, e lhe acrescentaram um artigo, forjaram *o deus*, ὁ θεός, abstrato ou morto do racionalismo filosófico, uma qualidade substantivada e carente de personalidade, portanto. Porque o deus não é mais que o divino. É que não se pode passar, sem risco para o sentimento, de sentir a divindade em tudo a substantivá-la e fazer da Divindade Deus. E o Deus aristotélico, o Deus das provas lógicas, não é mais que a Divindade, um conceito, e não uma pessoa viva que se possa sentir e com quem o homem possa, pelo amor, comunicar-se. Esse Deus, que não é mais que um adjetivo substantivado, é um deus constitucional que reina, mas não governa; a Ciência é sua carta magna.

No próprio paganismo greco-latino, a tendência ao monoteísmo vivo se revela no fato de conceber e sentir Zeus como pai, Ζεῦς πατήρ, como Homero o chama, *Iu-piter*, ou seja, *Iu-pater* entre os latinos, e pai de toda uma dilatada família de deuses e deusas que constituem com ele a Divindade.

Da conjunção do politeísmo pagão com o monoteísmo judaico, que havia tratado por outros meios de salvar a personalidade de Deus, resultou o sentimento do Deus católico, que é sociedade, como era sociedade esse Deus pagão de que falei e que é um só, como o Deus de Israel acabou sendo. Assim é a Trindade, cujo mais profundo sentido, o deísmo racionalista, mais ou menos impregnado de cristianismo, mas sempre unitarista ou socinianista, raras vezes conseguiu compreender.

É que sentimos Deus, muito mais do que como consciência sobre-humana, como a própria consciência da linhagem humana toda, passada, presente e futura, como a consciência coletiva de toda a linhagem e, mais ainda, como a consciência total e infinita que abarca e sustenta todas as consciências, infra-humanas, humanas e talvez sobre-humanas. A divindade que há em tudo, desde a mais baixa, isto é, desde a menos consciente forma viva, até a mais alta, passando por nossa consciência humana, nós a sentimos personalizada, consciente de si mesma, em Deus. E a essa gradação de consciências, sentindo o salto da nossa, humana, à plenamente divina, à universal, corresponde a crença nos anjos, com suas diversas hierarquias, como graus intermédios entre nossa consciência humana e a de Deus. Gradações que uma fé coerente consigo mesma há de crer infinitas, pois só por um infinito número de graus se pode passar do finito ao infinito.

O racionalismo deísta concebe Deus como Razão do Universo, mas sua lógica leva-o a concebê-Lo como uma razão impessoal, isto é, como uma ideia, enquanto o vitalismo deísta sente e imagina Deus como consciência e, portanto, como pessoa, ou, antes, como sociedade de pessoas. A consciência de cada um de nós é, de fato, uma sociedade de pessoas: em mim, vivem vários eus e até os eus daqueles com quem vivo.

De fato, o Deus do racionalismo deísta, o Deus das provas lógicas de sua existência, o *ens realissimum* e primeiro motor imóvel, não é mais que uma racionalização suprema, mas no mesmo sentido em que podemos chamar de razão da queda dos corpos a lei da gravitação universal, que é sua explicação. Mas, dirá alguém, se essa que chamamos lei da gravitação universal, ou qualquer outra lei, ou um princípio matemático, é uma realidade própria e independente, é um anjo, é algo que tem consciência de si e dos demais, que é ela, uma pessoa? Não, não é mais que uma ideia sem realidade fora da mente de quem a concebe. Assim, esse Deus Razão, ou tem consciência de si, ou carece de realidade fora da mente de quem o concebe. E, se tem consciência de si, já é uma razão pessoal, e então todo o valor daquelas provas se desvanece, porque essas provas só provavam uma razão, mas não uma consciência suprema. A matemática prova uma ordem, uma constância, uma razão, na série dos fenômenos mecânicos, mas não prova que essa razão seja consciente de si. É uma necessidade lógica, mas a necessidade lógica não prova a necessidade teológica ou finalista. E onde não há finalidade também não há personalidade, não há consciência.

Portanto, o Deus racional, isto é, o Deus que não é senão Razão do Universo, destrói-se a si mesmo em nossa mente enquanto tal e só renasce em nós quando o sentimos no coração como pessoa viva, como Consciência, e já não só como Razão impessoal e objetiva do Universo. Para explicarmos racionalmente a construção de uma máquina, basta-nos conhecer a ciência mecânica de quem a construiu; mas, para compreendermos que tal máquina exista, pois que a Natureza não as faz, e sim os homens, temos de supor um ser consciente construtor. Contudo, essa segunda parte do raciocínio não é aplicável a Deus, ainda que se diga que, Nele, a ciência mecânica e o mecanismo construtores da máquina são uma só e mesma coisa. Essa identificação não é, racionalmente, mais que uma petição de princípio. E é assim que a razão destrói essa Razão Suprema enquanto pessoa.

De fato, não é a razão humana, razão que, por sua vez, também só se sustenta, no irracional, em toda a consciência vital, na vontade e no sentimento; não é nossa razão que pode provar-nos a existência de uma Razão Suprema, que teria por sua vez de se sustentar no Supremo Irracional, na Consciência Universal. É a revelação sentimental e imaginativa, por amor, por fé, por obra de personalização, dessa Consciência Suprema, que nos leva a crer no Deus vivo.

E esse Deus, o Deus vivo, teu Deus, nosso Deus, está em mim, está em ti, vive em nós, e nós vivemos, nos movemos e somos Nele. Ele está em nós pela fome que Dele temos, pelo anseio, fazendo-se apetecer. É o Deus dos humildes, porque Deus escolheu as loucuras do mundo para envergonhar os sábios, e o fraco para envergonhar o forte, segundo o Apóstolo (I Cor., 1:27). E é Deus em cada um segundo cada um o sente e segundo o ama. "Se, de dois homens" – diz Kierkegaard – "um reza ao verdadeiro Deus com particular insinceridade, e o outro com infinita paixão reza a um ídolo, é na realidade o primeiro que ora a um ídolo, enquanto o segundo ora, na verdade, a Deus." Melhor é dizer que Deus verdadeiro é Aquele a quem se reza e a quem se anseia de verdade. Até a própria superstição pode ser mais reveladora do que a teologia. O velho Pai de longas barbas e melenas brancas, que aparece entre as nuvens, trazendo a esfera terrestre nas mãos, é mais vivo e mais verdadeiro do que o *ens realissimum* da teodiceia.

A razão é uma força analítica, isto é, dissolvente, quando, deixando de agir sobre a forma das instituições, sejam elas do instinto individual de conservação, sejam do instinto social de perpetuação, age sobre o conteúdo, sobre a própria matéria delas. A razão ordena as percepções sensíveis que nos dão o mundo material; mas, quando sua análise se exerce sobre a realidade das percepções mesmas, ela as dissolve e nos imerge num mundo aparente, de sombras sem consistência, porque a razão fora do formal é niilista, aniquiladora. Desempenha o mesmo ofício terrível quando, tirando-a do seu, a levamos a esquadrinhar as intuições imaginativas que nos proporciona o mundo espiritual. Porque a razão aniquila, e a imaginação *inteira*, integra ou totaliza; a razão por si só mata, e a imaginação é que dá a vida. Se bem seja certo que a imaginação por si só, ao nos dar vida sem limite nos leva a confundir-nos com tudo e, enquanto indivíduos, também nos mata, nos mata por excesso de vida. A razão, a cabeça, nos dizem: nada!; a imaginação, o coração nos dizem: tudo! E entre nada e tudo, fundindo-se o tudo e o nada em nós, vivemos em Deus, que é tudo, e Deus vive em nós, que sem Ele somos nada. A razão repete: "Vaidade das vaidades, é tudo vaidade!" A imaginação replica: "Plenitude das plenitudes, é tudo plenitude!" E assim vivemos a vaidade da plenitude, ou a plenitude da vaidade.

Essa necessidade vital de viver num mundo ilógico, irracional, pessoal ou divino vem de tão fundo no homem, que os que não creem em Deus, ou creem não crer Nele, creem em qualquer deuzinho, ou pelo menos num demoniozinho, ou num augúrio, ou numa ferradura que encontraram por acaso ao longo dos caminhos e que guardam sobre o coração para que lhes traga boa sorte e os defenda dessa mesma razão de que se imaginam fiéis servidores e devotos.

O Deus de que temos fome é o Deus a que oramos, o Deus do *Pater noster*, da oração dominical; o Deus a quem pedimos, antes de tudo e sobretudo, demo-nos ou não conta disso, que nos infunda fé, fé Nele mesmo, que faça com que creiamos Nele, que Ele se faça em nós; o Deus a quem pedimos que seja santificado seu nome e que se faça a sua vontade – sua vontade, não sua razão – assim na terra como no céu; mas, sentindo que sua vontade não pode ser mais que a essência de nossa vontade, o desejo de perdurar eternamente.

Assim é o Deus do amor, e não adianta perguntar-nos como é: cada qual que consulte seu coração e deixe sua fantasia pintá-lo nas lonjuras do Universo, fitando-o por seus milhões de olhos, que são os luzeiros do céu noturno. Esse em que você crê, leitor, esse é seu Deus, o que viveu com você em você, nasceu com você e foi criança quando você era criança, foi se fazendo homem conforme você se fazia homem, que se dissipa quando você se dissipa e que é seu princípio de continuidade na vida espiritual, porque é o princípio de solidariedade entre todos os homens e em cada homem, e dos homens com o Universo, e que é, como você, pessoa. Se você crê em Deus, Deus crê em você, e crendo em você cria-o continuamente. Porque você não é, no fundo, senão a ideia que Deus tem de você, mas uma ideia viva, como de Deus vivo e consciente de si, como de Deus Consciência; e, fora do que é na sociedade, você não é nada.

Definir Deus? Sim, é esse nosso anseio; era esse o anseio do homem Jacó, quando, lutando a noite toda até o raiar do dia, com aquela força divina, dizia: "Dize, rogo-te, como te chamas?" (Gên., 32:29). E ouçam o que aquele grande pregador cristão, Frederich William Robertson, pregava na capela da Trindade, de Brighton, no dia 10 de junho de 1849, dizendo[10]: "E esta é nossa luta – *a* luta. Que um homem verdadeiro baixe às profundezas de seu próprio ser e nos responda: qual é o grito que lhe chega da parte mais real de sua natureza? É pedindo o pão de cada dia? Jacó, em sua *primeira* comunhão com Deus, pediu isto: segurança, conservação. É acaso pedindo que sejam perdoados nossos pecados? Jacó tinha um pecado para ser perdoado, mas neste, o mais solene momento da sua existência, não pronunciou uma sílaba a respeito dele. Ou acaso é isto: 'santificado seja vosso nome'? Não, meus irmãos. De nossa frágil, embora humilde humanidade, o pedido que surge nas horas mais terrenas de nossa religião só pode ser este: 'salva minha alma!' Mas, nos momentos menos terrenos é este outro: 'dá-me teu nome!'

"Movemo-nos por um mundo de mistério, e a mais profunda questão é a de qual o ser que está sempre perto de nós, às vezes sentido, jamais visto – que é o que nos obsedou desde a infância com um sonho de algo soberanamente formoso e que jamais se nos torna claro –, que é o que às vezes passa pela alma como uma desolação, como o sopro das asas do Anjo da Morte, deixando-nos aterrados e silenciosos em nossa solidão – o que tocou no mais vivo de nós, e a carne estremeceu de agonia e nossos afetos morais se contraíram de dor –, que é o que nos vem em aspirações de nobreza e concepções de sobre-humana excelência. Devemos chamá-lo *It* ou *He**? O que é Ele (*It*)? Quem é Ele (*He*)? Esses pressentimentos de imortalidade e de Deus, que são? São meras ânsias de meu próprio coração não entendidas como algo vivo fora de mim? São o som de meus próprios anseios que ressoam pelo vasto vazio do nada? Ou hei de chamá-las Deus, Pai, Espírito, Amor? Um ser vivo dentro ou fora de mim? Diz-me teu nome, tu, terrível mistério do amor! É essa a luta de toda a minha vida séria."

Assim disse Robertson. Ao que farei notar que "diz-me teu nome" nada mais é, no fundo, do que "salva mi-

---

* Ele, em inglês: pronome neutro (*it*), ou masculino (*he*). (N. T.)

nha alma!". Perguntamos seu nome para que salve nossa alma, para que salve a alma humana, para que salve a finalidade humana do Universo. E, se dizem que se chama Ele, que é ou *ens realissimum*, ou Ser Supremo, ou qualquer outro nome metafísico, não nos conformamos, pois sabemos que todo nome metafísico é uma incógnita e continuamos perguntando-lhe o nome. Só há um nome que satisfaça o nosso anseio, e esse nome é Salvador, Jesus. Deus é o amor que salva.

> *For the loving worm within its clod,*
> *Were diviner than a loveless God*
> *Amid his worlds, I will dare to say.*

"Atrever-me-ei a dizer que o verme que ama em seu torrão seria mais divino que um Deus sem amor entre seus mundos", diz Robert Browning, em *Christmas Eve and Easter Day*. O divino é o amor, a vontade personalizadora e eternizadora, a que sente fome de eternidade e de infinitude.

É a nós mesmos, é nossa eternidade que buscamos em Deus, para que nos divinize. Foi esse mesmo Browning que disse:

> *This the weakness in strength, that I cry for! my flesh*
> *[that I seek*
> *In the Godhead*[11]*!*

"É pela fraqueza na força que clamo! Minha carne é o que busco na Divindade!"

Mas esse Deus que nos salva, esse Deus pessoal, Consciência do Universo que envolve e sustenta nossas consciências, esse Deus que dá finalidade humana a toda a criação, existe? Temos prova da sua existência?

A primeira coisa que aqui se nos apresenta é o sentido dessa noção de existência. Que é existir e como são as coisas de que dizemos que não existem?

Existir, na força etimológica de seu significado, é estar fora de nós, fora de nossa mente: *ex-sistere*. Mas haverá algo fora de nossa mente, fora de nossa consciência que abarque todo o conhecido? Sem dúvida que há. A matéria do conhecimento nos vem de fora. E como é essa matéria? Impossível saber, porque conhecer é informar a matéria, não cabendo, portanto, conhecer o informe como informe. Daria no mesmo ter ordenado o caos.

Esse problema da existência de Deus, problema racionalmente insolúvel, não é, no fundo, senão o problema da consciência da *ex-sistência*, e não o da *insistência* da consciência, o problema mesmo da existência substancial da alma, o problema mesmo da perpetuidade da alma humana, o problema mesmo da finalidade humana do Universo. Crer num Deus vivo e pessoal, numa consciência eterna e universal que nos conhece e nos quer, é crer que o Universo existe *para* o homem. Para o homem ou para uma consciência no nível da humana, de sua mesma natureza, conquanto sublimada, uma consciência que nos conheça e em cujo seio viva para sempre nossa recordação.

Talvez num supremo e desesperado esforço de resignação chegássemos a fazer, já disse, o sacrifício de nossa personalidade, se soubéssemos que, ao morrer, iria enriquecer uma Personalidade, uma Consciência Suprema; se soubéssemos que a Alma Universal se alimenta de nossas almas e delas necessita. Talvez pudéssemos morrer numa desesperada resignação ou num desespero resignado, entregando nossa alma à alma da Humanidade, legando nosso trabalho, o trabalho que traz a marca de nossa pessoa, se essa humanidade viesse a legar, por sua vez, sua alma a outra alma quando, por fim, se extinguir a consciência sobre esta Terra de sofrimento ansioso. Mas e se assim não acontecer?

E se a alma da humanidade for eterna, se for eterna a consciência humana coletiva, se houver uma Consciência do Universo e esta for eterna, por que nossa própria consciência individual, a sua, leitor, e a minha, não o seriam?

Em todo o vasto Universo, a consciência que se conhece, se quer e se sente seria uma exceção unida a um organismo que não pode viver a não ser entre determinados graus de calor, um fenômeno passageiro? Não é mera curiosidade querer saber se os astros são ou não habitados por organismos vivos animados, por consciências irmãs das nossas, e há um profundo anseio no sonho da transmigração de nossas almas para os astros que povoam as vastas lonjuras do céu. O sentimento do divino nos faz desejar e crer que tudo é animado, que a consciência, em maior ou menor grau, se estende a tudo. Queremos não só nos salvar, mas salvar o mundo do nada. E, para isso, Deus. É essa a sua finalidade significativa.

Que seria um Universo sem consciência alguma que o refletisse e o conhecesse? Que seria a razão objetivada, sem vontade nem sentimento? Para nós, o mesmo que o nada; mil vezes mais pavoroso que ele.

Se essa hipótese vier a ser realidade, nossa vida carecerá de valor e de sentido.

Não é, pois, necessidade racional, mas angústia vital, o que nos leva a crer em Deus. E crer em Deus é, antes de tudo e sobretudo, repito, sentir fome de Deus, fome de divindade, sentir sua ausência e vazio, querer que Deus exista. É querer salvar a finalidade da vida humana do Universo. Porque alguém até poderia chegar a se resignar a ser absorvido por Deus, se numa Consciência se fundir nossa consciência, se for a consciência o fim do Universo.

"Disse o malvado em seu coração: não há Deus." E assim é, em verdade. Porque um justo pode dizer-se em sua cabeça: Deus não existe! Mas, no coração, só um malvado pode dizê-lo. Não crer que haja Deus ou crer que não haja é uma coisa; resignar-se a que não haja é outra, ainda que inumana e horrível; mas não querer que haja excede toda e qualquer monstruosidade moral. Muito embora, na realidade, os que renegam a Deus é por desespero de não O encontrar.

Surge de novo a pergunta racional, esfíngica – a Esfinge, de fato, é a razão –: existe Deus? Essa pessoa eterna e eternizadora que dá sentido – e não acrescentarei humano, porque não há outro – ao Universo será algo substancial fora de nossa consciência, fora de nosso anseio? Eis um problema insolúvel, e é melhor que assim seja. Baste à razão não poder provar a impossibilidade de sua existência.

Crer em Deus é ansiar que ele exista e, ademais, é conduzir-se como se existisse: é viver desse anseio e fazer dele nosso motivo íntimo de ação. Desse anseio ou fome de divindade surge a esperança; desta, a fé; e, da fé e da esperança, a caridade; desse anseio partem os sentimentos de beleza, finalidade, bondade.

Vejamo-los.

CAPÍTULO IX
FÉ, ESPERANÇA E CARIDADE

> *Sanctiusque ac reverentius visum de actis*
> *deorum credere quam scire.*
>
> (Tácito, *Germania*, 34)

Chega-se a esse Deus cordial ou vivo, e a Ele se volta quando deixado em troca do Deus lógico ou morto, pelo caminho da fé e não da convicção racional ou matemática.

E o que é essa fé?

Assim pergunta o catecismo da doutrina cristã que nos foi ensinado na escola e assim responde: "crer no que não vimos".

Corrigi isto, já lá vão uns doze anos, dizendo num ensaio: "Crer no que não vimos, não!, mas criar o que não vemos." Disse-lhes antes que crer em Deus é, pelo menos em primeira instância, querer que Ele exista, ansiar pela existência de Deus.

A virtude teologal da fé é, segundo o apóstolo Paulo, cuja definição serve de base para as tradicionais disquisições cristãs sobre ela, "a substância das coisas que se esperam, a demonstração do que se vê", ἐλπιζομένων ὑπόστασις, πραγμάτων ἔλεγχος οὐ βλεπομένων (Hebreus, 9:1).

A substância, ou antes, o sustentáculo ou base da esperança, a garantia dela. O que conecta e, mais que conecta, subordina a fé à esperança. De fato, não é que esperamos porque cremos, mas, antes, cremos porque esperamos. É a esperança em Deus, isto é, o ardente anseio de que haja um Deus que garanta a eternidade da consciência, que nos leva a crer Nele.

Mas a fé, que, no fim das contas, é algo composto, em que entra um elemento conhecido, lógico ou racional juntamente com um afetivo, biótico ou sentimental, e, a rigor, irracional, se nos apresenta em forma de conhecimento. Daí a insuperável dificuldade de separá-la de um dogma qualquer. A fé pura, livre de dogmas, sobre a qual tanto escrevi outrora, é um fantasma. Nem inventando a fé na fé mesma era possível safar-se. A fé necessita de uma matéria em que se exerça.

Crer é uma forma de conhecer, quando menos conhecer nosso anseio vital e até formulá-lo. Só que o termo crer tem, em nossa linguagem corrente, um duplo e até contraditório significado, querendo dizer, por um lado, o maior grau de adesão da mente a um conhecimento como verdadeiro e, por outro, uma frágil e vacilante adesão. Pois se, num sentido, crer em algo é o maior assentimento que cabe dar, a expressão "creio que é assim, embora não esteja seguro", é corriqueira e vulgar.

Isso corresponde ao que dissemos a respeito da incerteza como base de fé. A fé mais robusta, enquanto distinta de qualquer outro conhecimento que não seja *pístico* ou de fé – fiel, poderíamos dizer –, baseia-se em incerteza. Porque a fé, a garantia do que se espera, é, mais que adesão racional a um princípio teórico, confiança na pessoa que nos assegura algo. A fé supõe um elemento pessoal objetivo. Mais do que crermos em algo, cremos em alguém que nos promete ou assegura isso ou aquilo. Crê-se numa pessoa e em Deus enquanto pessoa e personalização do Universo.

Esse elemento pessoal ou religioso na fé ê evidente. A fé, costuma-se dizer, não é, em si, nem um conhecimento teórico ou adesão racional a uma verdade, nem tampouco se explica o suficiente, em essência, pela confiança em Deus. "A fé é a submissão íntima à autoridade espiritual de Deus, a obediência imediata. E, enquanto essa obediência é o meio de alcançar um princípio racional, a fé é uma convicção pessoal." É o que diz Seeberg.[1]

A fé que são Paulo definiu, a πίστις, *pistis*, grega, traduz-se melhor por confiança. De fato, o vocábulo *pistis* procede do verbo πείθω, *peitho*, que se, em sua voz ativa, significa persuadir, na voz média equivale a confiar em alguém, levá-lo em conta, fiar-se nele. E fiar-se, *fidare se*, procede da raiz *fid*, de que deriva *fides*, fé, e também confiança. A raiz grega πιθ – *pith* – e a latina *fid* parecem irmãs. Em resumo, o próprio vocábulo fé traz implícito, em sua origem, o sentido de confiança, de rendição a uma vontade alheia, a uma pessoa. Só se confia nas pessoas. Confia-se na Providência, que concebemos como algo pessoal e consciente, não no Fado, que é algo impessoal. Assim, crê-se em quem nos diz a verdade, em quem nos dá esperança; não na própria verdade, direta ou imediatamente, não na própria esperança.

Esse sentido pessoal ou, antes, personificante da fé se delata em suas formas mais baixas, pois é ele que produz a fé na ciência infusa, na inspiração, no milagre. De fato, é conhecido o caso daquele médico parisiense que, ao ver que, em seu bairro, um curandeiro lhe tirava a clientela, mudou-se para outro, mais distante, onde ninguém o conhecia, anunciando-se como curandeiro e conduzindo-se como tal. Ao ser denunciado por exercício ilegal da medicina, mostrou seu diploma, dizendo mais ou menos o seguinte: "Sou médico, mas se como tal tivesse me anunciado, não teria conseguido a clientela que tenho como curandeiro; mas, agora, quando meus pacientes souberem que estudei medicina e que possuo o título de médico, fugirão de mim para um curandeiro que lhes ofereça a garantia de não ter estudado, de curar por inspiração." É que o médico fica desacreditado se se provar que não possui diploma nem fez estudos, e o curandeiro fica desacreditado se se provar que os fez e é médico diplomado. Porque uns creem na ciência, no estudo, e outros creem na pessoa, na inspiração e até na ignorância.

"Há uma distinção na geografia do mundo que se nos apresenta quando estabelecemos os diferentes pensamentos e desejos dos homens com respeito à sua religião. Lembremos que o mundo todo está, em geral, dividido em dois hemisférios, no que diz respeito a isso. Uma metade do mundo, o grande Oriente obscuro, é místico. Insiste em não ver coisa alguma demasiado clara. Coloquem distinta e claramente qualquer uma das grandes ideias da vida, e imediatamente parece ao oriental que não é verdadeira. Tem um instinto que lhe diz que os mais vastos pensamentos são demasiado vastos para a mente humana, e que, se se apresentam em forma de expressão que a mente humana possa compreender, violenta-se sua natureza e perde-se sua força. Por outro lado, o Ocidente exige clareza e se impacienta com o mistério. Gosta de uma proposição definida tanto quanto seu irmão do Oriente desgosta. Insiste em saber o que significam para sua vida pessoal as forças eternas e infinitas, como vão torná-lo pessoalmente mais feliz e melhor e quase como devem construir a casa que lhes dê abrigo e como devem cozinhar a comida no fogão... Sem dúvida, há exceções: místicos em Boston e Saint Louis, homens que se atem aos fatos em Bombaim e Calcutá. Ambas as disposições de espírito não podem estar separadas uma da outra por um oceano ou uma cordilheira. Em certas nações e terras, por exemplo entre os judeus e em nossa própria Inglaterra, misturam-se muito. Mas, em geral, dividem assim o mundo. O Oriente crê no luar do mistério; o Ocidente, no meio-dia do fato científico. O Oriente pede ao Eterno vagos impulsos; o Ocidente pega o presente com mão ligeira e não quer soltá-lo enquanto não lhe forem dados motivos razoáveis, inteligíveis. Cada um deles entende mal o outro, desconfia dele e, até, em grande parte, o despreza. Mas ambos os hemisférios juntos, e não um deles por si, formam o mundo todo." Assim disse num de seus sermões o reverendo Philips Brooks, o grande pregador unitarista, que foi bispo de Massachusetts[2].

Poderíamos melhor dizer que no mundo todo, tanto no Oriente como no Ocidente, os racionalistas buscam a definição e creem no conceito, enquanto os vitalistas buscam a inspiração e creem na pessoa. Uns estudam o Universo para arrancar-lhe seus segredos; outros rezam à Consciência do Universo, procuram pôr-se em relação imediata com a alma do mundo, com Deus, para encontrar garantia ou substância para o que esperam, que é não morrer, e demonstração do que não veem.

Como a pessoa é uma vontade, e a vontade se refere sempre ao porvir, quem crê, crê no que virá, isto é, no que espera. Não se crê, a rigor, no que é e no que foi, senão como garantia, como substância do que será. O cristão crer na ressurreição de Cristo, isto é, crer na tradição e no Evangelho – e ambos são potências pessoais – que lhe dizem que Cristo ressuscitou, é crer que ele mesmo ressuscitará um dia pela graça de Cristo. Até a fé científica, pois ela existe, refere-se ao porvir e é ato de confiança. O homem de ciência crê que em tal dia vindouro se verificará um eclipse do Sol, crê que as leis que até hoje regeram o mundo continuarão regendo-o.

Crer, volto a dizer, é dar crédito a alguém, e se refere a uma pessoa. Digo que sei que há um animal chamado cavalo, que tem estas ou aquelas características, porque eu o vi, e que creio na existência do animal chamado girafa ou ornitorrinco, que é assim ou assado, porque creio nos que garantem tê-lo visto. Eis o elemento de incerteza que a fé traz consigo, pois uma pessoa pode se enganar e nos enganar.

Mas, por outro lado, a esse elemento pessoal da crença dá um caráter afetivo, amoroso, sobretudo na fé religiosa, referir-se ao que se espera. Dificilmente há quem tenha sacrificado a vida para sustentar que os três ângulos de um triângulo equivalem a dois ângulos retos, pois essa verdade não necessita do sacrifício da nossa vida. Em compensação, muitos a perderam por sustentar sua fé religiosa, e o fato é que os mártires fazem a fé muito mais que a fé faz os mártires. Pois a fé não é mera adesão do intelecto a um princípio abstrato, não é o reconhecimento de uma verdade teórica em que a vontade apenas nos leva a entender; a fé é coisa da vontade, é movimento do espírito para uma verdade prática, para uma pessoa, para algo que nos faz viver e não tão somente compreender a vida[3].

A fé nos faz viver mostrando-nos que a vida, ainda que dependa da razão, tem em outra parte seu manancial e sua força, em algo sobrenatural e maravilhoso. Um espírito singularmente equilibrado e bem nutrido de ciência, o do matemático Cournot, já disse que é a tendência ao sobrenatural e ao maravilhoso que dá vida e que, na falta dela, todas as especulações da razão levam apenas à aflição do espírito[4]. É que queremos viver.

No entanto, mesmo se dizemos que a fé é coisa da vontade, melhor seria dizer, talvez, que é a vontade mesma, a vontade de não morrer, ou, antes, outra potência anímica distinta da inteligência, da vontade e do sentimento. Teríamos, pois, o sentir, o conhecer, o querer e o crer, ou seja, criar. Porque nem o sentimento, nem a inteligência, nem a vontade criam, mas se exercem sobre a matéria já dada, sobre a matéria dada pela fé. A fé é o poder criador do homem. Contudo, como ela tem uma relação mais íntima com a vontade do que com qualquer outra das potências, nós a apresentamos em forma volitiva. Advirta-se, todavia, que querer crer, isto é, querer criar, não é precisamente crer ou criar, embora seja, sim, começo disso.

Portanto, a fé, se não é potência criativa, é flor da vontade e de seu ofício: criar. A fé cria, de certo modo, seu objeto. E a fé em Deus consiste em criar Deus; e como é Deus quem nos dá a fé Nele, é Deus que está criando a si mesmo continuamente em nós. Por isso, disse santo Agostinho: "Procurar-te-ei, Senhor, invocando-te, e invocar-te-ei crendo em Ti. Invoca-te, Senhor, minha fé, a fé que me deste, que me inspiraste com a humanidade de teu Filho, pelo ministério de teu pregador"[5]. O poder de criar um Deus à nossa imagem e semelhança, de personalizar o Universo, não significa outra coisa senão que trazemos Deus dentro de nós, como substância do que esperamos, e que Deus nos está continuamente criando à sua imagem e semelhança.

E se cria Deus, isto é, cria-se Deus a si mesmo em nós, pela compaixão, pelo amor. Crer em Deus é amá-Lo e temê-Lo com amor; começa-se a amá-Lo antes mesmo de conhecê-Lo e é amando-O que se acaba vendo-O e descobrindo-O em tudo.

Os que dizem crer em Deus e não O amam nem O temem não creem Nele, mas naqueles que lhes ensinaram que Deus existe; estes, por sua vez, com enorme frequência, tampouco creem Nele. Os que sem paixão de espírito, sem angústia, sem incerteza, sem dúvida, sem o desespero no consolo, creem crer em Deus, creem apenas na ideia de Deus, mas não em Deus mesmo. E assim como se crê Nele por amor, pode-se também crer por temor e até por ódio, como cria Nele o ladrão Vanni Fucci, que Dante faz insultá-lo com torpes gestos no Inferno[6]. Pois também os demônios e muitos ateus creem em Deus.

Acaso não é uma maneira de crer Nele essa fúria com que o negam e até o insultam aqueles que não querem que Ele exista, já que não conseguem crer Nele? Querem que exista, como querem os crentes; mas, sendo homens fracos e passivos, ou maus, em quem a razão pode mais que a vontade, sentem-se arrastados por aquela, bem a seu íntimo pesar, desesperam-se e negam por desespero e, ao negar, afirmam que creem o que negam; e Deus se revela neles, afirmando-se pela negação de si mesmo.

No entanto, dir-me-ão a tudo isto que ensinar que a fé cria seu objeto é ensinar que esse objeto não o é senão para a fé, que carece de realidade objetiva fora da própria fé; como, por outro lado, sustentar que a fé faz falta para conter ou para consolar o povo é declarar ilusório o objetivo da fé. O certo é que crer em Deus é, hoje, antes de tudo e sobretudo, para os crentes intelectuais, querer que Deus exista.

Querer que Deus exista e conduzir-se e sentir-se como se existisse. É por esse caminho, de querer sua existência e agir conforme tal desejo, que criamos Deus, ou seja, é assim que Deus se cria em nós, que se manifesta, abre-se e revela-se a nós. Porque Deus sai ao encontro de quem o busca com amor e por amor, e se furta a quem o inquire por fria razão não amorosa. Deus quer que o coração descanse, mas não a cabeça, já que na vida física a cabeça às vezes dorme e descansa, ao passo que o coração vela e trabalha incessantemente. Assim, a ciência sem amor nos afasta de Deus, e o amor, mesmo sem ciência e, talvez, melhor sem ela, nos leva a Deus; e, por Deus, à sabedoria. Bem-aventurados os puros de coração, porque verão a Deus!

Se me perguntarem como creio em Deus, isto é, como Deus se cria em mim mesmo e a mim se revela, terei talvez que fazer sorrir, rir ou escandalizar-se quem perguntar.

Creio em Deus como creio em meus amigos, por sentir o alento de seu carinho e sua mão invisível e intangível que me traz, me leva e me aperta, por ter íntima consciência de uma providência particular e de uma mente universal que traça meu próprio destino. E o conceito da lei – conceito, enfim! – nada me diz, nem me ensina.

Vez ou outra, durante a minha vida, vi-me em suspensão sobre o abismo; uma vez ou outra encontrei-me diante de encruzilhadas em que se me abria um leque de veredas; tomando uma delas renunciava às demais, pois os caminhos da vida são irreversíveis; vez ou outra, em tais únicos momentos, senti o impulso de uma força consciente soberana e amorosa. E abre-se a vereda do Senhor.

Uma pessoa pode sentir que o Universo a chama e a guia como uma pessoa guia outra, pode ouvir dentro de si a própria voz, sem palavras, que lhe diz: "Vá e pregue para todos os povos!" Como você pode saber que um homem que está à sua frente tem uma consciência como a sua e que também a tem, mais ou menos obscura, um animal, e não uma pedra? Pela maneira como o homem, a modo de homem, à sua semelhança, se conduz com você e pela maneira como a pedra não se conduz com você, mas sofre sua conduta. Pois assim creio que o Universo tem uma certa consciência como eu, pela maneira como humanamente se conduz comigo, e sinto que uma personalidade me envolve.

Aí está uma massa informe. Parece uma espécie de animal, não se distinguem seus membros; só vejo os olhos,

olhos que me fitam com expressão humana, de semelhante, expressão que me pede compaixão, e ouço que respira. Concluo que, naquela massa informe, há uma consciência. Assim, e não de outro modo, o céu estrelado fita o crente, com olhar sobre-humano, divino, que lhe pede suprema compaixão e amor supremo, e ouve na noite serena a respiração de Deus que lhe toca o âmago do coração e se revela a ele. É o Universo que vive, ama e pede amor.

De amar essas pequenas coisas extraordinárias, que se vão como vieram, sem ter por nós apego algum, passamos a amar as coisas mais permanentes e que não se podem agarrar com as mãos; de amar os bens passamos a amar o Bem; das coisas belas, a Beleza; do verdadeiro, a Verdade; de amar os gozos, a amar a Felicidade e, por último, a amar o Amor. Alguém sai de si para penetrar mais em seu Eu supremo; a consciência individual sai de nós para submergir na Consciência total de que faz parte, mas sem dissolver-se nela. E Deus não é senão o Amor que surge da dor universal e se faz consciência.

Isso também, dir-se-á, é mover-se num círculo de ferro e como Deus não é objetivo. Conviria aqui dar à razão seu papel e examinar o que é essa questão de que uma coisa existe, de que é objetiva.

De fato, que é existir e quando dizemos que uma coisa existe? Existir é colocar-se algo de tal modo fora de nós, que preceda nossa percepção dele e possa subsistir quando desaparecemos. E por acaso estou seguro de que algo me precedeu ou de que algo irá sobreviver a mim? Pode minha consciência saber que há algo fora dela? O que conheço ou posso conhecer está em minha consciência. Não nos enredemos, pois, no insolúvel problema de outra objetividade de nossas percepções; digamos que existe o que age e que existir é agir.

Aqui voltarão a dizer que não é Deus, mas a ideia de Deus que age em nós. Diremos que é Deus por sua ideia, e, mais ainda, frequentemente por si mesmo. Vão replicar pedindo-nos provas da verdade objetiva da existência de Deus, já que pedimos sinais. E teremos de perguntar como Pilatos: "Que é a verdade?"

De fato, Pilatos assim perguntou e, sem esperar resposta, lavou as mãos, para escusar-se por ter deixado Cristo ser condenado à morte. Assim muitos perguntam o que é a verdade, sem ânimo algum de receber resposta, só para lavar as mãos do crime de ter contribuído para matar Deus em sua consciência ou nas consciências alheias,

Que é verdade? Há duas classes de verdade, a lógica ou objetiva, cujo contrário é o erro, e a moral ou subjetiva, à qual se opõe a mentira. Já em outro ensaio, procurei demonstrar como o erro é filho da mentira[7].

A verdade moral, caminho para chegar à outra, também moral, ensina-nos a cultivar a ciência, que é, antes de mais nada e sobretudo, uma escola de sinceridade e de humildade. A ciência nos ensina, de fato, a submeter nossa razão à verdade e a conhecer e julgar as coisas como elas são, isto é, como querem ser, não como queremos que elas sejam. Numa pesquisa religiosamente científica, são os próprios dados da realidade, são as percepções que recebemos do mundo que, em nossa mente, chegam a formular-se em lei; não somos nós que as formulamos. São os próprios números que fazem matemática em nós. A ciência é a mais proficiente escola de resignação e de humildade, pois nos ensina a nos dobrarmos diante do fato aparentemente mais insignificante. Ela é o pórtico da religião; mas, dentro desta sua função se acaba.

O fato é que, assim como há verdade lógica, a que se opõe o erro, e verdade moral, a que se opõe a mentira, também há verdade estética ou verossimilhança, a que se opõe o disparate; e verdade religiosa, ou de esperança, a que se sobrepõe à inquietude da desesperança absoluta. Pois se nem a verossimilhança estética, a do que se deve exprimir com sentido, é a verdade lógica, a verdade do que se demonstra com razões, nem a verdade religiosa, a da fé, a substância do que se espera, equivale à verdade moral, mas sim a ela se sobrepõe. Quem afirma sua fé com base na incerteza não mente nem pode mentir.

Não só não se crê com a razão, nem também sobre a razão ou por baixo dela, mas se crê contra a razão. A fé religiosa, é bom dizer mais uma vez, não é apenas irracional, é antirracional. "A poesia é a ilusão antes do conhecimento; a religiosidade, a ilusão depois do conhecimento. A poesia e a religiosidade suprimem o *vaudeville* da mundana sabedoria do viver. Todo indivíduo que não vive ou poética, ou religiosamente, é um tolo." Assim nos diz Kierkegaard[8], o mesmo que também nos diz que o cristianismo é uma saída desesperada. Assim é, mas só mediante o desespero dessa saída podemos alcançar a esperança, essa esperança cuja ilusão vitalizadora sobrepuja qualquer conhecimento racional, dizendo-nos que há sempre algo irredutível à razão. E desta, da razão, pode-se dizer o que se disse de Cristo: quem não está com ela, está contra ela. O que não é racional é antirracional. Assim é a esperança.

Por todo esse caminho chegamos sempre à esperança.

O mistério do amor, que é mistério de dor, tem uma forma misteriosa, que é o tempo. Ligamos o ontem ao amanhã com elos de ânsia, e o agora, a rigor, não é outra coisa que o esforço do antes para tornar-se depois; não é o presente, mas o empenho do passado por tornar-se futuro. O agora é um ponto que, mal é pronunciado, se dissipa; contudo, nesse ponto está toda a eternidade, substância do tempo.

O que foi já não pode ser senão como foi, o que é já não pode ser senão como é; o possível fica sempre relegado ao vindouro, único reino de liberdade, em que a imaginação, força criadora e libertadora, carne da fé, se move à vontade.

O amor visa e tende sempre ao porvir, pois sua obra é a obra de nossa perpetuação, É próprio do amor esperar, e só de esperanças se mantém. Assim que o amor vê realizado seu anseio, entristece-se e descobre de imediato que não é seu fim próprio aquele a que tendia, e que Deus colocou-o como chamariz para mover a obra; que seu fim está mais além, e empreende de novo, atrás dele, sua laboriosa corrida de enganos e desenganos vida afora. Vai colecionando recordações de suas esperanças fracassadas, tirando dessas recordações novas esperanças. A pedreira das divisões de nosso porvir está nos subterrâneos de nossa memória; com recordações, a imaginação nos forja esperanças. A humanidade é como uma moça cheia de anseios, faminta de vida e sedenta de amor, que tece seus dias com sonhos; e espera, espera sempre, espera sem cessar o amante eterno, que por lhe estar destinado desde sempre, desde muito antes de suas remotas recordações, desde além do berço na direção do passado, viverá com ela e para ela, depois de depois, até muito mais além de suas remotas esperanças, até além-túmulo, na direção do porvir. O desejo mais caritativo para com essa pobre enamorada é, como para com a moça que espera sempre seu amado, que as doces esperanças da primavera de sua vida se convertam, no inverno dela, em recordações mais doces ainda, recordações geradoras de novas esperanças. Que essência de aprazível felicidade, de resignação ao destino deve dar, nos dias de nosso sol mais breve a recordação de esperanças que ainda não se realizaram e que, por não se terem realizado, conservam sua pureza!

O amor espera, espera sempre sem nunca se cansar de esperar, e o amor a Deus, nossa fé em Deus, é, antes de mais nada, esperança Nele. Porque Deus não morre, e quem espera viverá sempre em Deus. E nossa esperança fundamental, a raiz e o tronco de todas as nossas esperanças, é a esperança da vida eterna.

Se a fé é a substância da esperança, esta é, por sua vez, a forma da fé. A fé, antes de nos dar esperança, é uma fé informe, vaga, caótica, potencial, não é mais que a possibilidade de crer, anseio de crer. Mas é preciso crer em algo, e se crê no que se espera, se crê na esperança. Recorda-se o passado, conhece-se o presente, só se crê no porvir. Crer no que não vimos é crer no que veremos. Portanto, repito, a fé é fé na esperança: cremos no que esperamos.

O amor nos faz crer em Deus, em quem esperamos e de quem esperamos a vida futura; o amor nos faz crer no que o sonho da esperança nos cria.

A fé é nosso anseio pelo eterno, por Deus, e a esperança é o anseio de Deus, do eterno, de nossa divindade, que vem ao encontro daquela e nos eleva. O homem aspira a Deus pela fé e lhe diz: "Creio; dai-me, Senhor, em que crer!" E Deus, sua divindade, manda-lhe a esperança em outra vida para que creia nela. A esperança é o prêmio da fé. Só quem crê espera a verdade e só o que dá a verdade espera, crê. Não cremos senão no que esperamos, não esperamos senão no que cremos.

Foi a esperança que chamou a Deus de Pai, é ela que continua lhe dando esse nome prenhe de consolo e de mistério. O pai nos deu a vida e nos dá o pão para mantê--la, ao pai pedimos que no-la conserve. Se Cristo foi aquele que, de coração mais cheio e de boca mais pura, chamou de Pai o seu e nosso Pai, se o sentimento cristão se eleva no sentimento da paternidade de Deus, é porque a linhagem humana sublimou em Cristo sua fome de eternidade.

Dirão talvez que esse anseio da fé, que essa esperança é, mais que outra coisa, um sentimento estético. Talvez este também o anime, mas sem satisfazê-lo de todo.

De fato, na arte, buscamos um arremedo de eternização. Se o espírito se tranquiliza por um momento no belo, descansa e se alivia, já que não se cura sua angústia, é por ser o belo revelação do eterno, do divino das coisas, e a beleza não é mais que perpetuação da momentaneidade. Pois assim como a verdade é o fim do conhecimento racional, também a beleza é o fim da esperança, talvez irracional em seu fundo.

Nada se perde, nada passa de todo, pois tudo se perpetua de uma maneira ou de outra, e tudo, depois de passar pelo tempo, volta para a eternidade. O mundo temporal tem raízes na eternidade, e nesta estão juntos o ontem, o hoje e o amanhã. As cenas passam diante de nós como num cinematógrafo, mas a fita permanece una e inteira para além do tempo.

Dizem os físicos que não se perde um só pedaço de matéria, nem um só golpe de força, mas ambos se transformam e se transmitem, persistindo. E por acaso se perde alguma forma, por mais fugidia que seja? Devemos crer – crer e esperar! – que também não, que em alguma parte ela fica arquivada e perpetuada; que há um espelho de eternidade em que se somam, sem se perderem umas nas outras, todas as imagens que desfilam pelo tempo. Toda impressão que chega até mim fica armazenada em meu cérebro, muito embora seja tão fundo ou com tão pouca força que se engolfe nas profundezas da minha subsconsciência. Mas dali anima minha vida, e, se todo o meu espírito, se o conteúdo total da minha alma se me tornasse consciente, ressurgiriam todas as impressões fugidias esquecidas, apenas percebidas, e também as que me passaram inadvertidas. Levo dentro de mim tudo o que desfilou diante de mim e comigo o perpetuo; talvez tudo isso vá em meus germes, talvez vivam em mim por inteiro todos os meus antepassados, e viverão, juntamente comigo, em meus descendentes. Talvez eu vá, todo eu, com todo esse meu universo, em cada uma de minhas obras, ou pelo menos talvez vá nelas o essencial de mim, o que me faz ser eu, minha essência individual.

E essa essência individual de cada coisa, o que a faz ser ela e não outra, como se nos revela, senão como beleza? Que é a beleza de algo, se não é seu fundo eterno, o que une seu passado a seu porvir, o que dele repousa e permanece nas entranhas da eternidade? Ou o que é, antes, senão a revelação de sua divindade?

Essa beleza, que é a raiz de eternidade, nos é revelada pelo amor, e é a maior revelação do amor de Deus, é o sinal de que vamos vencer o tempo. O amor é que nos revela o eterno, o nosso e o de nossos próximos.

E o belo, o eterno das coisas, que desperta e acende nosso amor por elas, ou é nosso amor pelas coisas que nos revela o belo, o eterno delas? Não é acaso a beleza uma criação do amor, do mesmo modo que o mundo sensível o é do instinto de conservação, e o supersensível, do de perpetuação, e no mesmo sentido? Não é a beleza, e a eternidade com ela, uma criação do amor? "Mesmo que o nosso homem exterior se corrompa" – escreve o Apóstolo, II. Cor., 4:16 – "contudo o nosso homem interior se renova dia a dia". O homem das aparências que passam se desgasta e com elas passa; mas o homem da realidade permanece e cresce. "Porque a nossa leve e momentânea tripulação produz para nós eterno peso de glória, acima de toda comparação" (vers. 17). Nossa dor nos angustia, e a angústia, ao eclodir da plenitude de si mesma, parece-nos consolo. "Não atentando nós nas coisas que se veem, mas nas que não se veem; porque as que se veem são temporais, e as que não se veem são eternas" (vers. 18).

Essa dor dá esperança, o que é o belo da vida, a suprema beleza, ou seja, o supremo consolo. E como o amor é dor, é compaixão, sendo tão só o consolo temporal que esta busca para si. Trágico consolo. A suprema beleza é a da tragédia. Angustiados ao sentir que tudo passa, que nós passamos, que passa o que é nosso, o que nos rodeia, a própria angústia nos revela o consolo do que não passa, do eterno, do formoso.

Essa formosura assim revelada, essa perpetuação da momentaneidade só se realiza praticamente, só vive por obra da caridade. A esperança na ação é a caridade, assim como a beleza na ação é o bem.

*
* *

A raiz da caridade que eterniza o que ama e nos revela a beleza nela oculta, dando-nos o bem, é o amor a Deus, ou, se quiserem, a caridade para com Deus, a compaixão por Deus. O amor, a compaixão, personaliza tudo, dissemos; ao descobrir o sofrimento em tudo e personalizando tudo, personaliza também o próprio Universo, que também sofre, e nos descobre Deus. Porque Deus se nos revela por sofrer e por sofrermos; por sofrer, exige nosso amor, e, por sofrermos, nos dá o seu e cobre nossa angústia com a angústia eterna e infinita.

Foi esse o escândalo do cristianismo entre judeus e helenos, entre fariseus e estoicos, e esse que foi seu escândalo, o escândalo da cruz, continua sendo e continuará a sê-lo ainda entre cristãos: o escândalo de um Deus que se faz homem para padecer, morrer e ressuscitar por ter padecido e morrido, de um Deus que sofre e morre.

Essa verdade de que Deus padece, diante da qual sentem-se aterrados os homens, é a revelação das próprias entranhas do Universo e de seu mistério, que nos revelou ao enviar seu Filho para que nos redimisse, sofrendo e morrendo. Foi a revelação do divino da dor, pois só é divino o que sofre.

Os homens fizeram um deus de Cristo, que padeceu, e descobriram por ele a eterna essência de um Deus vivo, humano, isto é, que sofre – só não sofre o morto, o inumano –, que ama, que tem sede de amor, de compaixão, que é pessoa. Quem não conhece o Filho jamais conhecerá o Pai, e o Pai só se conhece pelo Filho; quem não conhecer o Filho do homem, que sofre angústias de sangue e dilaceramentos do coração, que vive com a alma triste até a morte, que sofre uma dor que mata e ressuscita, não conhecerá o Pai, nem saberá do Deus paciente.

Quem não sofre, e não sofre porque não vive, é esse lógico e congelado *ens realissimum*, é o *primum movens*, é essa entidade impassível e, por ser impassível, não mais que pura ideia. A categoria não sofre, mas tampouco vive ou existe como pessoa. E como vai fluir e viver o mundo a partir de uma ideia impassível? Não seria senão ideia do próprio mundo. Mas o mundo sofre, e o sofrimento é sentir a carne da realidade, é sentir a magnitude do espírito, é tocar-se, é a realidade imediata.

A dor é a substância da vida e a raiz da personalidade, pois só sofrendo se é pessoa. O universal, aquilo que une todos os seres, é a dor, o sangue universal ou divino que por todos circula. Isso a que chamamos vontade, que mais é, senão dor?

E a dor tem seus graus, conforme se aprofunda; desde aquela dor que flutua no mar das aparências, até a eterna angústia, a fonte do sentimento trágico da vida, que vai pousar no fundo do eterno e ali desperta o consolo;

desde aquela dor física que nos faz retroceder o corpo até a angústia religiosa, que nos faz deitar-nos no seio de Deus e receber ali o fluxo de suas lágrimas divinas.

A angústia é algo muito mais profundo, mais íntimo e mais espiritual do que a dor. O homem costuma sentir-se angustiado até no meio do que chamamos felicidade e pela felicidade mesma, à qual não se resigna e ante a qual treme. Os homens felizes, que se resignam à sua sina aparente, a uma sorte passageira, crer-se-ia serem homens sem substância, ou, pelo menos, que não a descobriram em si, que não a tocaram. Tais homens costumam ser impotentes para amar e serem amados, vivendo, no fundo de si, sem pena nem glória.

Não há verdadeiro amor senão na dor, e neste mundo é necessário escolher ou o amor, que é dor, ou a sina. O amor não nos leva a outra sorte que as do próprio amor e seu trágico consolo de esperança incerta. A partir do momento em que o amor se faz feliz, se satisfaz, já não deseja e já não é amor. Os satisfeitos, os felizes, não amam; acomodam-se ao costume, contíguo da anulação. Acostumar-se já é começar a não ser. O homem é tanto mais homem, isto é, tanto mais divino, quanto mais capacidade para o sofrimento, ou, melhor dizendo, para a angústia, tiver.

Ao virmos ao mundo, nos é dado escolher entre o amor e a felicidade, e queremos – pobres de nós! – ambos: a ventura de amar e o amor da ventura. Mas devemos pedir que se nos dê amor, e não ventura, que não se nos deixe adormecer no costume, pois poderíamos dormir de todo e, sem despertar, perder a consciência para não mais a recobrar. Há que pedir a Deus que um se sinta em si mesmo, em sua dor.

Que é o Fado, que é a Fatalidade, senão a irmandade do amor e da dor; e esse terrível mistério de que, tendendo o amor à felicidade, assim que a toca morre, e morre com ele a verdadeira felicidade? O amor e a dor se geram mutuamente, o amor é caridade e compaixão, e amor que não é caritativo não é tal amor, O amor, enfim, é o desespero resignado.

Aquilo que os matemáticos chamam de problema de máximos e mínimos, o que também se chama lei de economia, é a fórmula de todo movimento existencial, isto é, passional. Em mecânica material e na mecânica social, em indústria e em economia política, todo o problema se reduz a alcançar o maior resultado útil possível com o menor esforço possível, o máximo de retorno com o mínimo de gastos, o máximo de prazeres com o mínimo de dores. E a fórmula terrível, trágica, da vida íntima espiritual é: ou conseguir o máximo de contentamento com o mínimo de amor, ou o máximo de amor com o mínimo de contentamento. É preciso escolher entre uma coisa e outra. Pode-se estar seguro de que quem se aproximar do infinito do amor, do amor infinito, aproxima-se do zero de felicidade, da suprema angústia. E, chegando a esse zero, está fora da miséria que mata. "Não sejas e poderás mais que tudo o que é", diz mestre frei Juan de los Angeles num de seus *Diálogos*[9].

E há algo mais angustiante que o sofrer.

Esperava aquele homem, ao receber o temido golpe, sofrer tanto, a ponto de sucumbir ao sofrimento. Veio o golpe, e ele mal sentiu dor; mas, depois, voltando a si, ao sentir-se insensível, foi presa de espanto, de um trágico espanto, do mais espantoso, e gritou sufocando de angústia: "Será que não existo?" Que mais aterraria você: sentir uma dor que o privasse de sentido ao atravessarem suas entranhas um ferro candente, ou ver que as atravessavam assim, sem você sentir dor alguma? Nunca você sentiu o espanto, o horrendo espanto, de sentir-se sem lágrimas e sem dor? A dor nos diz que existimos, a dor nos diz que existem aqueles que amamos; a dor nos diz que Deus existe e sofre; mas é a dor da angústia, da angústia de sobreviver e ser eternos. A angústia descobre-nos Deus e nos faz querê-lo.

Crer em Deus é amá-Lo, e amá-Lo é senti-Lo sofrendo, compadecer-se Dele.

Talvez pareça blasfêmia dizer que Deus sofre, pois o sofrimento implica limitação. No entanto, Deus, a consciência do Universo, está limitado pela matéria bruta em que vive, pelo inconsciente, de que procura libertar-se e libertar-nos. E nós, por nossa vez, devemos tratar de libertá-lo dela. Deus sofre em todos e em cada um de nós; em todas e em cada uma das consciências, presas da matéria passageira, e todos sofremos Nele. A angústia religiosa não é senão o divino sofrimento, sentir que Deus sofre em mim e que eu sofro Nele.

A dor universal é a angústia de tudo por ser tudo o mais sem poder consegui-lo, de ser cada um o que é, sendo ao mesmo tempo o que não é e sendo-o para sempre. A essência de não ser não é apenas um empenho em permanecer para sempre, como nos ensinou Spinoza, mas, além disso, o empenho em universalizar-se; é a fome e a sede de eternidade e de infinitude. Todo ser criado tende não só a se conservar em si, como a se perpetuar e, além disso, a invadir todos os outros, a ser os outros sem deixar de ser ele, a ampliar seus limites ao infinito, mas sem rompê-los. Não quer romper seus muros e tornar tudo terra plana, comunal, indefesa, confundindo-se e perdendo sua individualidade, mas quer levar seus muros ao extremo do criado e abarcar tudo dentro deles. Quer o máximo de individualidade com o máximo, também, de personalidade; aspira a que o Universo seja ele, aspira a Deus.

Esse vasto eu, dentro do qual cada eu quer pôr o Universo, que é senão Deus? E por aspirar a Ele amo-O, sendo essa minha aspiração a Deus meu amor por Ele; e como sofro por ser Ele, também Ele sofre por ser eu e cada um de nós.

Bem sei que, apesar da minha advertência de que se trata aqui de dar forma lógica a um sistema de sentimentos ilógicos, mais de um leitor continuará escandalizando-se com o fato de eu lhe falar de um Deus paciente, que sofre, e de aplicar a Deus mesmo, enquanto Deus, a paixão de Cristo. O Deus da teologia chamada racional exclui, de fato, todo sofrimento. E o leitor pensará que esse sofrimento só pode ter um valor metafórico aplicado a Deus, como tem, dizem, quando o Antigo Testamento nos fala de paixões humanas do Deus de Israel. Pois não cabem cólera, ira e vingança sem sofrimento. E quanto ao que faz que sofra preso à matéria, dir-me-iam, com Plotino[10], que a alma não pode estar de todo presa por aquele mesmo – que são os corpos ou a matéria – que está por ela preso.

Nisso se inclui todo o problema da origem do mal, tanto do mal de culpa como do mal de sofrimento, pois se Deus não sofre, faz sofrer, e se sua vida – pois Deus vive – não é um ir tornando-se consciência total cada vez mais plena, isto é, cada vez mais Deus, é um ir levando as coisas todas até si, um ir dando-se a tudo, um fazer que a consciência de cada parte entre na consciência do todo, que é Ele mesmo, até chegar a ser Ele todo em todos, πάντα ἐν πᾶσι, segundo a expressão de São Paulo, o primeiro místico cristão. Mas disso falaremos no próximo ensaio, sobre a apocatástase, ou união beatífica.

Por ora, digamos que uma formidável corrente de dor impele uns seres em direção a outros, os faz amarem-se, buscarem-se e tratarem de completar-se, de ser cada um a si mesmo e aos outros ao mesmo tempo. Em Deus tudo vive e em seu padecimento tudo padece; ao amarmos a Deus, amamos Nele as criaturas, assim como, ao amarmos as criaturas e compadecermo-nos delas, amamos a Deus nelas e nos compadecemos Dele. A alma de cada um de nós não será livre enquanto houver algo escravo neste mundo de Deus; nem Deus, que vive na alma de cada um de nós, será livre enquanto nossa alma não for livre.

O mais imediato é sentir e amar minha própria miséria, minha angústia, compadecer-me de mim mesmo, ter amor por mim mesmo. Essa compaixão, quando é viva e superabundante, extravasa de mim para os demais, e do excesso de minha própria compaixão compadeço-me de meus próximos. A miséria própria é tanta, que a compaixão que me desperta para comigo mesmo logo me excede, revelando-me a miséria universal.

E a caridade que é, senão um excesso de compaixão? Que é, senão dor refletida, que supera e se põe a compadecer dos males alheios e a exercer caridade?

Quando o auge de nosso compadecimento nos traz a consciência de Deus em nós, preenche-nos tão grande angústia pela miséria divina derramada em tudo, que temos de vertê-la fora, e o fazemos em forma de caridade. Ao vertê-la assim, sentimos alívio e a doçura dolorosa do bem. Foi o que a mística doutora Teresa de Jesus, que de amores dolorosos entendia, chamou de "dor saborosa". É como o que contempla algo formoso e sente a necessidade de fazer dos demais partícipes dele. Porque o impulso à produção, em que consiste a caridade, é obra de amor doloroso.

De fato, sentimos uma satisfação em fazer o bem quando o bem nos sobra, quando estamos cheios de compaixão. E dela estamos cheios quando Deus, enchendo-nos a alma, nos dá a dolorosa sensação da vida universal, do anseio universal da divinização eterna. É que não estamos no mundo simplesmente postos junto dos outros, sem raiz comum com eles, nem sua sorte nos é indiferente, mas nos dói sua dor, nos angustiamos com sua angústia e sentimos nossa comunidade de origem e de dor mesmo sem a conhecer. São a dor, e a compaixão que dela nasce, que nos revelam a irmandade do que existe de vivo e mais ou menos consciente. "Irmão lobo", chamava são Francisco de Assis o pobre lobo que sente dolorosa fome de ovelhas e, talvez, a dor de ter de devorá-las; essa irmandade nos revela a paternidade de Deus, que Deus é Pai e existe. E, como Pai, ampara nossa miséria comum.

A caridade é, pois, o impulso de me libertar, de libertar todos os meus próximos da dor e de libertar Deus, impulso que abarca todos nós.

A dor é algo espiritual, é a revelação mais imediata da consciência, que talvez só nos tenha dado o corpo para dar ocasião a que a dor se manifestasse. Quem nunca tivesse sofrido, pouco ou muito, não teria consciência de si. O primeiro choro do homem ao nascer é quando o ar, entrando-lhe no peito e limitando-o, parece lhe dizer: "você tem de me respirar para poder viver!"

Devemos crer com a fé, ensine o que nos ensinar a razão, que o mundo material ou sensível, o mundo que os sentidos nos criam, não existe senão para encarnar e sustentar o outro mundo, o mundo espiritual ou imaginável, o mundo que a imaginação nos cria. A consciência tende a ser cada vez mais consciência, a conscientizar-se, a ter consciência plena de si mesma toda, de todo o seu conteúdo. Nas profundezas de nosso próprio corpo, nos animais, nas plantas, nas pedras, em tudo o que é vivo, no Universo todo, devemos crer com a fé, ensine o que nos ensinar a razão, que há um espírito que luta por se conhecer, por tomar consciência de si, por ser-se – pois ser-se é conhecer-se – por ser espírito puro. Como só pode conseguir isso mediante o corpo, ou mediante a matéria, cria-a e dela se serve ao mesmo tempo que nela fica preso. Uma pessoa só pode ver sua cara retratada num espelho, mas do espelho em que se vê fica preso para se ver, e se vê nele tal como o espelho o deforma, e se o espelho se quebra, quebra-se sua imagem, se o espelho se embaça, embaça-se sua imagem.

O espírito acha-se limitado pela matéria em que tem de viver e tomar consciência de si, da mesma maneira que o pensamento está limitado pela palavra, que é seu corpo social. Sem matéria não há espírito, mas a matéria faz o espírito sofrer, limitando-o. E a dor nada mais é que o obstáculo que a matéria ergue ante o espírito, o choque da consciência com o inconsciente.

De fato, a dor é a barreira que a inconsciência, ou seja, a matéria, ergue ante a consciência, ante o espírito; é a resistência à vontade, o limite que o Universo visível coloca a Deus, é o muro com que topa a consciência ao querer ampliar-se à custa da inconsciência, é a resistência que esta última coloca ao conscientizar-se.

Embora creiamos nisso pela força da autoridade, não sabemos que temos coração, estômago ou pulmões enquanto não doerem, oprimirem ou angustiarem. A dor física, ou pelo menos a moléstia, é o que nos revela a existência de nossas próprias entranhas. E assim ocorre também com a dor espiritual, com a angústia, pois não nos damos conta de que temos uma alma até esta nos doer.

É a angústia que faz a consciência voltar-se sobre si. O não angustiado conhece o que faz e o que pensa, mas não conhece deveras que o faz e o pensa. Pensa, mas não pensa que pensa, e seus pensamentos são como se não fossem seus. Tampouco ele é de si mesmo. Porque é só pela angústia, pela paixão de não morrer nunca, que um espírito humano se apropria de si mesmo.

A dor, que é um desfazimento, nos faz descobrir nossas entranhas, e no desfazimento supremo, o da morte, chegaremos pela dor da anulação às entranhas de nossas entranhas temporais, a Deus, que na angústia espiritual respiramos e aprendemos a amar.

É assim que se deve crer com a fé, ensine-nos o que nos ensinar a razão.

A origem do mal, como muitos já viram desde há muito, é tão só aquilo que, com outro nome, se chama inércia da matéria e, no espírito, preguiça. Por algum motivo se disse que a preguiça é a mãe de todos os vícios. Sem esquecer que a suprema preguiça é a de não ansiar loucamente a imortalidade.

A consciência, a ânsia de mais e mais, cada vez mais, a fome de eternidade e a sede de infinitude, o desejo de Deus, jamais se satisfazem; cada consciência quer ser ela e todas as demais sem deixar de ser ela, quer ser Deus. E a matéria, a consciência, tende a ser menos, cada vez menos; a não ser nada, sendo sua sede uma sede de repouso. O espírito diz: quero ser! E a matéria responde: "eu não quero!"

Na ordem da vida humana, o indivíduo, movido pelo mero instinto de conservação, criador do mundo material, tenderia à destruição, ao nada, não fosse a sociedade que, proporcionando-lhe o instinto de perpetuação, criador do mundo espiritual, leva-o e impele-o ao todo, a imortalizar-se. E tudo o que o homem faz como mero indivíduo, diante da sociedade, para se conservar, ainda que à custa dela, é ruim, e é bom o que faz como pessoa social, pela sociedade em que se inclui, para perpetuar-se nela e perpetuá-la. Muitos que parecem grandes egoístas e que a tudo atropelam para levar a cabo sua obra, não são mais que almas inflamadas e transbordantes de caridade, porque submetem e subjugam seu eu mesquinho ao eu social, que tem uma missão a cumprir.

Quem prende a obra do amor, da espiritualização, da libertação, a formas transitórias e individuais, crucifica Deus na matéria; crucifica Deus na matéria todo aquele que faz o ideal servir a seus interesses temporais, ou à sua glória mundana. Quem assim faz é um deicida.

A obra da caridade, do amor a Deus, é tratar de libertar da matéria bruta, tratar de espiritualizar, conscientizar ou universalizar tudo; é sonhar com que as pedras venham a falar e agir conforme esse sonho, que todo o existente se torne consciente, que o Verbo ressuscite.

Basta vê-lo no símbolo eucarístico. Aprisionaram o Verbo num pedaço de pão material, aprisionaram-no aí para que o comamos e, ao comê-lo, o façamos nosso, deste nosso corpo em que o espírito habita, para que se agite em nosso coração, pense em nosso cérebro e seja consciência. Aprisionaram-no nesse pão para que, enterrando-o em nosso corpo, ressuscite em nosso espírito.

Pois é necessário espiritualizar tudo. Isso se consegue dando a todos e a tudo meu espírito, que tanto mais aumenta quanto mais o reparto. E dar meu espírito é invadir o dos outros e apropriar-me deles.

Em tudo isso, é necessário crer com a fé, ensine-nos o que nos ensinar a razão...

*
* *

Agora vamos ver as consequências práticas de todas essas mais ou menos fantásticas doutrinas para a lógica, a estética e, sobretudo, a ética, sua concreção religiosa. Talvez poderá então achá-las mais justificadas quem, apesar de minhas advertências, houver buscado até aqui o desenvolvimento científico ou, pelo menos, filosófico de um sistema irracional.

Não creio ser supérfluo remeter mais uma vez o leitor ao que disse no final do sexto capítulo, aquele intitulado "No fundo do abismo"; mas agora nos aproximamos da parte prática ou pragmática de todo esse tratado. Mas falta-nos antes ver como o sentimento religioso pode concretizar-se na visão esperançosa de outra vida.

CAPÍTULO X
RELIGIÃO, MITOLOGIA DE ALÉM-TÚMULO E APOCATÁSTASE

> καὶ γὰρ ἴσως καὶ μάλιστα πρέπει
> μέλλοντα ἐκεῖσε ἀποδημεῖν διακοπεῖν τε καὶ
> μυθολογεῖν μερὶ τῆς ἀποδημίας ἐκεῖ, ποιαν
> τινὰ αὐτην οἰόμεθα εἶναι
>
> (Platão, *Fédon*)

O sentimento de divindade e de Deus, a fé, a esperança e a caridade Nele fundadas fundam por sua vez a religião. Da fé em Deus nasce a fé nos homens, da esperança Nele, a esperança nestes, e da caridade ou piedade para com Deus – pois, como Cícero disse, *est enim pietas iustitia adversum deos*[1] –, a caridade para com os homens. Em Deus se resume não só a Humanidade, mas todo o Universo, e este, espiritualizado e tornado íntimo, já que a fé cristã diz que Deus acabará sendo tudo em todos. Santa Teresa disse, e com mais áspero e desesperado sentido Miguel de Molinos repetiu, que a alma deve fazer de conta que não há senão ela e Deus.

E a relação com Deus, a união mais ou menos íntima com Ele, é o que chamamos de religião.

Que é a religião? Em que se diferencia da religiosidade e que relações permeiam entre ambas? Cada um define a religião conforme a sinta em si mais ainda que conforme a observe nos demais, não cabendo defini-la sem senti-la de um modo ou de outro. Dizia Tácito[2], falando dos judeus, que era profano para estes tudo o que para eles, romanos, era sagrado, e, inversamente, era sagrado entre os judeus o que para os romanos era impuro: *profana illic omnia quae apud nos sacra, rursum conversa apud illos quae nobis incesta*. Então ele, o romano, chamar os judeus de gente submetida à superstição e contrária à religião, *gens superstitioni obnoxia, religionibus adversa*[3], e que, ao fixar-se no cristianismo, que conhecia muito mal e apenas distinguia do judaísmo, o repute uma perniciosa superstição, *existialis superstitio*, devida ao ódio ao gênero humano, *odium generis humani*[4]. Assim Tácito e muitos com ele. Mas onde acaba a religião e começa a superstição? Ou, talvez, onde acaba esta para começar aquela? Qual o critério para as discernir?

De pouco nos serviria recapitular aqui, nem mesmo sumariamente, as principais definições que foram dadas da religião, segundo o sentimento de cada definidor. A religião, mais que se define, descreve-se e, mais que se descreve, sente-se. Mas se alguma dessas definições ficou recentemente em voga, foi a de Schleiermacher, de que ela é o simples sentimento de uma relação de dependência com algo superior a nós e o desejo de entabular relações com essa misteriosa potência. Também não é má aquela definição de W. Hermann (na obra já citada) de que o anseio religioso do homem é o desejo da verdade de sua existência humana. Para encerrar com testemunhos alheios citarei o do ponderado e clarividente Cournot, ao dizer que "as manifestações religiosas são a consequência necessária da inclinação do homem a crer na existência de um mundo invisível, sobrenatural e maravilhoso, inclinação que se pôde encarar, já como reminiscência de um estado anterior, já como pressentimento de um destino futuro"[5]. E eis-nos no problema do destino futuro: a vida eterna, ou seja, a finalidade humana do Universo, ou seja, de Deus. A ela se chega por todos os caminhos religiosos, pois é a essência mesma de toda religião.

A religião, desde a do selvagem que personaliza no fetiche todo o Universo, parte, de fato, da necessidade vital de dar finalidade humana ao Universo, a Deus, para o que, portanto, é necessário atribuir-lhe consciência de si e de seu fim. E cabe dizer que não é a religião, mas sim a união com Deus, cada qual sentindo-a da maneira como sentir. Deus dá sentido e finalidade transcendentes à vida, mas os dá em relação com cada um de nós que Nele cremos. Assim, Deus é para o homem tanto quanto o homem é para Deus, já que se deu ao homem fazendo-se homem, humanizando-se, por amor a ele.

Esse anseio religioso de nos unirmos a Deus não é nem por ciência, nem por arte, é por vida. "Quem possui ciência e arte tem religião; quem não possui nem uma, nem outra, tenha religião", dizia Goethe num de seus muito frequentes acessos de paganismo. Apesar de que dizia, ele, Goethe...

Desejarmos unir-nos a Deus não é nos perdermos e nos anularmos Nele, pois perder-se e anular-se é sempre ir-se desfazer no sonho sem sonhos do nirvana, é possuí--Lo, em vez de sermos por Ele possuídos. Quando, em vista da impossibilidade humana de um rico entrar no reino dos céus, indagavam a Jesus seus discípulos quem poderá salvar-se, e o Mestre lhes respondia que para os homens isso era impossível, mas não para Deus, Pedro lhe perguntou: "Eis que nós tudo deixamos e te seguimos: que será, pois, de nós?" Jesus não respondeu que se anulariam no Pai, mas que sentariam "em doze tronos para julgar as doze tribos de Israel" (Mat., 19:23-26).

Foi um espanhol, e muito espanhol, Miguel de Molinos, que disse: "Aquele que chegar à ciência mística deverá renegar e desprender-se de cinco coisas: a primeira, das criaturas; a segunda, das coisas temporais; a terceira, dos próprios dons do Espírito Santo; a quarta, de si mesmo; a quinta, deve desprender-se do próprio Deus." E acrescenta que "esta última é a mais perfeita, porque a alma que sabe assim desprender-se é a que chega a perder-se em Deus, e só a que chega a perder-se é a que acerta em achar-se"[6]. Muito espanhol Molinos, sim, e não menos espanhola essa paradoxal expressão de quietismo, ou, antes, de niilismo – já que ele mesmo fala de aniquilação em outra parte –; mas não menos, talvez até mais espanhóis os jesuítas que o combateram, defendendo o tudo contra o nada. Porque a religião não é anseio de aniquilar-se, mas de totalizar-se, é anseio de vida e não de morte. A "eterna religião das entranhas do homem [...], o devaneio individual do coração é o culto de seu ser, é a adoração da vida", como sentia o atormentado Flaubert[7].

Quando no começo da chamada Idade Moderna, com o Renascimento, ressuscita o sentimento religioso pagão, este toma forma concreta no ideal cavaleiresco, com seus códigos de amor e de honra. Mas um paganismo cristão, batizado. "A mulher, a dama" – a *donna* – "era a divindade daqueles ânimos rudes. Quem buscar nas memórias da primeira idade há de achar esse ideal da mulher em sua pureza e em sua onipotência: o Universo é a mulher. Assim foi nos primórdios da Idade Moderna na Alemanha, na França, na Provença, na Espanha, na Itália. Fez-se a história a essa imagem; figuravam-se troianos e romanos como cavaleiros andantes, do mesmo modo que os árabes sarracenos, turcos, o sultão e Saladino... Nessa fraternidade universal se acham os anjos, os santos, os milagrosos, o paraíso, em estranha mistura com o fantástico e voluptuoso do mundo oriental, tudo isso batizado com o nome de cavalaria." Assim escreve Francesco de Sanctis[8] que pouco antes nos diz que, para aqueles homens, "no próprio paraíso, o gozo do amante é contemplar sua dama" – *Madonna* – "e sem sua dama *não quereria ir além*". De fato, o que era a cavalaria que mais tarde Cervantes depurou e cristianizou em Dom Quixote, ao querer acabar com ela pelo riso, senão uma religião verdadeiramente monstruosa, híbrida de paganismo e cristianismo, cujo Evangelho talvez tenha sido a lenda de Tristão e Isolda? E a própria religião cristã dos místicos – esses cavaleiros andantes em direção ao divino – por ventura não culminou no culto à mulher divinizada, à Virgem Mãe? Que é a mariolatria de um são Boaventura, o trovador de Maria? Era o amor à fonte da vida, que nos salva da morte.

Mas avançando o Renascimento, passou-se dessa religião da mulher à religião da ciência; a concupiscência terminou no que já era, no fundo: em curiosidade, em ânsia de provar do fruto da árvore do bem e do mal. A Europa corria a aprender na Universidade de Bolonha. À cavalaria sucedeu o platonismo. Queria-se descobrir o mistério do mundo e da vida. Mas era, no fundo, para salvar a vida, que quis salvar-se com o culto à mulher. A consciência humana queria penetrar na Consciência Universal; mas, soubera-o ou não, era para salvar-se.

É que não sentimos e imaginamos a Consciência Universal – esse sentimento e essa imaginação são a religiosidade – senão para salvarmos, cada qual, nossas consciências. E como?

Tenho de repetir mais uma vez que o anseio da imortalidade da alma, da permanência, numa ou noutra forma, de nossa consciência pessoal e individual, é tão próprio da essência da religião como o anseio de que haja Deus. Um não ocorre sem o outro, porque, no fundo, os dois são uma só e mesma coisa. Mas, desde o momento em que tratamos de concretizar e racionalizar aquele primeiro anseio, de defini-lo para nós mesmos, surgem ainda mais dificuldades do que ao tratar de racionalizar Deus.

Para justificar, ante nossa própria pobre razão, o imortal anseio de imortalidade, Hase apelou também para o consenso humano: *Permanere animos arbitratur consensu nationum omnium*, dizia Cícero com os antigos[9]. Mas esse mesmo compilador de seus sentimentos confessava que, enquanto lia no *Fédon* platônico os raciocínios em prol da imortalidade da alma, concordava com eles; mas, assim que deixava o livro e começava a resolver em sua mente o problema, todo aquele assentimento lhe escapava, *assentio omnis illa illabitur*[10]. E o que ocorre com Cícero, ocorre a nós outros, ocorria com Swedenborg, o mais intrépido visionário de outro mundo, ao confessar que quem fala da vida extraterrena sem doutas cavilações relativas à alma ou a seu modo de união com o corpo, crê que, depois de morto, viverá em gozo e em visão esplêndidos, como um homem entre anjos; mas, quando se põe a pensar na doutrina da união da alma com o corpo, ou em hipóteses relativas àquela, surgem-lhe dúvidas sobre se a alma é assim ou assado, e, à medida que isto surge, a ideia anterior desaparece[11]. No entanto, "o que me toca, o que me inquieta, o que me consola, o que me leva à abnegação e ao sacrifício é o destino que aguarda a *mim* ou à *minha* pessoa, sejam quais forem a origem, a natureza, a essência do laço inacessível, sem o qual agrada aos filósofos determinar que minha pessoa se desvaneceria", como diz Cournot[12].

Vamos aceitar a fé pura e nua numa vida eterna sem tratarmos de a representar? Isso é impossível; não nos é factível afazer-nos a isso. No entanto, há quem se diga cristão e praticamente deixou de lado essa representação. Tomem um livro qualquer do protestantismo mais ilustrado, isto é, mais racionalista, mais cultural, a *Dogmatik* do doutor Julius Kaftan, por exemplo, e das 668 páginas de que consta sua sexta edição, a de 1909, só uma, a última, dedica-se a esse problema. Nessa página, depois de estabelecer que Cristo assim como é princípio e meio, também é fim da História, e que os que são em Cristo alcançarão a vida de plenitude, a eterna vida dos que são em Cristo, não há uma só palavra sequer sobre o que essa vida possa ser. No máximo, quatro palavras sobre a morte eterna, isto é, o inferno, "porque assim exige o caráter moral da fé e da esperança cristã". Seu caráter moral, vejam só, não seu caráter religioso, pois não sei se este exige tal coisa. E isso tudo cheio de uma prudente parcimônia agnóstica.

Sim, o prudente, o racional e, alguém dirá, o piedoso é não querer penetrar em mistérios que estão vedados a nosso conhecimento, não nos empenharmos em conseguir uma representação plástica da glória eterna como a de uma *Divina comédia*. A verdadeira fé, a verdadeira piedade cristã, dir-nos-ão, consiste em repousar na confiança de que Deus, pela graça de Cristo, nos fará, de uma maneira ou de outra, viver Neste, seu Filho; que, como nosso destino está em suas todo-poderosas mãos, entreguemo-nos a elas seguros de que Ele fará de nós o que melhor for, para o fim último da vida, do espírito e do Universo. É essa a lição que atravessou muitos séculos, sobretudo o período que vai de Lutero a Kant.

Contudo, os homens não deixaram de procurar representar-se como pode ser essa vida eterna, nem deixarão nunca, enquanto forem homens e não máquinas de pensar. Há livros de teologia – ou do que quer que seja – cheios de disquisições sobre a condição em que vivem os bem-aventurados, sobre a maneira de gozo, sobre as propriedades do corpo glorioso, já que sem algum corpo não se concebe a alma.

E a essa mesma necessidade, verdadeira necessidade de formarmos uma representação concreta do que possa ser essa outra vida, corresponde em grande parte a indestrutível vitalidade de doutrinas como as do espiritismo, a metempsicose, a transmigração das almas através dos astros, e outras doutrinas análogas que, quantas vezes forem declaradas já vencidas e mortas, outras tantas renascem numa ou noutra forma mais ou menos nova. É notável tolice querer prescindir absolutamente delas e não buscar uma substância permanente. O homem nunca se ajustará à renúncia a concretizar em representação essa outra vida.

Acaso é pensável uma vida eterna e sem fim depois da morte? Que pode ser a vida de um espírito desencarnado? Que pode ser um espírito assim? Que pode ser uma consciência pura, sem organismo corporal? Descartes dividiu o mundo entre o pensamento e a extensão, dualismo que lhe foi imposto pelo dogma cristão da imortalidade da alma. Mas é a extensão, a matéria, que pensa e se espiritualiza, ou é o pensamento que se estende e se materializa? As mais graves questões metafísicas surgem praticamente – e por isso adquirem seu valor, deixando de ser ociosas discussões de curiosidade inútil – ao querermos dar-nos conta da possibilidade de nossa imortalidade. Porque a metafísica não tem valor senão na medida em que procure explicar como esse nosso anseio vital pode ou não se realizar. Assim é que há e sempre haverá uma metafísica racional e outra vital, em conflito perene uma com a outra, partindo uma da noção de causa, e a outra, da de substância.

E mesmo se imaginada uma imortalidade pessoal, não cabe que a sintamos como algo tão terrível quanto sua negação? "Calipso não podia consolar-se com a partida de Ulisses; em sua dor, achava-se desolada por ser imortal", nos diz o doce Fénelon, o místico, no começo de seu

Telêmaco. Não terá vindo a ser uma condenação para os antigos deuses, como a dos demônios, não lhes ser permitido suicidarem-se?

Quando Jesus, tendo levado Pedro, Tiago e João para um alto monte, transfigurou-se diante deles, tornando-se sua roupa de um branco resplandecente como a neve, e apareceu-lhes Moisés e Elias, que com ele falavam, Pedro disse ao Mestre: "Mestre, bom é estarmos aqui e que façamos três tendas; uma será tua, outra para Moisés, e outra para Elias", porque queria eternizar aquele momento. Ao descerem do monte, Jesus ordenou que não dissessem nada sobre o que haviam visto, até quando o Filho do Homem tivesse ressuscitado de entre os mortos. E eles, guardando essa ordem, altercavam sobre o que seria aquilo de ressuscitar de entre os mortos, como se não entendessem. Foi depois disso que Jesus encontrou o pai do menino possuído pelo espírito mudo, que disse: "Eu creio, ajuda-me na minha falta de fé" (Marcos, 9:24).

Aqueles três Apóstolos não entendiam o que era aquilo de ressuscitar de entre os mortos. Também não entenderam aqueles saduceus que perguntaram ao Mestre de quem será mulher, na ressurreição, a que, nesta vida, tivesse tido vários maridos (Mat. 22:23-31), e ele respondeu que Deus não é Deus de mortos, mas de vivos. De fato, não é pensável outra vida, senão nas mesmas formas desta vida terrena e passageira. E não esclarece em nada o mistério aquela história do grão e do trigo que dele sai, com que o apóstolo Paulo responde à pergunta: "como ressuscitam os mortos? E em que corpo vêm?" (I Cor., 15:35).

Como uma alma humana pode viver e gozar de Deus eternamente sem perder sua personalidade individual, isto é, sem se perder? Que é gozar de Deus? Que é a eternidade por oposição ao tempo? A alma muda ou não muda na outra vida? Se não muda, como vive? Se muda, como conserva sua individualidade em tão longo tempo? E a outra vida pode excluir o espaço, mas não pode excluir o tempo, como nota Cournot, já citado.

Se há vida no céu, há mudança, e Swedenborg notava que os anjos mudam porque o deleite da vida celestial perderia pouco a pouco seu valor se sempre gozassem dele em plenitude, e porque, do mesmo modo que os homens, os anjos amam a si mesmos, e quem ama a si mesmo experimenta alterações de estado. Acrescenta ele que, às vezes, os anjos ficam tristes, e que ele, Swedenborg, falou com alguns deles quando estavam tristes[13]. Em todo caso, não é impossível conceber vida sem mudança, mudança de crescimento ou de diminuição, de tristeza ou de alegria, de amor ou de ódio.

Porque uma vida eterna é impensável, e mais impensável ainda uma vida eterna de absoluta felicidade, de visão beatífica.

Que é essa visão beatífica? Vemos, em primeiro lugar, que se chama visão e não ação, supondo algo passivo. Essa visão beatífica, acaso não supõe perda da própria consciência? Um santo no céu é, diz Bossuet, "um ser que mal sente a si mesmo, tão possuído está por Deus e tão abismado com sua glória... Não se pode deter em si mesmo porque está fora de si e sujeito por um amor imutável à fonte do seu ser e de sua felicidade"[14]. E quem diz isso é Bossuet, o antiquietista. Essa visão amorosa de Deus supõe uma absorção Nele. Um bem-aventurado que goze plenamente de Deus não deve pensar em si mesmo, não deve lembrar-se de si, não deve ter consciência de si, mas deve estar em perpétuo êxtase (ἔκστασις), fora de si, em alheamento. Os místicos descrevem-nos um prelúdio dessa visão no êxtase.

Quem vê Deus morre, diz a Escritura (Juízes, 13:22). E a visão eterna de Deus acaso não é uma eterna morte, um desfalecimento da personalidade? Mas Santa Teresa, ao nos descrever o último grau da oração, o arroubo, arrebatamento, voo ou êxtase da alma, nos diz que esta é levantada como que por uma nuvem ou uma grande águia, mas "vedes levar-vos e não sabeis aonde", mas é "com deleite"; e "se não se resistir, não se perde o sentido; pelo menos eu estava de tal maneira em mim que podia entender que era levada", isto é, sem perda de consciência. Deus "não parece contentar-se com levar tão deveras a alma a si, mas quer o corpo, mesmo sendo tão mortal e de terra tão suja. [...] Muitas vezes, a alma se engolfa, ou o Senhor a engolfa em si, melhor dizendo, e guardando-a em si um pouco, fica apenas com a vontade", não apenas com a inteligência. Não é, pois, como se vê, visão, mas união volitiva; entretanto, ficam "o entendimento e a memória divertidos [...] como uma pessoa que dormiu muito, sonhou e ainda não acabou de despertar". É "voo suave, é voo deleitoso, voo sem ruído". E esse voo deleitoso é com consciência de si, sabendo-se distinto de Deus, com quem alguém se une. A esse arroubo se chega, segundo a mística doutora espanhola, pela contemplação da Humanidade de Cristo, isto é, de algo concreto e humano: é a visão do Deus vivo, não da ideia de Deus. Diz-nos também que, "conquanto não houvesse outra coisa para deleitar a vista no céu, a não ser a grande formosura dos corpos glorificados, é grandíssima glória, em especial, ver a Humanidade de Nosso Senhor Jesus Cristo [...] Essa visão" – acrescenta –, "ainda que imaginária, nunca a vi com os olhos corporais, como nenhuma, mas com os olhos da alma"[15].

Resulta que no céu não se vê apenas Deus, mas tudo em Deus; melhor dizendo, se vê todo Deus, pois Ele abarca tudo. Essa ideia é mais acentuada por Jakob Boehme. A santa, por sua vez, nos diz nas *Moradas sétimas*, que "essa união secreta passa pelo centro muito íntimo da alma, que deve ser onde está o próprio Deus"; logo, "a alma, digo o espírito dessa alma, fica feito uma só coisa com Deus", é "como se duas velas de cera se juntassem tão extremamente, que toda a luz fosse uma só, ou que o pavio, a luz e a cera fossem um todo; mas, depois, pode-se separar uma vela da outra, e ficar com duas velas, ou separar o pavio da cera". Mas há outra união mais íntima, que é "como se, caindo água do céu num rio ou fonte, onde tudo se torna água, já não se poderá nem dividir, nem separar, qual a água do rio ou a que caiu do céu; ou como se um pequeno riacho entrasse no mar, não havendo como separá-los; ou como se, num cômodo, houvesse duas janelas por onde entrasse muita luz, a qual, embora entre dividida, torna-se uma só luz"[16]. Que diferença há entre isso e aquele silêncio interior e místico de Miguel de Molinos, cujo terceiro e perfeitíssimo grau é o silêncio do pensamento? Não estamos perto daquela afirmação de que o nada é o caminho para chegar àquele alto e reforçado estado de espírito?[17] Que estranho Amiel ter usado duas vezes a palavra espanhola *nada* em seu *Diário íntimo*, sem dúvida por não encontrar em outra língua alternativa mais expressiva. No entanto, se lermos com cuidado nossa mística doutora, veremos que nunca fica de fora o elemento sensitivo, o do deleite, isto é, da consciência própria. Deixa-se a alma absorver por Deus para absorvê-lo, para tomar consciência de sua própria divindade.

Uma visão beatífica, uma contemplação amorosa em que a alma esteja absorta em Deus e como que perdida Nele, apresenta-se como aniquilação própria, ou como um tédio prolongado por nosso modo natural de sentir. Por isso esse sentimento que observamos com frequência e que se exprimiu mais de uma vez em expressões satíricas não isentas de irreverência e, talvez, de impiedade, de que o céu da glória eterna é uma morada de eterno aborrecimento.

Não adianta querer desdenhar esse gênero de sentimentos, tão espontâneos e naturais, ou pretender denegri-los.

Está claro que sentem assim os que não conseguem dar-se conta de que o supremo prazer do homem é adquirir e aumentar a consciência. Não precisamente o de conhecer, mas o de aprender. Conhecendo-se uma coisa, tende-se a esquecê-la, a tornar seu conhecimento inconsciente, se é possível dizer assim. O prazer, o deleite mais puro do homem vai unido ao ato de aprender, de se inteirar, de adquirir conhecimento, isto é, vai unido a uma diferenciação. Portanto o famoso dito de Lessing, já citado. É conhecido o caso daquele velho espanhol que acompanhava Vasco Núñez de Balboa quando, ao chegarem ao cume do Darién, viram dois oceanos; ele então caiu de joelhos e exclamou: "Graças, Deus meu, por não me teres deixado morrer sem ter visto essa maravilha." Mas, se aquele homem tivesse ficado ali, logo a maravilha deixaria de sê-lo, e, com ela, o prazer. Seu gozo foi o da descoberta, e talvez o gozo da visão beatífica não seja, precisamente, o da contemplação da Verdade suprema, inteira e toda, pois a alma não resistiria a isso, mas o de uma contínua descoberta dela, o de um incessante aprendizado mediante um esforço que mantenha sempre o sentimento da sua consciência ativa.

Uma visão beatífica de quietude mental, de conhecimento pleno, e não de apreensão gradual, não é difícil de se conceber como outra coisa que como um nirvana, uma difusão espiritual, uma dissipação da energia no seio de Deus, uma volta à inconsciência por falta de choque, de diferença, ou seja, de atividade.

Não será, talvez, porque a própria condição que torna pensável nossa eterna união com Deus destrói nosso anseio? Que diferença há entre ser absorvido por Deus e absorvê-Lo em si? É o riacho que se perde no mar, ou o mar no riacho? Dá no mesmo.

O fundo sentimental é nosso anseio de não perder o sentido da continuidade de nossa consciência, de não romper o encadeamento de nossas recordações, o sentimento de nossa própria identidade pessoal concreta, ainda que talvez vamos pouco a pouco nos absorvendo Nele, enriquecendo-o. Quem, aos oitenta anos, se lembra do que foi aos oito, embora sinta o encadeamento entre ambas as idades? E poder-se-ia dizer que o problema sentimental se reduz a saber se há um Deus, uma finalidade humana para o Universo. Mas que é finalidade? Porque assim como sempre cabe perguntar por um "porquê" de "todos os porquês", também sempre cabe perguntar por um "para quê" de "todos os para quês". Supondo-se que haja um Deus, para que Deus? "Para si mesmo", dirão. E não faltará quem replique: "Que mais dá essa consciência, senão a não consciência?" Mas sempre resultará o que já disse Plotino, que o por que fez o mundo é o mesmo que o por que há alma. Melhor ainda que o porquê, διὰ τί, o para quê[18].

Para quem se coloca fora de si mesmo numa hipotética posição objetiva – o que vale dizer, inumana – o último "para quê" é tão inacessível e, a rigor, tão absurdo quanto o último "porquê". Com efeito, que importância há em não haver finalidade alguma? Que contradição lógica há em que o Universo não esteja destinado a finalidade alguma, nem humana, nem sobre-humana? Em que se opõe à razão que tudo isso não tenha outro objeto que existir, passando assim como existe, e passa? Isso para quem se coloca fora de si; mas, para quem vive, sofre e anseia dentro de si..., para este, isso é questão de vida ou morte.

Busca-te, pois, a ti mesmo! Mas, ao encontrar-se, acaso você não se encontra com seu próprio nada? "Tendo o homem se feito pecador, buscando-se a si mesmo, fez-se desgraçado ao encontrar-se", disse Bossuet[19]. Ao que Carlyle replica: "O último evangelho deste mundo é: 'conhece tua obra e cumpre-a'! Conhece-te a ti mesmo!... Longo tempo faz que este mesmo teu te atormentou; jamais chegarás a conhecê-lo, parece-me. Não creias que seja tua tarefa conhecer-te, és um indivíduo incognoscível, conhece o que podes fazer e faze-o como um Hércules. Isso será o melhor"[20]. Sim, mas o fato de eu fazer também não se perderá no fim das contas? E, se se perde, para que fazer? Sim, se levar a cabo minha obra – e qual é minha obra? – sem pensar em mim, talvez seja amar a Deus. E que é amar a Deus?

Por outro lado, amar a Deus em mim não significará que me amo mais que a Deus, que amo a mim mesmo em Deus?

O que, a rigor, ansiamos para depois da morte é continuar vivendo esta vida, esta mesma vida mortal, mas sem seus males, sem o tédio e sem a morte. Foi o que disse Sêneca, o espanhol: era isto que ele queria, voltar a viver esta vida, *ista moliri*[21]. E é o que pedia Jó (19:25-27), ver Deus em carne, não em espírito. E que outra coisa significa aquela cômica ocorrência do *eterno retorno* que brotou das trágicas entranhas do pobre Nietzsche, faminto de imortalidade concreta e temporal?

Essa visão beatífica que se nos apresenta como primeira solução católica, como se pode realizar, repito, sem submergir a consciência de si? Não será como no sono em que sonhamos sem saber o que sonhamos? Quem gostaria de uma vida eterna assim? Pensar sem saber o que se pensa não é sentir a si mesmo, não é ser a si. E a vida eterna acaso não é consciência eterna, não só ver a Deus, mas ver que o vemos, vendo-se a si mesmo ao mesmo tempo e como distintos Dele? Quem dorme vive, mas não tem consciência de si; agradará a alguém um sonho assim, eterno? Quando Circe recomenda a Ulisses que desça à morada dos mortos, para consultar o adivinho Tirésias, diz-lhe que este é, ali, entre as sombras dos mortos, o único que tem sentido, pois os demais se agitam como sombras[22]. Será que os outros, a não ser Tirésias, venceram a morte? Acaso é vencê-la errar assim como sombras sem sentido?

Por outro lado, não cabe porventura imaginar que esta nossa vida eterna esteja em relação à outra, assim como o sono está para a vigília? Não será um sonho nossa vida toda, e a morte, um despertar? Mas, despertar para quê? E se tudo isso não fosse mais que um sonho de Deus, e Deus despertasse um dia? Lembrar-se-á de seu sonho?

Aristóteles, o racionalista, fala-nos em sua *Ética* da superior felicidade da vida contemplativa, βίος θεωρητικός, e é comum a todos os racionalistas situar a felicidade no conhecimento. A concepção da felicidade eterna, do gozo de Deus, como visão beatífica, como conhecimento e compreensão de Deus é algo de origem racionalista, é o tipo de felicidade que corresponde ao Deus ideal do aristotelismo. Mas o fato é que, para a felicidade, requer-se, além da visão, o deleite, e este é muito pouco racional e só o alcançamos se nos sentirmos distintos de Deus.

Nosso teólogo católico-aristotélico, que tratou de racionalizar o sentimento católico, santo Tomás de Aquino, nos diz que "o deleite é necessário para a felicidade, que o deleite se origina do fato de que o apetite descansa no bem conseguido, e que, como a felicidade não é outra coisa que a consecução do bem supremo, não pode haver felicidade sem deleite concomitante." Mas qual é o deleite de quem descansa? Descansar, *requiescere*, não é dormir e não ter sequer consciência de que se descansa? "Da própria visão de Deus se origina o deleite", acrescenta o teólogo. Mas a alma sente a si mesma como distinta de Deus? "O deleite que acompanha a operação do intelecto não impede esta, antes a conforta"[23], diz depois. Claro! Senão, que felicidade seria essa? E, para salvar o deleite, o prazer que tem sempre, como a dor, algo de material, e que não concebemos senão numa alma encarnada, teve de imaginar que a alma bem-aventurada está unida a seu corpo. Sem alguma espécie de corpo, como haver deleite? A imortalidade da alma pura, sem alguma espécie de corpo, ou perispírito, não é imortalidade verdadeira. No fundo, o anseio de prolongar esta vida, esta e não outra, esta de carne e de dor, esta que às vezes amaldiçoamos apenas porque se acaba. A maioria dos suicidas não se tiraria a vida se tivesse a certeza de nunca morrer na terra. Quem se mata, mata-se por não esperar morrer.

Quando Dante nos conta como chegou à visão de Deus, diz-nos que como aquele que vê sonhando e, depois do sonho, fica com a paixão, e não outra coisa, impressa na mente, assim aconteceu com ele, que quase cessa toda a sua visão e ainda lhe destila no coração o doce que nasceu dela.

> *Cotal son io, che quasi tutta cessa*
> *mia visione ed ancor mi distilla*
> *nel cuor lo dolce che nacque da essa.*

Não de outro modo a neve degela ao sol:

> *cosi la neve al Sol si disigilla.*[24]

Ou seja, vai-se-lhe a visão, o intelectual, e fica-lhe o deleite, a *passione impressa*, o emotivo, o irracional, o corporal enfim.

Uma felicidade corporal, de deleite, não só espiritual, não só visão, é o que desejamos. Essa outra felicidade, essa *beatitude* racionalista, a de submergir-se na compreensão, só pode... não digo satisfazer nem enganar, porque creio que não satisfez nem enganou a um Spinoza, que estabelece que Deus ama a si mesmo com infinito amor intelectual; que o amor intelectual da mente por Deus é o mesmo amor divino com que Deus ama a si mesmo; não enquanto é infinito, mas enquanto pode explicar-se pela essência da mente humana, considerada em relação à eternidade, ou seja, que o amor intelectual da mente por Deus é parte do infinito amor com que Deus ama a si mesmo[25]. Depois destas trágicas, desoladoras proposições, a última do livro todo, a que encerra e coroa essa tremenda tragédia da *Ética*, nos diz que a felicidade não é prêmio da virtude, mas a virtude mesma, e que não gozamos nela por reprimirmos os apetites, mas que, por gozarmos dela, podemos reprimi-los. Amor intelectual! Amor intelectual! Que é isso de amor intelectual? Algo como um sabor vermelho, ou um som amargo, ou uma cor aromática, ou antes, algo assim como um triângulo apaixonado ou uma elipse encolerizada, uma pura metáfora, mas uma metáfora trágica. E uma metáfora que corresponde tragicamente à afirmação de que o coração tem suas razões. Razões de coração! Amores cerebrais! Deleite intelectivo! Intelecção deleitável! Tragédia, tragédia e tragédia!

No entanto, há algo que se pode chamar de amor intelectual e que é o amor de entender a vida, mesmo contemplativa, de Aristóteles, porque compreender é algo ativo e amoroso, e a visão beatífica é a visão da verdade total. Acaso não há, no fundo de toda paixão, a curiosidade? Nossos primeiros pais não caíram, segundo o relato bíblico, pela ânsia de provar o fruto da árvore da ciência do bem e do mal, e serem, como deuses, conhecedores dessa ciência? A visão de Deus, isto é, do próprio Universo em sua alma, em sua íntima essência, não apagaria todo o nosso anseio? Essa perspectiva só não pode satisfazer aos homens grosseiros, que não percebem que o maior gozo de um homem é ser mais homem, isto é, mais deus, e que é mais deus quanto mais consciência tem.

Esse amor intelectual, que nada mais é que o chamado amor platônico, é um meio de dominar e de possuir. De fato, não há domínio mais perfeito do que o conhecimento; quem conhece algo o possui. O conhecimento une o que conhece com o conhecido. "Eu te contemplo e te faço minha ao te contemplar": esta é a fórmula. E conhecer Deus, que há de ser, senão possuí-lo? Quem conhece Deus, já é Deus.

Conta B. Brunhes[26] ter-lhe sido relatado por *monsieur* Sarrau, que o ouvira do padre Gratry, que este passeava pelos jardins de Luxemburgo conversando com o grande matemático e católico Cauchy acerca da felicidade que teriam os eleitos de conhecer por fim, sem restrição nem véus, as verdades por muito tempo perseguidas trabalhosamente neste mundo. Aludindo aos estudos de Cauchy sobre a teoria mecânica da reflexão da luz, o padre Gratry emitiu a ideia de que um dos maiores prazeres intelectuais do ilustre geômetra seria penetrar o segredo da luz, ao que Cauchy replicou que não lhe parecia possível saber mais do que já sabia nesse campo, nem concebia que a inteligência mais perfeita pudesse compreender o mistério da reflexão melhor do que ele o expusera, já que havia proposto uma teoria mecânica do fenômeno. "Sua piedade" – acrescenta Brunhes – "não chegava ao ponto de crer que fosse possível fazer outra coisa, nem fazê-la melhor."

Há, nesse relato, duas partes que nos interessam. A primeira é a expressão do que é a contemplação, o amor intelectual ou a visão beatífica para homens superiores, que fazem do conhecimento sua paixão central; e outra, a fé na explicação mecanicista do mundo.

A essa disposição mecanicista do intelecto liga-se a já célebre fórmula "nada se cria, nada se perde, tudo se transforma", com que se quis interpretar o ambíguo princípio da conservação da energia, esquecendo-se que, para nós, para os homens, praticamente energia é a energia utilizável, e que esta se perde continuamente, se dissipa pela difusão do calor, se degrada, tendendo à nivelação e ao homogêneo. O válido, para nós, melhor ainda, o real para nós é o diferencial, que é o qualitativo; a quantidade pura, sem diferença, é como se não existisse para nós, pois não obra. O Universo material, o corpo do Universo, parece caminhar pouco a pouco, de nada adiantando a ação retardadora dos organismos vivos e, mais ainda, a ação consciente do homem, rumo a um estado de perfeita estabilidade, de homogeneidade (ver Brunhes, obra citada). Pois se o espírito tende a se concentrar, a energia material tende a se difundir.

Isso não tem, por acaso, uma íntima relação com nosso problema? Não haverá uma relação entre essa conclusão da filosofia científica acerca de um estado final de estabilidade e de homogeneidade e o sonho místico da apocatástase? Essa morte do corpo do Universo não será o triunfo final de seu espírito, de Deus?

É evidente a relação íntima que medeia entre a exigência religiosa de uma vida eterna depois da morte e as conclusões – sempre provisórias – a que a filosofia científica chega acerca do provável porvir do Universo material ou sensitivo. E o fato é que, assim como há teólogos de Deus e da imortalidade da alma, também há os que Brunhes[27] chama de teólogos do monismo, que seria melhor chamar de ateólogos, gente que persiste no espírito de afirmação *a priori* e que se torna insuportável – acrescenta – quando abriga a pretensão de desdenhar a teologia. Um exemplar desses senhores é Haeckel, que conseguiu decifrar os enigmas da Natureza!

Esses ateólogos apoderaram-se da conservação da energia, do "nada se cria, nada se perde, tudo se transforma", que é de origem teológica já em Descartes, e serviram-se disso para nos dispensar de Deus. "O mundo construído para durar" – escreve Brunhes – "que não se gasta, ou antes, que repara por si mesmo as rachaduras que nele aparecem; que bonito tema de desenvolvimento oratório! Mas esses mesmos desenvolvimentos, depois de terem servido no século XVII para provar a sabedoria do Criador, serviram em nossos dias de argumentos para os que pretendem passar sem Ele." É o de sempre: a chamada filosofia científica, de origem e de inspiração teológica ou religiosa em seu fundo, indo dar numa ateologia ou irreligião, que não é outra coisa que teologia e religião. Recordemos as palavras de Ritschl, já citadas nestes ensaios.

Agora, a última palavra da ciência, muito mais ainda que da filosofia científica, parece ser que o mundo material, sensível, caminha, pela degradação da energia, pela predominância dos fenômenos irreversíveis, em direção a uma nivelação última, a uma espécie de homogeneidade final. E isso nos recorda aquele hipotético homogêneo primitivo de que Spencer tanto usou e abusou, e aquela fantástica instabilidade do homogêneo. Instabilidade de que necessitava o agnosticismo ateológico de Spencer para explicar a inexplicável passagem do homogêneo ao heterogêneo. Pois, sem ação externa, como pode surgir alguma heterogeneidade do perfeito e absoluto homogêneo? Mas era necessário descartar todo gênero de criação; para tanto, o engenheiro desocupado, metido a metafísico, como o chamou Papini, inventou a inestabilidade do homogêneo, que é mais... como direi, mais místico e até mais mitológico, se se quiser, do que a ação criadora de Deus.

Certo estava aquele positivista italiano, Roberto Ardigò, que, objetando a Spencer, dizia-lhe que o mais natural era supor que sempre foi como hoje, que sempre houve mundos em formação, em nebulosa, mundos formados e mundos que se desfaziam; que a heterogeneidade é eterna. Outro modo, como se vê, de não resolver.

Será essa a solução? Mas, nesse caso, o Universo seria infinito e, na realidade, não cabe conceber o Universo eterno e limitado como o que serviu de base a Nietzsche para seu eterno retorno. Se o Universo deve ser eterno, se devem seguir-se nele, para cada um de seus mundos, períodos de homogeneização, de degradação de energia, e outros de heterogeneidade, é mister que seja infinito, que sempre haja lugar em cada mundo para uma ação de fora. De fato, o corpo de Deus tem necessariamente de ser eterno e infinito.

Mas, para nosso mundo, parece provada sua gradual nivelação, ou, se quisermos, sua morte. E qual há de ser a sorte de nosso espírito nesse processo? Diminuirá com a degradação da energia de nosso mundo e voltará à inconsciência, ou, ao contrário, crescerá à medida que a energia utilizável diminuir e devido aos próprios esforços para retardar esse processo e dominar a Natureza, que é o que constitui a vida do espírito? Serão a consciência e seu extenso suporte dois poderes em contraposição tal, que um cresça a expensas do outro?

O fato é que o melhor de nosso trabalho científico, que o melhor de nossa indústria, isto é, o que nela não conspira para a destruição – que é muito –, destina-se a retardar esse processo fatal de degradação da energia. Já a vida orgânica mesma, sustentáculo da consciência, é um esforço para evitar, na medida do possível, esse termo fatídico, para ir diferindo-o.

De nada adianta querermos nos enganar com hinos pagãos à Natureza, àquela que, com o mais profundo sentido, Leopardi, esse ateu cristão, chamou de "mãe no parto; no querer, madrasta", naquele seu estupendo canto à giesta (*La ginestra*). Contra ela ordenou-se de início a companhia humana; foi horror contra a ímpia Natureza o que primeiro ligou os homens na cadeia social. De fato, a sociedade humana é mãe da consciência reflexa e da ânsia de imortalidade, é ela que inaugura o estado de graça sobre o da Natureza; e é o homem que, humanizando, espiritualizando a Natureza com sua indústria, a sobrenaturaliza.

O trágico poeta português Antero de Quental sonhou, em dois estupendos sonetos a que deu o título de *Redenção*, que há um espírito preso, não nos átomos, nos íons ou nos cristais, mas – como cabe a um poeta – no mar, nas árvores, na selva, na montanha, no vento, em todas as individualidades e formas materiais, e que, um dia, todas essas almas, no limbo da existência, despertarão na consciência e, pairando como pensamento puro, verão as formas, filhas da ilusão, caírem desfeitas como um sonho vão. É o sonho grandioso da conscientização de tudo.

Acaso o Universo, este nosso Universo – quem sabe haja outros? – não começou com um zero de espírito – e zero não é a mesma coisa que nada – e um infinito de matéria, e não caminha no sentido de acabar num infinito de espírito com um zero de matéria? Sonhos!

Acaso tudo não tem sua alma, e essa alma não pede libertação?

> Oh! terras de Alvargonzález
> no coração da Espanha,
> terras pobres, terras tristes,
> tão tristes que têm alma!

canta nosso poeta Antônio Machado, em *Campos de Castela*. A tristeza dos campos está neles ou em nós, que os contemplamos? Não sofrerão eles? Mas que pode ser uma alma individual num mundo da matéria? Uma pedra ou uma montanha é um indivíduo? Uma árvore é?

No entanto, o resultado é que sempre lutam o espírito e a matéria. Já o dizia Espronceda, ao escrever que:

> Aqui, para viver em santa calma
> ou sobra matéria, ou sobra alma.

E não há na história do pensamento, ou, se quiserem, da imaginação humana, algo que corresponda a esse processo de redução do material, no sentido de uma redução de tudo a consciência?

Sim, há, e é do primeiro místico cristão, são Paulo de Éfeso, Apóstolo dos gentios, o ético, aquele que, por não ter visto com os olhos carnais da face o Cristo carnal e mortal, criou-o em si imortal e religioso; daquele que foi arrebatado ao terceiro céu, onde viu segredos inefáveis (II Cor., 13). Esse primeiro místico cristão sonhou também com um triunfo final do espírito, da consciência, o que se chama tecnicamente, em teologia, de apocatástase ou reconstituição.

É nos versículos 26 a 28, do capítulo 15, de sua primeira epístola aos Coríntios, que nos diz que o último inimigo a ser dominado será a morte, pois Deus pôs tudo sob seus pés. Mas, quando disser que tudo lhe está submetido, é claro que excluindo quem fez que tudo lhe fosse submetido, e quando houver submetido tudo, então também Ele, o Filho, se submeterá a quem submeteu tudo, para que Deus seja em todos: ἵνα ᾖό θεὸς πάντα ἐν πᾶσιν. Isto é, o fim é que Deus, a Consciência, acabe sendo tudo em tudo.

Essa doutrina se completa com o que o mesmo Apóstolo expõe com respeito ao fim de toda a história do mundo em sua Epístola aos Efésios. Nela, como se sabe, apresenta-nos Cristo – por quem foram feitas todas as coisas do céu e da terra, visíveis e invisíveis (Col. 1:16) – como cabeça de tudo (1:22), e nele, nessa cabeça, todos ressuscitaremos para viver em comunhão de santos e compreender com todos os santos qual a largura, o comprimento, a profundidade e a altura, e conhecer o amor de Cristo, que excede todo conhecimento (3:18, 19). É esse recolhimento em Cristo, cabeça da Humanidade e como que resumo dela, que o Apóstolo chama guardar-se, recapitular-se ou recolher-se todo em Cristo, ἀνακεφαλαιώσασθαι, τὰ πάντα ἐν Χρίστῳ. Essa recapitulação (ἀνάκεφαλαίωσις, *anacefaleosis*), fim da história do mundo e da linhagem humana, é apenas outro aspecto da apocatástase. Esta, a apocatástase – que é Deus chegar a ser tudo em todos –, reduz-se, pois, à anacefalose, a que tudo se recolha em Cristo, na Humanidade, sendo portanto a Humanidade o fim da criação. Essa apocatástase, essa humanização ou divinização de tudo não suprime a matéria? Mas, suprimida a matéria, que é o princípio da individuação – *principium individuationis*, segundo a Escola – não voltará tudo a uma consciência pura, que em pura pureza nem se conhece a si, nem é coisa alguma concebível e sensível? E, suprimida toda matéria, em que se apoia o espírito?

As mesmas dificuldades, as mesmas impensabilidades vêm-nos por outro caminho.

Alguém poderia dizer, por outro lado, que a apocatástase, o fato de que Deus venha a ser tudo em todos, supõe que não o era antes. O fato de que todos os seres venham a gozar de Deus supõe que Deus venha a gozar de todos os seres, pois a visão beatífica é mútua, e Deus se aperfeiçoa com ser melhor conhecido; de almas se alimenta e com elas se enriquece.

Nesse caminho de sonhos loucos, poder-se-ia imaginar um Deus inconsciente, dormitando na matéria, que chegue a um Deus de todo consciente, consciente de sua divindade; que o Universo inteiro se torne consciente de si como um todo e de cada uma das consciências que o integram, que se faça Deus. Mas, nesse caso, como começou esse Deus inconsciente? Não é ele a própria matéria? Deus não seria, assim, o princípio, mas o fim do Universo; mas pode ser fim o que não foi princípio? Ou será que há, fora do tempo, na eternidade, diferença entre o princípio e o fim? "A alma de tudo não estaria presa por aquilo mesmo (isto é, a matéria) que está por ela preso", disse Plotino[28]. Ou não é, antes, a Consciência do Todo que se esforça por fazer-se de cada parte, estando cada consciência parcial impregnada dela, da consciência total? Não é um Deus monoteísta ou solitário que caminha no sentido de se fazer panteísta? E se não é assim, se a matéria e a dor são estranhos a Deus, indagar-se-á: para que Deus criou o mundo? Para que fez a matéria e introduziu a dor? Não teria sido melhor que não tivesse feito nada? Que glória lhe acrescenta criar anjos ou homens que caiam e que tenha de condenar ao tormento eterno? Acaso fez o mal para curá-lo? Ou foi a redenção, a redenção total e absoluta, de tudo e de todos, seu desígnio? Porque essa hipótese não é nem mais racional, nem mais piedosa que a outra.

Enquanto procuramos nos representar a felicidade eterna, se nos apresenta uma série de perguntas sem nenhuma resposta satisfatória, isto é, racional, quer partamos de uma suposição monoteísta, quer de uma hipótese panteísta ou, pelo menos, panenteísta.

Voltemos à apocatástase paulina.

Ao fazer-se tudo em todos, acaso Deus não se completa, acaba de ser Deus, consciência infinita que abarca todas as consciências? E que é uma consciência infinita? Supondo, como supõe, a consciência um limite, ou sendo, antes, a consciência consciência de limite, de distinção, não exclui por isso mesmo a infinitude? Que valor tem a noção de infinitude aplicada à consciência? Que é uma consciência toda ela consciência, sem nada fora dela que não o seja? De que é consciência a consciência, neste caso? De seu conteúdo? Ou não será, antes, que nos aproximamos da apocatástase ou apoteose final, sem nunca chegar a ela a partir de um caos, de uma absoluta inconsciência, no eterno do passado?

A apocatástase não será, antes, a volta de tudo a Deus, um ermo ideal de que sem cessar nos aproximamos sem nunca chegar a ele, e uns mais depressa que outros? Não será a absoluta e perfeita felicidade eterna uma eterna esperança, que morreria se se realizasse? Podemos ser felizes sem esperança? E não cabe mais esperar, uma vez realizada a posse, porque esta mata a esperança, a ânsia. Não será, digo eu, que todas as almas crescem sem cessar, umas em maior proporção que outras, mas todas tendo de passar uma vez por um mesmo grau qualquer de crescimento e sem chegar nunca ao infinito, a Deus, de quem continuamente se aproximam? Não é a eterna felicidade uma eterna esperança, com seu núcleo eterno de pesar, para que a felicidade não suma no nada?

Continuam perguntas sem resposta.

"Será tudo em todos", diz o Apóstolo. Mas o será de maneira distinta em cada um, ou da mesma maneira em todos? Não será Deus todo num condenado? Não está em sua alma? Não está no chamado inferno? E como está nele?

Donde surgem novos problemas, referentes, estes, à oposição entre céu e inferno, entre felicidade e infelicidade eternas.

Não será que, no fim das contas, salvam-se todos, inclusive Caim, Judas e o próprio Satanás, como queria Orígenes, desenvolvendo a apocatástase paulina?

Quando nossos teólogos católicos querem justificar racionalmente – ou seja, eticamente – o dogma da eternidade das penas do inferno, apresentam razões tão ilusórias, ridículas e infantis, que parece mentira que tenham passado adiante. Porque dizer que, sendo Deus infinito, a ofensa a Ele feita também é infinita, exigindo, portanto, castigo eterno, é, à parte o inconcebível que é uma ofensa infinita, desconhecer que, na moral e não em polícia humana, a gravidade da ofensa se mede, mais que pela dignidade do ofendido, pela intenção do ofensor, e que uma intenção culpada infinita é um desatino, nada mais. O que caberia aplicar aqui são aquelas palavras de Cristo dirigindo-se a seu Pai: "Pai, perdoai-os, porque não sabem o que [se] fazem!" E não há homem que, ao ofender a Deus ou a seu próximo, saiba o que se faz. Em ética humana, ou, se se quiser, em polícia humana – isso a que chamam Direito Penal e que é tudo, menos direito –, uma pena eterna é um desatino.

"Deus é justo e nos castiga, eis o que é indispensável sabermos; o resto não é, para nós, senão pura curiosidade." Assim dizia Lamennais[29] e outros com ele. Assim também dizia Calvino. Mas haverá quem se contente com isso? Pura curiosidade! Chamar de pura curiosidade o que mais aflige o coração!

Não será, porventura, que o mau se aniquila porque desejou aniquilar-se ou porque não desejou o bastante eternizar-se por ser mau? Não poderíamos dizer que crer em outra vida não é o que torna uma pessoa boa, mas sim que, por ser boa, crê nela? E que é ser bom ou ser mau? Isso já é do domínio da ética, não da religião. Ou, antes, não é da ética fazer o bem, mesmo sendo mau, e da religião ser bom, mesmo fazendo o mal?

Por outro lado, não poderão talvez dizer-nos que, se o pecador sofre um castigo eterno é porque peca sem cessar, porque os condenados não cessam de pecar? O que não resolve o problema, cujo absurdo todo provém de ter concebido o castigo como vindita ou vingança, não como correção; de tê-lo concebido à maneira dos povos bárbaros. E, com isso, um inferno policialesco, para meter medo neste mundo. O pior é que já não amedronta, de modo que haverá que fechá-lo.

Mas, por outro lado, em concepção religiosa e dentro do mistério, por que não uma eternidade de dor, ainda que isso subleve nossos sentimentos? Por que não um Deus que se alimente de nossa dor? Acaso nossa felicidade é a finalidade do Universo? Ou não alimentamos com nossa dor alguma felicidade alheia? Voltemos a ler nas *Eumênides*, do formidável trágico Ésquilo, aqueles coros das Fúrias, porque os deuses novos, destruindo as antigas leis, arrebatavam-lhes Orestes das mãos, aquelas ardentes invectivas contra a redenção apolínea. Não será que a redenção arranca os homens das mãos dos deuses, sua presa e seu joguete, com cujas dores brincam e se deleitam, como as crianças atormentando um escaravelho, segundo a sentença do trágico? E recordemos o "Senhor! Senhor! Por que me abandonaste?"

Sim, porque não uma eternidade de dor? O inferno é uma eternização da alma, mesmo que seja em sofrimento. Não é o sofrimento essencial à vida?

Os homens inventam teorias para explicar o que chamam de origem do mal. E por que não a origem do bem? Por que supor que o bem é o positivo e original, e o mal o negativo e derivado? "Tudo o que é, enquanto é, é bom", sentenciou santo Agostinho. Mas por quê? Que significa ser bom? O bom é bom para algo que leva a um fim; dizer que tudo é bom equivale a dizer que tudo se dirige para seu fim. Mas qual é seu fim? Nosso apetite é eternizarmo-nos, persistirmos, e dizemos que é bom o que contribui para esse fim, e ruim o que tende a diminuir ou destruir nossa consciência. Supomos que a consciência humana é fim, e não meio, para outra coisa que não seja consciência, tanto humana, como sobre-humana.

Todo otimismo metafísico, como o de Leibniz, ou todo pessimismo de igual ordem, como o de Schopenhauer, não têm outro fundamento. Para Leibniz, este mundo é o melhor, porque contribui para perpetuar a consciência e, com ela, a vontade, porque a inteligência aumenta a vontade e a aperfeiçoa, porque a finalidade do homem é a contemplação de Deus, e, para Schopenhauer, este mundo é o pior dos possíveis, porque contribui para destruir a vontade, porque a inteligência, a representação, anula a vontade, sua mãe. Assim, Franklin, que acreditava em outra vida, assegurava que voltaria a viver esta, a vida que viveu, de cabo a rabo, *from its beginning to the end*; e Leopardi, que não acreditava em outra, assegurava que ninguém aceitaria tornar a viver a vida que viveu. Ambas as doutrinas, não mais éticas, mas religiosas, e o sentimento do bem moral, enquanto valor teológico, também é de origem religiosa.

E nos voltamos a perguntar: nem todos se salvam, eternizam-se, já não na dor, mas na felicidade, tanto os que chamamos bons, quanto os chamados maus?

Nessa distinção entre bom e mau não entra a malícia do que julga? A maldade está na intenção do que executa o ato, ou não estaria, antes, na do que o julga mau? Mas, terrível é o homem julgar a si mesmo, fazer-se juiz de si próprio!

Quem se salva? Imaginemos então outra coisa, nem mais, nem menos racional que as que vão interrogativamente expostas: que só se salvem os que ansiaram salvar-se, que só se eternizem os que viveram afligidos pela terrível fome de eternidade e de eternização. Quem anseia não morrer nunca e crê que nunca haverá de morrer em espírito, é porque o merece; ou antes, só anseia a eternidade pessoal quem já a traz dentro de si. Só deixa de ansiar sua imortalidade, e com paixão avassaladora de toda razão, aquele que não a merece e, porque não a merece, não a anseia. E não é injustiça não lhe dar o que não sabe desejar, porque, se pedir, lhe será dado. Talvez seja dado a cada um o que desejou. Talvez o pecado contra o Espírito Santo, para o qual não há remissão, segundo o Evangelho, não seja outro que não desejar a Deus, não desejar eternizar-se.

"Como é teu espírito, assim é tua busca; encontrarás o que desejares, e isso é ser cristão", dizia R. Browning (*Christmas Eve and Easter Day*, VII).

> *As is your sort of mind*
> *So is your sort of search; you'll find*
> *what you desire, and that's to be*
> *A Christian.*

Dante condena a seu inferno os epicuristas, os que, em outra vida, não acreditaram em algo mais terrível do que não a ter: a consciência de que não a têm. E isso de forma plástica, fazendo com que permaneçam toda a eternidade encerrados em seus túmulos, sem luz, sem ar, sem fogo, sem movimento, sem vida³⁰.

Que crueldade há em negar a alguém o que esse alguém não desejou ou não pôde desejar? Virgílio, o doce, nos faz ouvir as vozes e os gemidos queixosos das crianças que choram na entrada do inferno:

> *Continuo auditac voces, vagitus et ingens*
> *Infantumque animae flentes in limine primo*

Infelizes que mal entraram na vida e não conheceram suas doçuras, e que um negro dia as arrancou dos peitos maternos para submergi-las em acerbo luto:

> *Quos dulcis vitae exsortes et ab ubere raptos*
> *Abstulit atra dies et funere mersit acerbo.*³¹

Mas que vida perderam, se não a conheciam nem a ansiavam? Ou será que, de fato, não a desejaram?

Aqui poder-se-á dizer que a ansiaram outros por eles, que seus pais os teriam querido eternos, para com eles entreterem-se depois, na glória. Entramos, assim, num novo campo de imaginações, o da solidariedade e representatividade da salvação eterna.

De fato, são muitos os que imaginam a linhagem humana como um ser, um indivíduo coletivo e solidário, em que cada membro representa ou pode vir a representar toda a coletividade, e imaginam a salvação como algo também coletivo. Como algo coletivo o mérito, como algo também coletivo a culpa, e a redenção. Ou todos se salvam, ou ninguém se salva, segundo esse modo de sentir e de imaginar. A redenção é total e é mútua: cada homem é um Cristo de seu próximo.

Acaso não há como que um vislumbre disso na crença popular católica das benditas almas do Purgatório e dos sufrágios que, por elas, por seus mortos, rendem os vivos e dos méritos que lhes atribuem? É corrente na piedade popular católica esse sentimento de transmissão de méritos, seja a vivos, seja a mortos.

Tampouco se deve esquecer que muitas vezes já se apresentou na história do pensamento religioso humano a ideia da imortalidade restrita a um número de eleitos, de espíritos representativos dos demais, que de certo modo os incluem em si; ideia de avoengo pagão – pois assim eram os heróis e semideuses – que se oculta às vezes por trás da afirmação de que são muitos os chamados e poucos os eleitos.

Nestes dias mesmos, em que me ocupava de preparar este ensaio, veio ter a minhas mãos a terceira edição do *Dialogue sur la vie et sur la mort*, de Charles Bonnefon, livro em que imaginações análogas às que venho expondo encontram expressão concentrada e sugestiva. Nem a alma pode viver sem o corpo, nem este sem aquela, nos diz Bonnefon; assim, não existem, na realidade, nem a morte, nem o nascimento, nem há, a rigor, corpo, alma, nascimento, morte, sendo tudo isso abstrações ou aparências; existe apenas uma vida pensante, de que fazemos parte e que não pode nem nascer, nem morrer. O que o leva a negar a individualidade humana, afirmando que ninguém pode dizer "eu sou", mas em vez disso "nós somos", ou, melhor ainda: "é em nós". É a humanidade, a espécie, que pensa e ama em nós. E como se transmitem os corpos, assim se transmitem as almas. "O pensamento vivo ou a vida pensante que somos voltará a encontrar-se imediatamente sob uma forma análoga à que foi nossa origem e correspondente a nosso ser no seio fecundado de uma mulher." Cada um de nós, portanto, já viveu e voltará a viver, ainda que o ignore. "Se a humanidade se eleva gradualmente acima de si mesma, quem nos diz que, no momento em que morrer o último homem, que conterá em si todos os demais, não terá chegado à humanidade superior, tal como existe em qualquer outra parte, no céu?... Solidários todos, colheremos todos, pouco a pouco, os frutos de nossos esforços." De acordo com esse modo de imaginar e de sentir, como ninguém nasce, ninguém morre, mas cada alma não cessou de lutar, e várias vezes submergiu-se no meio da peleja humana, "desde que o tipo de embrião correspondente à mesma consciência se representava na sucessão dos fenômenos humanos". É claro que, como começa por negar a individualidade pessoal, Bonnefon deixa de fora nosso verdadeiro anseio, que é o de salvá-la. Mas como, por outro lado, ele, Bonnefon, é indivíduo pessoal e sente esse anseio, recorre à distinção entre chamados e eleitos, à noção de espíritos representativos, e concede a um certo número de homens essa imortalidade representativa. Desses eleitos diz que "serão um pouco mais necessários a Deus que nós mesmos". E termina esse grandioso sonho, em que, "de ascensão em ascensão, não é impossível chegarmos à felicidade suprema, nem que nossa vida se confunda na Vida perfeita, como a gota d'água no mar. Compreenderemos então" – prossegue dizendo – "que tudo era necessário, que cada filosofia ou cada religião teve sua hora de verdade, que através de nossos rodeios e erros e nos momentos mais sombrios de nossa história, distinguimos o farol, e que todos estávamos predestinados a participar da Luz Eterna. E se o Deus que voltaremos a encontrar possui um corpo" – e não podemos conceber um Deus vivo que não o tenha –, "seremos uma de suas células conscientes, ao mesmo tempo que as miríades de raças surgidas nas miríades de sóis. Se esse sonho se consumasse, um oceano de amor bateria nossas praias, e o fim de toda vida seria acrescentar uma gota d'água a seu infinito". E que mais é esse sonho cósmico de Bonnefon, senão a forma plástica da apocatástase paulina?

Sim, esse sonho, de velho avoengo cristão, não é outra coisa, no fundo, que a anacefaleose paulina, a fusão de todos os homens no Homem, na Humanidade toda feita Pessoa, que é Cristo; e com todos os homens; e, depois, a sujeição de tudo isso a Deus, para que Deus, a Consciência, seja tudo em todos. O que supõe uma redenção coletiva e uma sociedade de além-túmulo.

Em meados do século XVIII, dois pietistas de origem protestante, Johann Jakob Moser e Friedrich Christoph Oetinger, voltaram a dar força e valor à anacefaleose paulina. Moser declarava que sua religião não consistia em ter por verdadeiras certas doutrinas e viver virtuosamente em conformidade com elas, mas em unir-se de novo com Deus por Cristo. A isso corresponde o conhecimento, crescente até o fim da vida, dos próprios pecados e da misericórdia e paciência de Deus, a alteração de todo o sentido natural, a aquisição da reconciliação fundada na morte de Cristo, o gozo da paz com Deus no testemunho permanente do Espírito Santo, com respeito à remissão dos pecados; conduzir-se de acordo com o modelo de Cristo, que só brota da fé, aproximar-se de Deus e tratar com Ele a disposição de morrer em graça e a esperança do juízo que outorga a bem-aventurança no próximo gozo de Deus e *trato com todos os santos*[32]. O trato com todos os santos quer dizer a sociedade eterna humana. E Oetinger, por sua vez, considera a felicidade eterna não como a visão de Deus em sua infinitude, mas baseando-se na Epístola aos Efésios, como a contemplação de Deus na harmonia da criatura com Cristo. O trato com todos os santos era, segundo ele, o conteúdo essencial da felicidade eterna. Era a realização do reino de Deus, que resulta, assim, ser o reino do Homem.

Ao expor essas doutrinas dos dois pietistas, Ritschl confessa[33] que ambos adquiriram com elas, para o protestantismo, algo de tanto valor quanto o método teológico de Spencer, outro pietista.

Vê-se, pois, que o íntimo anseio místico cristão, desde são Paulo, foi dar finalidade humana, ou seja, divina, ao Universo, salvar a consciência humana, e salvá-la fazendo de toda a humanidade uma só pessoa. A isso corresponde a anacefaleose, a recapitulação de tudo, tudo da terra e do céu, o visível e o invisível, em Cristo, e a apocatástase, a volta de tudo a Deus, à consciência, para que Deus seja tudo em tudo. E ser Deus tudo em tudo, acaso não é tudo tomar consciência, ressuscitar nesta tudo o que passou e eternizar tudo o que foi no tempo? Entre isso, todas as consciências individuais, as que foram, as que são e as que serão, e tal como se deram, se dão e se darão em sociedade e solidariedade.

Mas o fato de a consciência ressuscitar tudo o que alguma vez foi não traz necessariamente consigo uma fusão do idêntico, um amálgama do semelhante? Ao fazer-se a linhagem humana uma verdadeira sociedade em Cristo, comunhão de santos, reino de Deus, as enganosas e até pecaminosas diferenças individuais não se apagam, ficando apenas, de cada homem, o que foi essencial dele, na sociedade perfeita? Não resultaria, talvez, segundo a suposição de Bonnefon, que essa consciência, que viveu no século XX, neste canto desta terra, se sentiria a mesma que outras, que viveram em outros séculos e, talvez, em outras terras?

E que não pode ser uma efetiva e real união, uma união substancial e íntima, alma a alma, de todos os que foram! "Se duas criaturas quaisquer se fizessem uma, fariam mais do que fez o mundo", sentenciou Browning.

> *If any two creatures grew into one*
> *They would do more than the world has done.*
> (*The Flight of the Duchess*)

E Cristo nos deixou dito que onde dois se reunirem em seu nome, ali estará Ele.

Segundo muitos, a glória é, pois, sociedade, e sociedade mais perfeita que a deste mundo é a sociedade humana feita pessoa. E não falta quem creia que todo o progresso humano concorra para fazer de nossa espécie um ser coletivo com verdadeira consciência – não é acaso um organismo humano individual uma espécie de federação de células? – e que, quando houver adquirido consciência plena, ressuscitarão nela todos os que foram.

A glória, pensam muitos, é sociedade. Como ninguém vive isolado, ninguém tampouco pode sobreviver isolado. Não pode gozar de Deus no céu quem vir que seu irmão sofre no inferno, porque foram comuns a culpa e o mérito. Pensamos com os pensamentos dos demais e sentimos com seus sentimentos. Ver a Deus, quando Deus for tudo em todos, é ver tudo em Deus e viver em Deus com tudo.

Esse grandioso sonho da solidariedade humana final é a anacefaleose e a apocatástase paulinas. "Os cristãos", dizia o Apóstolo, "somos o corpo de Cristo (I Cor., 12:27), membros dele (Efésios, 5:30), carne de sua carne e osso de seus ossos, sarmentos da videira".

Mas nessa solidarização final, nessa verdadeira e suprema *cristianização* de todas as criaturas, que é de cada consciência individual? Que é de mim, deste pobre eu frágil, deste eu escravo do tempo e do espaço, deste eu que a razão me diz ser um mero acidente passageiro, mas que para salvá-lo vivo, sofro, espero e creio? Salva a finalidade humana do Universo, se é que por fim se salva; salva a consciência, resignar-me-ia a fazer o sacrifício deste meu pobre eu, pelo qual, e somente pelo qual, conheço essa finalidade e essa consciência?

Eis-nos, aqui, no ápice da tragédia, em sua culminância, na perspectiva desse supremo sacrifício religioso: o da sua consciência individual em prol da Consciência Humana perfeita, da Consciência Divina.

Mas há tal tragédia? Se chegássemos a ver claro essa anacefaleose, se chegássemos a compreender e sentir que vamos enriquecer Cristo, vacilaríamos um momento em nos entregarmos de todo a Ele? O riacho que entra no mar e sente na doçura de suas águas o amargor do sal oceânico retrocederia até sua nascente? Iria querer voltar à nuvem que nasceu do mar? Não é um gozo sentir-se absorvido?

No entanto...

Sim, apesar de tudo, a tragédia culmina aqui.

E a alma, minha alma, pelo menos, anseia outra coisa; não absorção, não quietude, não paz, não apagamento, mas eterna aproximação, sem nunca chegar, infindável anseio, eterna esperança que eternamente se renova sem nunca se acabar de todo. E, com isso, uma eterna carência de algo e uma dor eterna. Uma dor, uma pena, graças à qual se cresce sem cessar em consciência e em anseio. Não ponham na porta da Glória, como pôs Dante na do Inferno, o *Lasciate ogni speranza*! Não matem o tempo! Nossa vida é uma esperança que está se convertendo sem cessar em recordação, que gera por sua vez a esperança. Deixem-nos viver! A eternidade, como um eterno presente, sem recordação e sem esperança, é a morte. Assim são as ideias, mas assim não vivem os homens. Assim são as ideias no Deus-Ideia, mas os homens não podem viver assim no Deus vivo, no Deus-Homem.

Um eterno Purgatório, pois, mais que uma Glória: uma ascensão eterna. Se desaparece toda dor, por mais pura e espiritualizada que a suponhamos, toda ânsia, que faz viver os bem-aventurados? Se não sofrem ali por Deus, como O amam? E se também ali, na Glória, vendo a Deus pouco a pouco e cada vez de mais perto, sem nunca chegar a Ele de todo, não lhes restando sempre algo para conhecer e ansiar, não lhes restando sempre um pouco de incerteza, como é que não adormecem?

Ou, em resumo, se ali não resta algo da tragédia íntima da alma, que vida é essa? Acaso há gozo maior do que recordar-se da miséria – e recordar-se dela é senti-la – no tempo da felicidade? Não tem saudade do cárcere quem dele se libertou? Não sente falta daqueles seus anseios de liberdade?

* * *

Sonhos mitológicos, dirão. Não os apresentamos como outra coisa. Mas acaso o sonho mitológico não contém sua verdade? Acaso o sonho e o mito não são revelações de uma verdade inefável, de uma verdade irracional, de uma verdade que não se pode provar?

Mitologia! Talvez. Mas é preciso mitologizar acerca da outra vida, como nos tempos de Platão. Acabamos de ver que, quando tratamos de dar forma concreta, concebível, isto é, racional, a nosso anseio primário, primordial e fundamental de vida eterna consciente de si e de sua individualidade pessoal, os absurdos estéticos, lógicos e éticos se multiplicam e não há modo de conceber sem contradições e despropósitos a visão beatífica e a apocatástase.

No entanto...!

No entanto, sim, é preciso ansiá-la, por mais absurda que nos pareça; mais ainda, é preciso crer nela, de uma maneira ou de outra, para viver. Para viver, notem bem, não para compreender o Universo. É preciso crer nela, e crer nela é religioso. O cristianismo, a única religião que nós, europeus do século XX, podemos deveras sentir, é, como dizia Kierkegaard, uma saída desesperada[34], saída que só se logra mediante o martírio da fé, que é a crucifixão da razão, segundo o mesmo trágico pensador.

Não sem razão ficou dito, por quem pôde dizê-lo, aquilo da loucura da cruz. Loucura, sem dúvida, loucura. E não estava de todo enganado o humorista americano Oliver Wendell Holmes, ao fazer um dos personagens de suas engenhosas conversações dizer que tinha melhor opinião dos que estavam trancados num manicômio por monomania religiosa do que daqueles que, professando os mesmos princípios religiosos, andavam soltos sem enlouquecerem. Mas será que também estes não vivem, graças a Deus, enlouquecidos? Será que não há loucuras mansas, que não só nos permitem conviver com nossos próximos sem prejuízo para a sociedade, como até nos ajudam nisso, dando-nos, como dão, sentido e finalidade à vida e à própria sociedade?

No fim das contas, o que é a loucura e como distingui-la da razão, senão colocando-nos fora de uma e da outra, o que nos é impossível?

Loucura talvez, e grande loucura, querer penetrar o mistério do além-túmulo; loucura querer sobrepor nossas imaginações, cheias de contradição íntima, ao que uma razão sadia nos dita. E uma razão sadia nos diz que não se deve fundar nada sem bases sólidas, e que é um trabalho, mais que ocioso, destrutivo, o de encher com fantasias o vazio do desconhecido. No entanto...

É necessário crer na outra vida, na vida eterna do além-túmulo, e numa vida individual e pessoal, numa vida em que cada um de nós sinta a sua consciência e a sinta unir-se, sem se confundir com as demais consciências todas, na Consciência Suprema, em Deus. É necessário crer nessa outra vida para poder viver esta, suportá-la e dar-lhe sentido e finalidade. É necessário crer, talvez, nessa outra vida para merecê-la, para consegui-la, ou talvez não a mereça, nem a alcance aquele que não a anseie acima da razão e, se preciso for, até contra ela.

Sobretudo, é necessário sentir e conduzir-se como se nos estivesse reservada uma continuação sem fim de nossa vida terrena depois da morte. E se é o nada que nos está reservado, não fazer que isso seja uma justiça, segundo a frase de *Obermann*.

O que nos leva, como pela mão, a examinar o aspecto prático ou ético de nosso único problema.

CAPÍTULO XI
O PROBLEMA PRÁTICO

> *L'homme est périssable. – Il se peut; mais périssons en résistant, et, si le néant nous est reservé, ne faisans pas que ce soit une justice.*
>
> (Sénancour, *Obermann*, carta XC)

Várias vezes, no curso errante destes ensaios, defini, apesar de meu horror pelas definições, minha posição diante do problema que venho examinando; mas sei que nunca faltará o leitor insatisfeito, educado num dogmatismo qualquer, que se dirá: "Esse homem não se decide, vacila; agora parece afirmar uma coisa, depois a contrária; está cheio de contradições; não o posso classificar. O que é?" Pois sou isto, alguém que afirma contrários, um homem de contradição e de luta, como de si mesmo dizia Jó: um homem que diz uma coisa com o coração e a contrária com a cabeça, e que faz dessa luta sua vida. Mais claro, nem a água que sai da neve dos cimos.

Dir-me-ão que esta é uma posição insustentável, que faz falta um cimento em que cimentar nossa ação e nossas obras, que não cabe viver em contradições, que a unidade e a claridade são condições essenciais da vida e do pensamento, e que é necessário unificá-lo. E continuamos sempre na mesma coisa, porque é precisamente a contradição íntima que unifica minha vida, lhe dá razão prática de ser.

Ou, antes, é o próprio conflito, é a própria incerteza apaixonada que unifica minha ação, me faz viver e agir.

Pensamos para viver, disse eu; mas talvez fosse mais certo dizer que pensamos porque vivemos e que a forma de nosso pensamento corresponda à de nossa vida. Uma vez mais, tenho de repetir que nossas doutrinas éticas e filosóficas, em geral, não costumam ser senão a justificação *a posteriori* de nossa conduta, de nossos atos. Nossas doutrinas costumam ser o meio que buscamos para explicar e justificar aos demais e a nós mesmos nosso próprio modo de agir. E note-se que não só aos outros, mas a nós mesmos. O homem, que não sabe a rigor por que faz o que faz, e não outra coisa, sente a necessidade de se dar conta de sua razão de agir e a forja. O que acreditamos ser móveis de nossa conduta costumam não ser mais que pretextos. A mesma razão que alguém acredita levá-lo a se cuidar para prolongar a vida é a que, na crença de outro, leva-o a estourar os miolos.

Todavia, não se pode negar que os raciocínios, as ideias, influam nos atos humanos e, às vezes, até os determinem por um processo análogo ao da sugestão num hipnotizado; isto pela tendência de toda ideia – que não é senão um ato iniciado ou abortado – de resolver-se em ação. Foi essa noção que levou Fouillée às ideias-forças. Mas são, de ordinário, forças que acomodamos a outras mais íntimas e muito menos conscientes.

Mas, deixando tudo isso por enquanto, quero estabelecer que a incerteza, a dúvida, o perpétuo combate contra o mistério de nosso destino final, o desespero mental e a falta de um fundamento dogmático sólido e estável, podem ser base de moral.

Quem baseia ou crê basear sua conduta – interna ou externa, de sentimento ou de ação – num dogma ou princípio teórico que estima incontroverso, corre o risco de tornar-se um fanático e, além disso, no dia em que esse dogma se quebrar ou se afrouxar, sua moral se relaxará. Se a terra que crê firme vacila, ele, ante o terremoto, treme, porque nem todos somos o estoico ideal que, impávido, as ruínas do orbe, feitas pedaços, o ferem. Felizmente, salvá-lo-á o que existe sob suas ideias. Pois a quem lhes disser que, se não rouba e trai seu amigo mais íntimo, é porque teme o inferno, vocês podem assegurar que, se deixasse de crer neste, tampouco o faria, inventando então outra explicação qualquer. E isso em honra ao gênero humano.

Mas quem crê que navega, talvez sem rumo, em balsa móvel e afundável, não se alterará com o fato de que a balsa se mova sob seus pés e ameace ir a pique. Este crê agir, não porque estime seu princípio de ação verdadeiro, mas para fazê-lo tal, para provar-se sua verdade, para criar seu mundo espiritual.

Minha conduta há de ser a melhor prova, a prova moral de meu anseio supremo; e, se não consigo convencer-me, na última ou irremediável incerteza, da verdade do que espero, é que minha conduta não é bastante pura. Portanto, a virtude não se baseia no dogma, mas este naquela, e é mais o mártir que faz a fé do que a fé, o mártir. Não há segurança e descanso – os que podem ser alcançados nesta vida, essencialmente insegura e cansativa –, senão numa conduta apaixonadamente boa.

É a conduta, a prática, que serve de prova para a doutrina, para a teoria. "Se alguém quiser fazer a vontade Dele" – Aquele que me enviou, diz Jesus –, "conhecerá a respeito da doutrina, se ela é de Deus ou se eu falo por mim mesmo" (João, 7:17). É conhecido o dito de Pascal: comece por tomar água benta, e acabará crendo. Nessa mesma linha pensava Johann Jakob Moser, o pietista, que nenhum ateu ou naturalista tem o direito de considerar infundada a religião cristã enquanto não tiver passado pela prova de cumprir com suas prescrições e seus mandamentos[1].

Qual é nossa verdade cordial e antirracional? A imortalidade da alma humana, a da persistência sem termo algum de nossa consciência, a da finalidade humana do Universo. E qual sua prova moral? Podemos formulá-la assim: age de maneira que mereças, a teu próprio juízo e a juízo dos demais, a eternidade; que te faças insubstituível, que não mereças morrer. Ou talvez assim: age como se fosses morrer amanhã, mas para sobreviver e eternizar-te. O fim da moral é dar finalidade humana, pessoal, ao Universo, descobrir qual a moral que tem – se é que a tem – e descobri-la agindo.

Já faz mais de um século, em 1804, que o mais profundo e mais intenso dos filhos espirituais do patriarca Rousseau, o mais trágico dos sensitivos franceses, sem excluir Pascal – Sénancour –, na carta XC das que constituem aquela imensa monodia de seu *Obermann*, escreveu as palavras que vão como lema, em epígrafe deste capítulo: "O homem é perecível. Pode ser, mas pereçamos resistindo; e se é o nada que nos está reservado, não façamos com que isto seja uma justiça." Mudem essa sentença de sua forma negativa para a positiva, dizendo: "E se é o nada que nos está reservado, façamos com que isto seja uma injustiça", e terão a mais firme base de ação para quem não pode ou não quer ser um dogmático.

O irreligioso, o demoníaco, o que incapacita para a ação ou nos deixa sem defesa ideal contra nossas más tendências, é o pessimismo que Goethe põe na boca de Mefistófeles, quando o faz dizer: "Tudo o que nasce merece perecer" (*denn alles was entsteht ist wert dass es zugrunde geht*). É esse o pessimismo que nós, homens, chamamos de ruim, não aquele outro que, ante o temor de que tudo, no fim das contas, se aniquila, consiste em deplorar e em lutar contra esse temor. Mefistófeles afirma que tudo o que nasce merece perecer, aniquilar-se, mas não que tudo pereça ou se aniquile, e nós afirmamos que tudo o que nasce merece elevar-se, eternizar-se, mesmo que não consiga nada disso. A posição moral é a contrária.

Sim, merece eternizar-se tudo, absolutamente tudo, até o próprio mal, pois o que chamamos de mal, ao eternizar-se perderia sua maldade, perdendo sua temporalidade. Pois a essência do mal está em sua temporalidade, no fato de que não se dirige a seu fim último e permanente.

Talvez não fosse demais dizer aqui algo acerca dessa distinção, uma das mais profundas que há, entre o que se costuma chamar de pessimismo e otimismo, confusão não menor do que a que reina ao distinguir o individualismo do socialismo. Mal cabe dar-se conta do que seja o pessimismo.

Hoje, precisamente, acabo de ler em *The Nation* (número de 6 de julho de 1912) um editorial intitulado "Um inferno dramático" (*A dramatic Inferno*), referente a uma tradução inglesa das obras de Strindberg. O editorial começa com estas judiciosas observações: "Se houvesse no mundo um pessimismo sincero e total, seria, por necessidade, silencioso. O desespero que encontra voz é um modo social, é o grito de angústia que um irmão lança a outro quando ambos vão tropeçando por um vale de sombras que está povoado de camaradas. Em sua angústia, atesta que há algo de bom na vida, porque presume simpatia […] A angústia real, o desespero sincero, é mudo e cego; não escreve livros nem sente impulso algum a sobrecarregar um universo intolerável com um monumento mais duradouro que o bronze." Nesse juízo há, sem dúvida, um sofisma, porque o homem que deveras sente dor chora e até grita para se desafogar, embora esteja só e ninguém o ouça, provindo isso talvez de hábitos sociais. Mas o leão isolado no deserto acaso não ruge se um dente lhe dói? À parte isso, não cabe negar um fundo de verdade nessas reflexões. Do pessimismo que protesta e se defende não se pode dizer que seja pessimismo. Logo, não é, a rigor, pessimismo o que reconhece que nada deve perecer, ainda que tudo pereça, mas é o que declara que tudo deve perecer, conquanto nada pereça. Ademais, o pessimismo adquire vários valores. Há um pessimismo eudemonístico ou econômico, que nega a felicidade; há um pessimismo ético, que nega o triunfo do bem moral; e há um pessimismo religioso, que desespera da finalidade humana do Universo, de que a alma individual se salve para a eternidade.

Todos merecem salvar-se; mas antes de tudo e sobretudo merece a imortalidade, como deixei dito no capítulo anterior, o que apaixonadamente e até contra a razão a deseja. Um escritor inglês que se dedica a profecias – o que não é raro em sua terra –, Wells, em seu livro *Anticipations*, diz-nos que "os homens ativos e capazes, de toda classe de confissões religiosas de hoje em dia, tendem na prática a não levar em absoluto em conta [*to disregard... altogether*] a questão da imortalidade". É por isso que as confissões religiosas desses homens ativos e capazes, a que Wells se refere, costumam não passar de uma mentira, e uma mentira suas vidas, se querem baseá-las na religião. Talvez, no fundo, porém, isso que Wells afirma não seja tão verdadeiro como ele e outros imaginam. Esses homens ativos e capazes vivem no seio de uma sociedade embebida em princípios cristãos, sob instituições e sentimentos sociais que o cristianismo urdiu, e a fé na imortalidade da alma é, em suas almas, como um rio subterrâneo, que não se vê nem se ouve, mas cujas águas regam as raízes das ações e dos propósitos desses homens.

Forçoso é confessar que não há, a rigor, fundamento mais sólido para a moralidade do que o da moral católica.

O PROBLEMA PRÁTICO 255

O fim do homem é a felicidade eterna, que consiste na visão e no gozo de Deus pelos séculos dos séculos. Agora, ele tropeça é na busca dos meios que levam a esse fim, porque fazer, a consecução da felicidade eterna, depender de que se creia ou não que o Espírito Santo procede do Pai e do Filho, e não só Daquele, ou de que Jesus foi Deus e tudo o que resulta da união hipostática; ou até mesmo que haja Deus, é, por pouco que se pense nisso, uma monstruosidade. Um Deus humano – o único que podemos conceber – nunca rejeitaria quem não pudesse crer Nele com a cabeça; e não é em sua cabeça, mas em seu coração, que o ímpio diz não haver Deus, isto é, ele não quer que haja. Se a consecução da felicidade eterna pudesse estar ligada a alguma crença, seria a crença nessa mesma felicidade e em que ela seja possível.

E que diremos daquele outro imperador dos pedantes, da afirmação de que não viemos ao mundo para sermos felizes, mas para cumprir nosso dever (*Wir sind nich auf der Welt, um glücklich zu sein, sondern um unsere Schuldigkeit zu tun*)? Se estamos no mundo *para* algo, um *etwas*, de onde pode sair esse *para*, senão do fundo mesmo de nossa vontade, que pede felicidade, e não dever, como fim último? E a esse *para* querem dar outro valor, um valor objetivo, como diria qualquer pedante saduceu; então forçoso é reconhecer que a realidade objetiva, a que restaria, ainda que a humanidade desaparecesse, é tão indiferente ao nosso dever como à nossa felicidade: pouco se lhe dá nossa moralidade ou nossa felicidade. Não me consta que Júpiter, Urano ou Sirius permitam-se alterar seus cursos por sermos ou não felizes, como tampouco por cumprirmos ou não com nosso dever.

Essas considerações parecerão de uma ridícula vulgaridade e de uma superficialidade de diletante àqueles pedantes (o mundo intelectual se divide em duas classes: diletantes de um lado, pedantes do outro). Que haveremos de fazer? O homem moderno é aquele que se resigna à verdade e a ignorar o conjunto da cultura; senão, vejam o que diz Windelband a esse respeito, em seu estudo sobre a sina de Hölderlin[2]. Sim, esses homens cultos se resignam, mas sobramos alguns poucos pobrezinhos selvagens, que não nos podemos resignar. Não nos resignamos à ideia de ter de desaparecer um dia, e a crítica do grande Pedante não nos consola.

Muito mais sensato era Galileu Galilei, quando dizia: "Dirá alguém, talvez, que é acerba a dor da perda da vida; mas direi eu que é menos que as outras, pois quem se despoja da vida, priva-se ao mesmo tempo de poder se queixar, não dessa, mas de qualquer outra perda." Sentença de um humorismo não sei se consciente ou inconsciente em Galileu, mas trágico.

Voltando atrás, digo que se a consecução da felicidade eterna pudesse estar ligada a alguma crença, seria a crença na possibilidade de sua realização. Mas, a rigor, nem mesmo isso. O homem razoável diz à sua cabeça: "Não há outra vida depois desta"; mas só o ímpio o diz em seu coração. Mas até mesmo esse ímpio, que talvez não seja mais que um desesperado, vai um Deus humano condenar por seu desespero? Farta desgraça tem com ele.

Mas, como quer que seja, tomemos o lema calderoniano de sua *A vida é sonho*:

> que estou sonhando e que quero
> agir bem, pois não se perde
> o fazer bem, mesmo em sonhos.

Não se perde mesmo? Sabia-o Calderón (Ato II, cena 4)? E acrescentava:

Açudamos ao eterno
que é a fama vivedoura,
onde não dormem as venturas,
nem as grandezas repousam.
(Ato III, cena 10)

Sabia-o mesmo Calderón?

Calderón tinha fé, robusta fé católica, mas para quem não pode tê-la, para quem não pode crer no que dom Pedro Calderón de la Barca cria, sempre resta o dito de *Obermann*.

Façamos com que o nada, se é que nos está reservado, seja uma injustiça; lutemos contra o destino, mesmo sem esperança de vitória; lutemos contra ele quixotescamente.

E não só se luta contra ele ansiando o irracional, mas agindo de maneira a nos tornarmos insubstituíveis, imprimindo nos outros nossa marca, agindo sobre nossos próximos para dominá-los, dando-nos a eles, para nos eternizarmos no possível.

Será nosso maior esforço o de nos tornarmos insubstituíveis, o de tornar uma verdade prática o fato teórico – se é que esse fato teórico nos envolve numa contradição *in adjecto* – de que cada um de nós é único e insubstituível, de que outro não pode preencher o vazio que deixamos ao morrer.

Cada homem é, de fato, único e insubstituível: outro eu não pode existir. Cada um de nós – nossa alma, não nossa vida – vale pelo Universo inteiro. E digo o espírito, não a vida, porque o valor, ridiculamente excessivo, que concedem à vida humana os que, na realidade, não crendo no espírito – isto é, em sua imortalidade pessoal – peroram contra a guerra e contra a pena de morte, por exemplo, é um valor que se lhe concedem precisamente por não crer de verdade no espírito, a cujo serviço está a vida. Porque a vida só serve na medida em que serve a seu dono e senhor, o espírito; e se o amo perece com a serva, nem um nem outro valem grande coisa.

Agir de modo que nossa aniquilação seja uma injustiça, que nossos irmãos, filhos e os filhos de nossos irmãos e seus filhos, reconheçam que não devíamos ter morrido, é algo que está ao alcance de todos.

No fundo, a doutrina da redenção cristã é que sofreu paixão e morte o único homem, isto é, o Homem, o Filho do Homem, ou seja, o Filho de Deus, que não merecia por sua inocência ter morrido; e que essa divina vítima propiciatória morreu para ressuscitar e ressuscitar-nos, para livrar-nos da morte aplicando-nos seus méritos e ensinando-nos o caminho da vida. E o Cristo, que se deu a todos os seus irmãos em humanidade, sem nada se reservar, é o modelo de ação.

Todos, isto é, cada um pode e deve propor-se dar de si tudo quanto pode dar, mais ainda do que pode dar, exceder-se, superar a si mesmo, tornar-se insubstituível, dar-se aos demais para recolher-se neles. E cada qual em seu ofício, em sua vocação civil. A palavra ofício, *officium*, significa obrigação, dever, mas concretamente, e assim deve significá-lo sempre na prática. Sem talvez dever-se tanto buscar aquela vocação, que mais cria alguém do que se lhe convenha, quanto de fazer vocação do mister em que a sorte ou a Providência, não nossa vontade, nos colocaram.

O maior serviço que Lutero prestou à civilização cristã talvez tenha sido o de ter estabelecido o valor religioso da própria profissão civil, quebrando a noção monástica medieval da vocação religiosa, noção envolta em névoas passionais e imaginativas, geradoras de terríveis tragédias de vida. Se se entrasse pelos claustros a perguntar o que é vocação a esses pobres homens, que o egoísmo dos pais encerrou desde pequenos na cela de um noviciado e, de repente, despertam para a vida do mundo, se é que despertam alguma vez! Ou os que se enganaram com um trabalho de sua própria sugestão. Lutero, que viu isso de perto e o sofreu, pôde entender e sentir o valor religioso da profissão civil, que não vincula ninguém por votos perpétuos.

O que o Apóstolo nos diz, no capítulo 4 de sua Epístola aos Efésios, acerca das vocações dos cristãos, deve ser trasladado à vida civil; já que, hoje, entre nós, o cristão – saiba-o ou não, queira-o ou não – é o cidadão, e do modo em que ele, o Apóstolo, exclamou "sou cidadão romano!", exclamaria cada um de nós, mesmo os ateus: sou cristão! Isso exige *civilizar* o cristianismo, isto é, torná-lo civil desceclesiastizando-o; tal foi o trabalho de Lutero, embora, logo depois, ele, por sua vez, tenha constituído uma igreja.

The right man in the right place, diz uma sentença inglesa: o homem certo no lugar certo. Ao que cabe replicar: "sapateiro, a teus sapatos!" Quem sabe o lugar que melhor lhe convém e para o qual está mais capacitado? Sabe-o melhor que os demais? Sabem-no os outros melhor que ele? Quem mede capacidades e atitudes? Religioso é, sem dúvida, tratar de fazer que seja nossa vocação o lugar em que nos encontramos e, em caso extremo, trocá-lo por outro.

O problema da vocação talvez seja o mais grave e mais profundo problema social, o que está na base de todos eles. A chamada, por antonomásia, questão social talvez seja, mais que um problema de divisão de riquezas, de produtos do trabalho, um problema de divisão de vocações, de modos de produzir. Não foi pela aptidão – quase impossível de se averiguar sem antes pô-la à prova, e não bem especificada em cada homem, já que para a maioria dos ofícios o homem não nasce, mas se faz –, não foi pela aptidão especial, mas por razões sociais, políticas, rituais, que se veio determinando o ofício de cada um. Em certos tempos e países, as castas religiosas e a herança; em outros, as guildas e grêmios; depois, a máquina, a necessidade quase sempre, a liberdade quase nunca. E o trágico disso chega aos ofícios de lenocínio, em que se ganha a vida vendendo a alma; aos ofícios em que o operário trabalha com consciência, não da inutilidade, mas da perversidade social de seu trabalho, fabricando o veneno que o irá matando, a arma com que talvez assassinarão seus filhos. Esse, e não o do salário, é o problema mais grave.

Jamais me esquecerei um espetáculo que pude presenciar no estuário de Bilbao, minha cidade natal. Um operário martelava não sei quê num estaleiro, à margem do rio, e fazia-o sem vontade, como se não tivesse forças ou fosse só para justificar seu salário, quando, de repente, ouve-se um grito de uma mulher: "Socorro!". Uma criança tinha caído n'água. Num instante aquele homem se transformou e com uma energia, presteza e sangue-frio admiráveis, tirou a roupa e pulou na água para salvar o garotinho.

O que talvez dê sua menor ferocidade ao movimento socialista agrário é que o trabalhador rural, embora não ganhe mais nem viva melhor que o operário industrial ou o mineiro, tem uma consciência mais clara do valor social de seu trabalho. Semear o trigo não é a mesma coisa que tirar diamantes da terra.

Talvez o maior progresso consista numa certa indiferenciação do trabalho, na facilidade de deixar um para assumir outro, talvez não mais lucrativo, porém mais nobre – porque há trabalhos mais ou menos nobres. Mas, costuma acontecer com triste frequência; nem quem ocupa uma profissão e não a abandona costuma preocupar-se em fazer vocação religiosa dela, nem quem a abandona e vai em busca de outra o faz com propósitos religiosos.

Não se conhecem casos em que alguém, baseado no fato de que o organismo profissional a que pertence e em que trabalha está mal organizado e não funciona como devia, furta-se ao estrito cumprimento do dever, a pretexto de outro dever mais elevado? Não chamam a esse cumprimento de formalismo e não falam de burocracia e de farisaísmo de funcionários? Isso costuma ser, às vezes, como se um militar inteligente e muito estudioso, que se deu conta das deficiências da organização bélica de sua pátria e as denunciou a seus superiores e talvez ao público – cumprindo assim com seu dever –, se negasse a executar em campanha uma operação que lhe fosse ordenada, por achá-la de escassíssima probabilidade de bom êxito, ou talvez de seguro fracasso, enquanto não se corrigissem aquelas deficiências. Mereceria ser fuzilado. Quanto ao farisaísmo...

Resta sempre um modo de obedecer mandando, um modo de levar a cabo a operação que se estima absurda, corrigindo seu absurdo, ainda que só com a própria morte. Quando, em minha função burocrática, deparei-me por vezes com alguma disposição legislativa que, por seu evidente absurdo, estava em desuso, sempre procurei aplicá-la. Não há nada pior que uma pistola carregada num canto e que não é usada; chega uma criança, põe-se a brincar com ela e mata seu pai. As leis em desuso são as mais terríveis, quando o desuso vem de ser ruim a lei.

Não se trata de vaguezas, ainda menos em nossa terra. Porque enquanto alguns andam procurando por aqui não sei que deveres e responsabilidades ideais, isto é, fictícios, eles mesmos não põem sua alma toda naquele mister imediato e concreto de que vivem; ao passo que os demais, a imensa maioria, não cumpre com seu ofício senão para o que se chama vulgarmente cumprir – *para cumprir*, frase terrivelmente imoral –, para se safar, fingir que faz, para dar pretexto, não fazer jus ao salário, seja em dinheiro ou em outra coisa.

Vejam um sapateiro, que vive de fazer sapatos e que os faz com o esmero necessário para conservar sua clientela, e não perdê-la. Outro sapateiro vive num plano espiritual algo mais elevado, pois tem amor ao ofício, e por brio ou pundonor esforça-se por ser tido como o melhor sapateiro da cidade ou do reino, ainda que isso não lhe dê nem mais clientela nem maiores ganhos, tão só mais renome e prestígio. Mas, há outro grau ainda maior de aperfeiçoamento moral no ofício da sapataria: o de tender a se tornar, para sua clientela, o sapateiro único e insubstituível, aquele que lhes faça de tal modo o calçado, que sintam sua falta quando deixá-los – "*deixá-lo?*", e não apenas "morrer" – sintam, seus clientes, que não devia ter morrido, porque ele lhes confeccionava sapatos pensando em poupar-lhes qualquer incômodo e que o cuidado com os pés não os impedisse de vagar contemplando as mais elevadas verdades: fez-lhes os sapatos por amor a eles e por amor a Deus neles, fez por religiosidade.

Escolhi, de propósito, esse exemplo, que talvez lhes pareça rasteiro, porque o sentimento, não ético, mas religioso, de nossas respectivas sapatarias anda muito baixo.

Os operários se associam, formam sociedades cooperativas e de resistência, lutam justa e nobremente pela melhoria de sua classe, mas não se vê essas negociações influírem grande coisa na moral do ofício. Chegaram a impor aos patrões que estes tenham de aceitar no trabalho aqueles que a sociedade operária respectiva designar em cada caso, e não outros; mas, da seleção técnica dos designados cuidam pouco. Há ocasiões em que o patrão nem consegue demitir o inepto por sua inépcia, pois seus companheiros a defendem. Quando trabalham, fazem-no amiúde apenas para cumprir, para justificar o salário, quando não o fazem mal de propósito para prejudicar o patrão (há casos assim).

Em aparente justificação de tudo isso, cabe dizer que os patrões, por sua vez, são cem vezes mais culpados do que seus operários, não se preocupando em absoluto nem com pagar melhor o que melhor trabalha, nem com fomentar a educação geral e técnica do operário, nem muito menos com a qualidade intrínseca do produto. A melhoria desse produto, que, à parte razões de concorrência industrial e mercantil, devia ser, em si, a questão capital, para o bem dos consumidores, por caridade, não o é nem para patrões, nem para os operários, pois nem estes nem aqueles sentem religiosamente seu ofício social. Nem uns, nem outros querem ser insubstituíveis. Esse mal se agrava com essa infeliz forma de sociedade e empresas industriais anônimas, em que, com a firma impessoal, se perde até aquela vaidade de acreditá-la, que substitui o anseio de eternizar-se. Com a individualidade concreta, cimento de toda religião, desaparece a religiosidade do ofício.

O que se diz de patrões e operários diz-se melhor ainda dos que se dedicam às profissões liberais e dos funcionários públicos. Quase não há servidor do Estado que sinta a religiosidade de seu mister oficial e público. Nada mais turvo, nada mais confuso entre nós que o sentimento dos deveres para com o Estado, sentimento obliterado ainda mais pela Igreja católica, que, no que concerne ao Estado, é, a bem da verdade, anarquista. Entre seus ministros não é raro achar quem defenda a licitude moral da sonegação e do contrabando, como se quem sonega ou contrabandeia, desobedecendo a autoridade legalmente constituída que o proíbe, não pecasse contra o quarto mandamento da lei de Deus, que, ao mandar honrar pai e mãe, manda obedecer a essa autoridade legal naquilo que não seja contrário, como não o é impor tributos, à lei de Deus.

Muitos são os que, considerando o trabalho um castigo, devido ao "comerás o pão com o suor do teu rosto", não estimam o trabalho do ofício civil a não ser sob seu aspecto econômico, político e, na melhor das hipóteses, sob seu aspecto estético. Para estes – entre os quais se encontram principalmente os jesuítas –, há dois negócios: o negócio inferior e passageiro de ganhar a vida, de ganhar o pão para nós e nossos filhos de uma maneira honrada – sendo sabida a elasticidade da honradez –, e o grande negócio de nossa salvação, de ganhar a glória eterna. Aquele trabalho inferior ou mundano não é mister fazê-lo, senão na medida em que, sem engano nem grave detrimento de nossos próximos, nos permita viver decorosamente à medida de nosso nível social, mas de modo que nos reste o maior tempo possível para atender ao outro grande negócio. Há quem, elevando-se um pouco acima dessa concepção, mais que ética, econômica, do trabalho de nosso ofício civil, chegue a uma concepção e a um sentimento estético deste, que se resumem a adquirir lustro e renome em nosso ofício e até em fazer dele arte pela arte, pela beleza. Mas é necessário elevar-se ainda mais, a um sentimento estético de nosso ofício civil que deriva e descende de nosso sentimento religioso, de nossa fome de eternização. Trabalhar cada um em seu próprio ofício civil, com a visão posta em Deus, por amor a Deus, o que vale dizer por amor a nossa eternização, é fazer desse trabalho uma obra religiosa.

O texto "comerás o pão com o suor do teu rosto" não quer dizer que Deus condenava o homem ao trabalho, mas à fadiga deste. Ao trabalho mesmo não pôde condená-lo, pois o trabalho é o único consolo prático por ter nascido. A prova de que não o condenou ao trabalho está, para um cristão, em que, ao pô-lo no Paraíso, antes da queda, quando ainda estava no estado de inocência, diz a Escritura que nele o colocou para que o guardasse e o cultivasse (Gênesis, 2:15). De fato, em que ia passar o tempo no Paraíso, se não o cultivasse? Acaso a própria visão beatífica não é uma espécie de trabalho?

Mesmo se o trabalho fosse nosso castigo, deveríamos tender a fazer dele, do próprio castigo, nosso consolo e nossa redenção; e se é para nos abraçarmos a alguma cruz, não há para cada um outra melhor que a cruz do trabalho de seu próprio ofício civil. Cristo não nos disse "toma minha cruz e segue-me", mas "toma tua cruz e segue-me". Cada um com a sua, que a do Salvador ele sozinho carrega. Portanto, a imitação de Cristo não consiste naquele ideal monástico que resplandece no conhecido livro vulgarmente atribuído a Tomás de Kempis, ideal aplicável apenas a um número muito limitado de pessoas, logo anticristão; imitar a Deus é cada um carregar sua cruz, a cruz de seu próprio ofício civil, como Cristo carregou a sua, a de seu ofício, civil também e ao mesmo tempo religioso, é abraçar-se a ela e levá-la com os olhos voltados para Deus e procurando fazer uma verdadeira oração dos atos próprios desse ofício. Fazendo sapatos e por fazê-los, pode-se ganhar a glória, se o sapateiro se esforçar em ser um sapateiro perfeito, como é perfeito nosso Pai celestial.

Já Fourier,* o sonhador socialista, sonhava tornar o trabalho atraente em seus "falanstérios" pela livre eleição

---

* Charles Fourier, pensador e economista (1772-1837), preceituava a associação dos indivíduos em "falanstérios", grupos humanos harmoniosamente constituídos pelo trabalho livremente consentido.

das vocações e por outros meios. O único é a liberdade. O encanto do jogo de azar que é o trabalho, de que depende, senão de que o jogador se submeta livremente à liberdade da Natureza, isto é, ao azar? E não nos percamos num cotejo entre trabalho e desporto.

E o sentimento de tornar-nos insubstituíveis, de não merecer a morte, de fazer que nossa aniquilação, se é que nos está reservada, seja uma injustiça, não só deve levar-nos a cumprir religiosamente, por amor a Deus e a nossa eternidade e eternização, nosso próprio ofício, mas a cumpri-lo de maneira apaixonada, trágica, se quiserem. Deve levar-nos a nos esforçar por deixar nos outros nossa marca, por nos perpetuar neles e em seus filhos, dominando-os; por deixar em tudo, imperecível, nosso monograma. A mais fecunda moral é aquela da mútua imposição.

Antes de mais nada, transformar em positivos os mandamentos que, de forma negativa, nos legou a Lei Antiga. Assim, onde nos é dito: não mentirás!, entender que nos é dito: dirás sempre a verdade, oportuna ou inoportunamente! Ainda que caiba a cada um de nós, e não aos demais, julgar em cada caso essa oportunidade. E onde nos é dito: não matarás!, entender: darás vida e a acrescentarás! Onde: não roubarás!, entender: aumentarás a riqueza pública! E onde: não cometerás adultério!, isto: darás à tua terra e ao céu filhos sadios, fortes e bons! E assim por diante.

Quem não perder sua vida não a logrará. Entregue-se, pois, aos outros, mas, para entregar-se a eles, primeiro domine-os. Pois não cabe dominar sem ser dominado. Cada um se alimenta da carne daquele a quem devora. Para dominar o próximo é necessário conhecê-lo e querê-lo. Tratando de lhe impor minhas ideias é que recebo as dele. Amar o próximo é crer que ele seja como eu, que seja outro eu, isto é, é querer eu ser ele, é querer suprimir a divisória entre ele e eu, suprimir o mal. Meu esforço por impor-me a outro, por eu ser e viver nele e dele, por fazê-lo meu – que é a mesma coisa que fazer-me seu –, é o que dá sentido religioso à coletividade, à solidariedade humana.

O sentimento de solidariedade parte de mim mesmo. Como sou sociedade, necessito apoderar-me da sociedade humana. Como sou um produto social, tenho de me socializar, e de mim vou a Deus – que sou eu projetado ao Todo – e de Deus a cada um de meus próximos.

De início, protesto contra o inquisidor, e a ele prefiro o comerciante, que vem colocar-me suas mercadorias. Mas se, recolhido em mim mesmo, pensar melhor na coisa, verei que aquele, o inquisidor, quando é de boa intenção, me trata como um homem, como um fim em si; pois, se me faz mal, é pelo caridoso desejo de salvar minha alma, enquanto o outro não me considera senão como um cliente, como um meio, e sua indulgência e tolerância nada mais são, no fundo, que a mais absoluta indiferença com respeito ao meu destino. Há muito mais humanidade no inquisidor.

Do mesmo modo, costuma haver muito mais humanidade na guerra do que na paz. A não resistência ao mal implica resistência ao bem, e, mesmo fora da defensiva, a ofensiva mesma é o mais divino acaso do humano. A guerra é escola de fraternidade e laço de amor; foi a guerra que, pelo choque e a agressão mútua, pôs em contato os povos, os fez reconhecerem-se e quererem-se. O mais puro e mais fecundo abraço de amor que os homens possam se dar é o que se dão, no campo de batalha, o vencedor e o vencido. Mesmo o ódio depurado que surge da guerra é fecundo. A guerra é, em seu mais estrito sentido, a santificação do homicídio. Caim se redime como general de exércitos. E se Caim não tivesse matado seu irmão Abel, talvez tivesse morrido nas mãos deste. Deus se revelou sobretudo na guerra. Começou sendo o deus dos exércitos, e um dos maiores serviços da cruz é o de defender, na espada, a mão que a esgrime.

Foi Caim, o fratricida, o fundador do Estado, dizem os inimigos deste. É necessário aceitar o fato e orientá-lo para a glória do Estado, filho da guerra. A civilização começou no dia em que um homem, submetendo a outro e obrigando-o a trabalhar para os dois, pôde dedicar-se à contemplação do mundo e obrigar seu submisso a trabalhos de luxo. Foi a escravidão que permitiu a Platão especular sobre a república ideal, e foi a guerra que trouxe a escravidão. Não em vão Atenas é a deusa da guerra e da ciência. Mas será necessário repetir mais uma vez essas verdades tão óbvias, mil vezes desatendidas e que outras mil voltam a renascer?

O preceito supremo que surge do amor a Deus e a base de toda moral é este: entregue-se por inteiro e dê seu espírito para salvá-lo, para eternizá-lo. Tal é o sacrifício de uma vida.

E entregar-se supõe, repito, impor-se. A verdadeira moral religiosa é, no fundo, agressiva, invasora.

O indivíduo enquanto indivíduo, o miserável indivíduo que vive presa do instinto de conservação e dos sentidos, quer apenas conservar-se, e todo o seu desejo é que os demais não penetrem em sua esfera, não o incomodem, não lhe interrompam a preguiça; em troca do que, ou para dar exemplo e norma, renuncia ele a penetrar na dos outros, a interromper-lhes a preguiça, a incomodá-los, a apoderar-se deles. O "não faça com os outros o que não quiser que façam com você", ele traduz assim: eu não me meto com os outros, que os outros não se metam comigo. Ele se apequena, se encolhe e perece nesta avareza espiritual e nesta moral repulsiva do indivídualismo anárquico: cada um por si. E como cada um não é ele mesmo, não pode ser por si.

Mas, assim que o indivíduo se sente em sociedade, sente-se em Deus, e o instinto de perpetuação o inflama de amor a Deus e de caridade dominadora, ele procura perpetuar-se nos outros, perenizar seu espírito, eternizá-lo, despregar Deus, e só anseia por marcar seu espírito nos outros espíritos e receber a marca destes. É que sacudiu de si a preguiça e a avareza espirituais.

A preguiça, dizem, é a mãe de todos os vícios. De fato, a preguiça gera os dois vícios – a avareza e a inveja –, que são, por sua vez, fontes de todos os demais. A preguiça é o peso da matéria por si inerte em nós, e essa preguiça, enquanto nos diz que trata de nos conservar pela poupança, na realidade apenas nos diminui, nos anula.

Ao homem, ou sobra matéria, ou sobra espírito; melhor dizendo, ou sente fome de espírito, isto é, de eternidade, ou fome de matéria, resignação a anular-se. Quando lhe sobra espírito e sente fome de mais espírito, verte-o, derrama-o fora e, ao derramá-lo, aumenta-o, com o dos demais. Pelo contrário, quando, avaro de si mesmo, se recolhe em si, pensando melhor conservar-se, acaba perdendo tudo e acontece com ele o mesmo que com aquele que recebeu um só talento: enterrou-o para não o perder e ficou sem ele. Porque a quem tem, será dado, mas do que tem apenas pouco, até esse pouco lhe será tomado.

Sejam perfeitos, como é seu Pai celestial, disseram-nos, e esse terrível preceito – terrível, porque a perfeição infinita do Pai nos é inacessível – deve ser nossa suprema norma de conduta. Quem não aspira ao impossível não fará nada factível que valha a pena. Devemos aspirar ao impossível, à perfeição absoluta e infinita, e dizer ao Pai; "Pai, não posso: ajude minha impotência!" E Ele o fará em nós.

Ser perfeito é ser tudo, é ser eu e ser todos os demais, é ser humanidade, é ser Universo. E não há outro caminho para ser tudo o mais, senão dar-se a tudo e, quando tudo for em tudo, tudo será em cada um de nós. A apocatástase é mais que um sonho místico: é uma norma de ação, é um farol de altas façanhas.

Donde a moral invasora, dominadora, agressiva, inquisidora, se quiserem. Porque a caridade verdadeira é invasora, consistindo em introduzir meu espírito nos outros espíritos, em dar-lhes minha dor como alimento e consolo para suas dores, em despertar com minha inquietude suas inquietudes, em aguçar sua fome de Deus com minha fome Dele. A caridade não é acalentar e adormecer nossos irmãos na inércia e na modorra da matéria, mas despertá-los na angústia e no tormento do espírito.

Às catorze obras de misericórdia que nos foram ensinadas no Catecismo da doutrina cristã seria necessário acrescentar, por vezes, mais uma: a de despertar o adormecido. Às vezes, pelo menos. E, é claro, quando este dorme à beira de um precipício, despertá-lo é muito mais misericordioso do que enterrá-lo depois de morto, pois deixemos que os mortos enterrem seus mortos. Bem dito aquilo de que "quem te quer bem, te fará chorar": a caridade costuma fazer chorar. "O amor que não mortifica não merece tão divino nome", dizia o ardente apóstolo português frei Tomé de Jesus[3], o desta jaculatória: "Ó, fogo infinito, ó, amor eterno, que se não tens onde abraçar-te, e te estenderes, e muitos corações que queimar, choras!" Quem ama o próximo queima-lhe o coração, e o coração, como a lenha verde, quando se queima, geme e destila lágrimas.

Fazer isso é generosidade, uma das virtudes mães que surgem quando se vence a inércia, a preguiça. A maioria de nossas misérias vem da avareza espiritual.

O remédio para a dor, que é, dissemos, o choque da consciência na inconsciência, não é submergir nesta, mas elevar-se àquela e sofrer mais. O mal da dor se cura com mais dor, com mais alta dor. Não há que tomar ópio, mas pôr vinagre e sal na ferida da alma, porque, quando você dormir e já não sentir a dor, é que você já não é. E há que ser. Portanto, não feche os olhos para a Esfinge angustiante, mas olhe-a nos olhos e deixe que ela o pegue, mastigue-o em sua boca de cem mil dentes venenosos e o engula. Verá que doçura, quando ela o tiver engolido, que dor mais saborosa.

E chega-se a isso praticamente pela moral da mútua imposição. Os homens devem tratar de se impor uns aos outros, de se dar mutuamente seus espíritos, de selar mutuamente suas almas.

Dá o que pensar terem chamado a moral cristã de moral de escravos. Quem? Os anarquistas! O anarquismo sim é que é moral de escravos, pois só o escravo canta a liberdade anárquica. Anarquismo, não, *pan-anarquismo*. Não aquela história de nem Deus, nem amo, mas todos os deuses e todos os amos, todos se esforçando por divinizar-se, por imortalizar-se. E, para tanto, dominando os outros.

Há tantos modos de dominar! Às vezes, até passivamente, pelo menos em aparência, cumpre-se essa lei da vida. Acomodar-se ao ambiente, imitar, pôr-se no lugar do outro, a simpatia, enfim, além de ser uma manifestação da unidade da espécie, é um modo de expandir-se, de ser outro. Ser vencido ou, pelo menos, parecer vencido, é muitas vezes vencer; tomar o de outro é um modo de viver nele.

Ao dizer dominar, não quero dizer como o tigre. Também dominam a raposa pela astúcia, a lebre fugindo, a víbora por seu veneno, o mosquito por sua pequenez, a lula por sua tinta, com que escurece o ambiente e foge.

Ninguém se escandalize com isso, pois foi o próprio Pai de todos, que deu ferocidade, garras e dentes ao tigre, astúcia à raposa, patas velozes à lebre, veneno à víbora, pequenez ao mosquito e tinta à lula. A nobreza e a indignidade não consistem nas armas que se usam, pois cada espécie, até mesmo cada indivíduo, tem as suas, mas em como se usam e, sobretudo, no fim para o qual são esgrimidas.

Entre as armas de vencer também há a da paciência e da resignação apaixonadas, cheias de atividade e de anseios interiores. Lembrem-se daquele estupendo soneto do grande lutador, do grande inquiridor puritano John Milton, o sequaz de Cromwell e cantor de Satanás, que, ao se ver cego, considerar sua luz apagada e sentir inútil nele aquele talento cuja ocultação é morte, ouve a paciência dizer-lhe: "Deus não necessita da minha obra de homem, nem de seus dons; os que melhor levam seu brando jugo, melhor o servem; seu estado é régio; mil há que se lançam a seu sinal e correm sem descanso terras e mares, mas também lhe servem os que não fazem senão deixar-se estar e aguardar."

They also serve who only stand and wait. Sim, também lhe servem os que apenas o estão aguardando, mas é quando o aguardam apaixonadamente, famintamente, cheios de anseio de imortalidade Nele.

É necessário impor-se, ainda que só pela paciência. "Meu copo é pequeno, mas bebo em meu copo", dizia um poeta egoísta e de um povo de avaros. Não: em meu copo bebem todos, quero que todos bebam nele; ofereço-o, e meu copo cresce, segundo o número dos que nele bebem, e todos, ao porem nele seus lábios, deixam ali algo de seu espírito. Bebo também nos copos dos outros, enquanto eles bebem no meu. Porque quanto mais sou de mim mesmo e quanto mais sou eu mesmo, mais sou os outros. Da plenitude de mim mesmo verto-me em meus irmãos e, ao verter-me neles, eles entram em mim.

"Sede perfeitos, como vosso Pai", disseram-nos, e nosso Pai é perfeito porque é Ele, é cada um de seus filhos que Nele vivem, são e se movem. O fim da perfeição é que sejamos todos uma só coisa (João, 17:21), todos um corpo em Cristo (Rom., 12:5), e que, por fim, sujeitas todas as coisas ao Filho, o próprio Filho se sujeite, por sua vez, a quem sujeitou tudo para que Deus seja tudo em todos. E isso é fazer com que o Universo seja consciência; fazer da Natureza sociedade, e sociedade humana. Então será possível chamar Deus de Pai em alto e bom som.

Já sei que os que dizem que a ética é ciência dirão que tudo isso que venho expondo nada mais é que retórica. Mas cada um tem sua linguagem e sua paixão. Isto é, a quem tem e a quem não tem paixão, de nada serve ter ciência.

A paixão que se expressa por esta retórica, os da ciência chamam-na de egotismo, e esse egotismo é o único remédio verdadeiro para o egoísmo, para a avareza espiritual, para o vício de se conservar e se poupar, e não de procurar perenizar-se, dando-se.

"Não sejas, e poderás mais do que tudo o que és", dizia nosso frei Juan de los Ángeles num de seus Diálogos[4]. Mas o que quer dizer esse não sejas? Não quererá dizer, paradoxalmente, como sucede amiúde nos místicos, o contrário do que tomado ao pé da letra e à primeira leitura nos diz? Não é um imenso paradoxo, melhor dizendo, um grande contrassenso trágico, toda a moral da submissão e do quietismo? A moral monástica, a moral puramente monástica, não é um absurdo? E chamo aqui de moral monástica a do cartuxo solitário, a do eremita, que foge do mundo – levando-o talvez consigo – para viver sozinho e a sós com um Deus também só e solitário;

não a do dominicano inquisidor, que percorre a Provença queimando corações de albigenses.

"Que Deus faça tudo!", dirá alguém; mas se o homem cruza os braços, Deus põe-se a dormir.

Essa moral da cartuxa e a outra moral científica, a que extraem da ciência ética – ó, a ética como ciência!, a ética racional e racionalista!, pedantismo dos pedantismos, tudo pedantismo! –, isso sim, pode ser egoísmo e frieza de coração.

Há quem diga isolar-se com Deus para melhor salvar-se, para melhor redimir-se; mas a redenção tem de ser coletiva, pois a culpa o é. "O religioso é a determinação da totalidade, e tudo o que está fora disso é engano dos sentidos, de modo que o maior criminoso é, no fundo, inocente e um homem bondoso, um santo." Assim dizia Kierkegaard[5].

Compreende-se, por outro lado, que se queira ganhar a outra vida, a eterna, renunciando a esta, a temporal? Se a outra vida é algo, há de ser continuação desta, e somente como sua continuação mais ou menos depurada dela nosso anseio a imagina. E assim é: como for esta vida do tempo, assim será a da eternidade.

"Este mundo e o outro são como duas mulheres de um só marido: se se agrada uma, leva-se a outra à inveja", diz um pensador árabe citado por Windelband.[6] Mas esse pensamento só pode ter brotado de quem não soube resolver, numa luta fecunda, numa contradição prática, o conflito trágico entre seu espírito e o mundo. "Venha a nós o vosso reino", Cristo nos ensinou a pedir a seu Pai, e não "vamos ao vosso reino". E, segundo as crenças cristãs primitivas, a vida eterna se realizaria nesta mesma terra, como continuação da vida terrena. Homens, e não anjos, fomos feitos para que buscássemos nossa felicidade através da vida, e o Cristo da fé cristã não se angelizou, mas se humanizou, tomando corpo real e efetivo, e não aparência dele, para nos redimir. Segundo essa mesma fé, os anjos, até mesmo os mais elevados, adoram a Virgem, símbolo supremo da Humanidade terrena. Não é, pois, o ideal angélico um ideal cristão, muito menos, é claro, humano, nem pode sê-lo. Ademais, um anjo é algo neutro, sem sexo e sem pátria.

Não nos cabe sentir a outra vida, eterna, já repeti isso várias vezes, como uma vida de contemplação angélica: há de ser vida de ação. Dizia Goethe que "o homem deve crer na imortalidade; tem para tanto um direito conforme à sua natureza". E acrescentava assim: "A convicção de nossa perenidade brota-me do conceito de atividade. Se ajo sem trégua até meu fim, a Natureza é obrigada [*so ist die Natur verpflichtet*] a me proporcionar outra forma de existência, já que meu espírito atual não pode suportar mais." Mudem a questão da Natureza pela de Deus e terão um pensamento que não deixa de ser cristão, pois os primeiros Padres da Igreja não acreditaram que a imortalidade da alma fosse um dom natural – isto é, algo racional –, mas um dom divino da graça. E o que é da graça costuma ser, no fundo, de justiça, já que a justiça é divina e gratuita, não natural. Acrescentava Goethe: "Eu não saberia começar nada com uma felicidade eterna, se não me oferecessem novas tarefas e novas dificuldades a vencer." Assim é: a ociosidade contemplativa não é felicidade.

Mas não terá alguma justificativa a moral do eremita, da cartuxa, a da Tebaida? Não se poderá dizer que é mister conservar esses tipos de exceção para que sirvam de eterno modelo para os outros? Os homens não criam cavalos de corrida, inúteis para qualquer outro ofício utilitário, mas que mantêm a pureza do sangue e são pais de excelentes cavalos de tiro e de sela? Não há um luxo ético, não menos justificável que o outro? Mas, por outro lado, tudo isso, no fundo, não será estética, moral, e muito menos religião? Não será estético, e não religioso, nem sequer ético, o ideal monástico contemplativo medieval? No fim das contas, aqueles solitários que nos contaram seus colóquios a sós com Deus fizeram uma obra eternizadora, introduziram-se nas almas dos outros. Apenas com isso, com o fato de o claustro ter podido nos dar um Eckhart, um Suso, um Tauler, um Ruysbrock, um Juan de la Cruz, uma Catarina de Siena, uma Ângela de Foligno, uma Teresa de Jesus, está justificado o claustro.

Mas nossas Ordens espanholas são, sobretudo, as de Predicadores, que Domingo de Guzmán instituiu para a obra agressiva de extirpar a heresia; a Companhia de Jesus, uma milícia em meio ao mundo, com o que está dito tudo; a das Escolas Pias, para a obra também invasora do ensino... Por certo, dir-me-ão também que a reforma do Carmelo, ordem contemplativa, empreendida por Teresa de Jesus, foi obra espanhola. Sim, foi espanhola, e nela se buscava a liberdade.'

Era a ânsia de liberdade, de liberdade interior, de fato, o que, naqueles tempos conturbados da Inquisição, levava as almas eleitas ao claustro. Encarceravam-se para melhor serem livres. "Não é uma linda coisa que uma pobre monja de São José possa chegar a apoderar-se de toda a terra e dos elementos?", dizia, em sua *Vida*, santa Teresa. Era a ânsia paulina de liberdade, de emancipar-se da lei externa, que era bem dura – e, como dizia o mestre frei Luis de León, bem cabeçuda então.

Mas alcançaram a liberdade assim? É muito duvidoso que a tenham alcançado, e hoje é impossível. Porque a verdadeira liberdade não é coisa de emancipar-se da lei externa: a liberdade é a consciência da lei. É livre não aquele que se livra da lei, mas aquele que a domina. A liberdade tem de ser buscada em meio ao mundo, que é onde vive a lei, e, com a lei, a culpa, sua filha. É da culpa, que é coletiva, que tem de libertar-se.

Em vez de renunciar ao mundo para dominá-lo – quem não conhece o instinto coletivo de dominação das Ordens religiosas, cujos indivíduos renunciam ao mundo? –, o que seria necessário fazer é dominar o mundo para poder renunciar a ele. Não buscar a pobreza e a submissão, mas a riqueza, para empregá-la em aumentar a consciência humana, e buscar o poder para servir-se dele com o mesmo fim.

É curioso que frades e anarquistas se combatam, quando, no fundo, professam a mesma moral e têm tão íntimo parentesco uns com os outros. O anarquismo como que vem a ser uma espécie de monacato ateu, e é mais uma doutrina religiosa do que ética e econômico-social. Uns partem de que o homem nasce mau, em pecado original, e a graça o torna bom, se é que torna; outros, de que nasce bom e a sociedade o perverte. Em suma, dá no mesmo uma e outra coisa, pois em ambas o indivíduo opõe-se à sociedade, como se ele a precedesse e, portanto, fosse sobreviver a ela. Ambas as morais são morais de claustro.

O fato de ser coletiva a culpa não deve servir para eu lançá-la sobre os demais, mas sim para carregar em meus ombros as culpas dos outros, as de todos; não para difundir minha culpa e afogá-la na culpa total, mas para fazer a culpa total minha; não para alienar minha culpa, mas para absorver e me apropriar, interiorizando-a, a de todos. Cada um deve contribuir para curá-la, pelo que outros não fazem. O fato de a sociedade ser culpada agrava a culpa de cada um. "Alguém tem de fazê-lo, mas por que eu?", é a frase que repetem os fracos bem-intencionados. Alguém tem de fazê-lo, por que não eu?, é o grito de um sério servidor do homem, que se defronta, frente a frente, com um sério perigo. Entre essas duas sentenças medeiam séculos inteiros de evolução moral." Assim disse mrs. Annie Besant, em sua autobiografia. Assim disse a teósofa.

O fato de a sociedade ser culpada agrava a culpa de cada um, e é mais culpado quem mais sente a culpa. Cristo, o inocente, como conhecia melhor que ninguém a intensidade da culpa, era em certo sentido o mais culpado. Nele, a divindade da humanidade e, com ela, sua culpabilidade tornou-se consciente. Muita gente costuma rir ao ler sobre grandes santos que, por faltas mínimas, por faltas que fazem sorrir um homem do mundo, consideraram-se os maiores pecadores. Mas a intensidade da culpa não se mede pelo ato externo, e sim pela consciência dela, causando a um agudíssima dor o que a outro mal dá uma comichão. Num santo, a consciência moral pode chegar a tal plenitude e agudeza, que o mais leve pecado o atormente mais que o crime ao maior criminoso. A culpa funda-se em ter consciência dela, está no que julga e enquanto julga. Quando alguém comete um ato pernicioso crendo, de boa-fé, fazer uma ação virtuosa, não podemos considerá-lo moralmente culpado; e quando outro crê que é má uma ação indiferente ou, talvez, benéfica, e a leva a cabo, é culpado. O ato passa, a intenção permanece, e o mal do ato mau é que torna má a intenção; que, fazendo o mal conscientemente, alguém se predisponha a continuar fazendo-o, obscurece-se a consciência. E fazer o mal não é a mesma coisa que ser mau. O mal obscurece a consciência, não só a consciência moral, mas a consciência geral, a consciência psíquica. É bom o que exalta e expande a consciência, mau o que a deprime e reduz.

Talvez caiba aqui o mesmo que Sócrates, segundo Platão, já se indagava: se a virtude é ciência. O que equivale a indagar se a virtude é racional.

Os éticos, os que pretendem que a moral seja ciência – os que, ao lerem todas estas divagações dirão: retórica,

retórica, retórica! –, estes acreditarão, parece-me, que a virtude se adquire por ciência, por estudo racional, e até que a matemática nos ajuda a ser melhores. Não sei, mas sinto que a virtude, como a religiosidade, como o anseio de nunca morrer – e tudo isso é a mesma coisa, no fundo – se adquire muito mais por paixão.

"Mas a paixão o que é?", perguntar-me-ão. Não sei. Ou, melhor dizendo, sei muito bem, porque a sinto e, sentindo-a, não preciso defini-la. Mais ainda: temo que, se consigo defini-la, deixarei de senti-la e de tê-la. A paixão é como a dor, e, como a dor, cria seu objeto. É mais fácil o fogo achar combustível, do que o combustível achar fogo.

Vacuidade e sofistaria, é o que isso parecerá, eu sei. Também vão me dizer que há a ciência da paixão, que há a paixão da ciência e que é na esfera moral que a razão e a vida se unem.

Não sei, não sei, não sei... Talvez eu esteja dizendo, no fundo, ainda que mais confusamente, o mesmo que eles – os adversários que invento para ter a quem combater –, dizem, só que mais clara, mais definida e mais racionalmente. Não sei, não sei... Mas suas coisas me deixam gelado, soam-me como vacuidade afetiva.

Voltando à mesma questão: é a virtude ciência? É a ciência virtude? Porque são duas coisas distintas. A virtude pode ser ciência, ciência de saber conduzir-se bem, sem que, por isso, nenhuma outra ciência seja virtude. Ciência é a de Maquiavel, e não se pode dizer que sua *virtù* seja virtude moral, sempre. É sabido, de resto, que nem os mais inteligentes, nem os mais instruídos são melhores.

Não, não, não! Nem a fisiologia ensina a digerir, nem a lógica a discorrer, nem a estética a sentir a beleza ou a expressá-la, nem a ética a ser bom. Menos mal se não ensina a ser hipócrita, porque o pedantismo, seja de lógica, seja de estética, não é, no fundo, senão hipocrisia.

Talvez a razão ensine certas virtudes burguesas, mas não faz heróis nem santos. Porque santo é o que faz o bem, não pelo próprio bem, mas por Deus, pela eternização.

Talvez, por outro lado, a cultura, isto é, a Cultura – ó, a cultura! –, obra sobretudo de filósofos e de homens de ciência, não a fizeram os heróis, nem os santos! Porque os santos pouco se preocuparam com o progresso da cultura humana; preocuparam-se muito mais com a salvação das almas individuais daqueles com quem conviviam. Que significa, por exemplo, na história da cultura humana, nosso santo Juan de la Cruz, aquele fradezinho ardoroso, como chamaram-no culturalmente – e não sei se cultamente –, ao lado de Descartes?

Todos esses santos, inflamados de religiosa caridade para com seus próximos, famintos de eternização própria ou alheia, que iam queimar corações alheios – inquisidores, talvez –, todos esses santos, que fizeram para o progresso da ciência da ética? Acaso algum deles inventou o imperativo categórico, como o solteirão de Königsberg, que, se não foi santo, mereceu sê-lo?

Queixava-se um dia comigo o filho de um grande professor de ética, que sempre falava desse imperativo, que ele vivia numa desolada sequidão de espírito, num vazio interior. Tive de lhe dizer: "É que seu pai, meu amigo, tinha um rio subterrâneo no espírito, uma fresca corrente de antigas crenças infantis, de esperanças de além-túmulo; e, quando cria alimentar sua própria alma com esse imperativo ou algo parecido, na realidade a estava alimentando com aquelas águas da meninice. E a você talvez tenha dado a flor de seu espírito, suas doutrinas racionais de moral, mas não a raiz, não o subterrâneo, não o irracional."

Por que vingou aqui, na Espanha, o krausismo, e não o hegelianismo ou o kantismo, sendo esses sistemas muito mais profundos, racional e filosoficamente, do que aquele? Porque o primeiro nos foi trazido com raízes. O pensamento filosófico de um povo ou de uma época é como sua flor, ou, se quiserem, como seu fruto: tira sua seiva das raízes da planta, e as raízes, que estão dentro e debaixo da terra, são o sentimento religioso. O pensamento filosófico de Kant, suprema flor da evolução mental do povo germânico, tem suas raízes no sentimento religioso de Lutero, e não é possível que o kantismo, sobretudo em sua parte prática, vingasse e desse frutos em povos que não tinham passado pela Reforma, nem talvez pudessem passar por ela. O kantismo é protestante; nós, espanhóis, somos fundamentalmente católicos. E se Krause deitou aqui algumas raízes – mais do que se crê, e não tão passageiras como se supõe –, é porque ele tinha raízes pietistas, e o pietismo, como Ritschl demonstrou na história deste[7], tem raízes especificamente católicas e significa, em grande parte, a invasão, ou antes, a persistência do misticismo católico no seio do racionalismo protestante. Assim se explica que não poucos pensadores católicos se krausizaram aqui.

Dado que nós, espanhóis, somos católicos, saibamo-lo ou não, querendo-o ou não, e conquanto algum de nós pose de racionalista ou de ateu, talvez nosso mais profundo trabalho de cultura e, valendo mais que o de cultura, de religiosidade – se é que não são a mesma coisa –, seja tratar de nos dar nítida consciência desse nosso catolicismo subconsciente, social ou popular; e foi isso que tratei de fazer nesta obra.

O que chamo de sentimento trágico da vida nos homens e nos povos é, no mínimo, nosso sentimento trágico da vida, o dos espanhóis e do povo espanhol, tal como se reflete em minha consciência, que é uma consciência espanhola, construída na Espanha. E esse sentimento trágico da vida é o próprio sentimento católico dela, pois o catolicismo, mais ainda o catolicismo popular, é trágico. O povo detesta a comédia. O povo, quando Pilatos – o fidalgo, o distinto, o esteta, o racionalista, se quiserem – tenta lhe oferecer comédia e apresenta Cristo em irrisão, dizendo "Aqui está o homem!", amotina-se e grita: "Crucifica-o! Crucifica-o! Não quer comédia, quer tragédia. E o que Dante, o grande católico, chamou de comédia divina, é a mais trágica comédia que já se escreveu.

Como quis, nestes ensaios, mostrar a alma de um espanhol e, nela, a alma espanhola, poupei a citação de escritores espanhóis, prodigalizando, talvez em excesso, as dos outros países. Mas todas as almas humanas são irmãs.

E há uma figura, uma figura comicamente trágica, uma figura em que se vê todo o profundamente trágico da comédia humana, a figura de nosso senhor Dom Quixote, o Cristo espanhol, em que se resume e se encerra a alma imortal deste meu povo. Talvez a paixão e a morte do Cavaleiro da Triste Figura seja a paixão e a morte do povo espanhol. Sua morte e sua ressurreição. Há uma filosofia e até uma metafísica quixotescas, uma lógica e uma ética quixotescas, uma religiosidade – religiosidade católica espanhola – quixotesca. Na filosofia, é a lógica, é a ética, é a religiosidade que tratei de esboçar e mais sugerir do que desenvolver nesta obra. Desenvolvê-las racionalmente não: a loucura quixotesca não consente a lógica científica.

Agora, antes de concluir e despedir-me de meus leitores, resta-me falar do papel que está reservado a Dom Quixote na tragicomédia europeia moderna.

Vamos vê-lo no último destes ensaios.

CAPÍTULO XII
CONCLUSÃO: DOM QUIXOTE NA TRAGICOMÉDIA EUROPEIA CONTEMPORÂNEA

> Voz do que clama no deserto!
> (Isaías, 40:3)

Forçoso já me é concluir, por ora ao menos, estes ensaios que ameaçam converter-se numa história sem fim. Foram saindo de minhas mãos para o prelo numa quase improvisação sobre notas colhidas durante anos, sem ter presente, ao escrever cada ensaio, os que o precederam. Assim, irão cheios de contradições íntimas – pelo menos aparentes –, como a vida e como eu mesmo.

Meu pecado foi, se tive algum, tê-los ornado excessivamente com citações alheias, muitas das quais parecerão trazidas com certa violência. Mas vou explicá-lo de novo.

Muito poucos anos depois de nosso senhor Dom Quixote ter andado pela Espanha, dizia-nos Jakob Boehme[1] que não escrevia uma história que outros lhe tivessem contado, mas que tinha de estar ele mesmo na batalha e, nela, em grande peleja, na qual frequentemente era vencido, como todos os homens. Mais adiante acrescenta que, embora tenha de fazer-se espetáculo do mundo e do demônio, resta a esperança em Deus sobre a vida futura, em quem quer arriscá-la e não resistir ao Espírito. Amém. Tampouco eu, como este Quixote do pensamento alemão, quero resistir ao Espírito.

Por isso lanço minha voz, que clamará no deserto, e a lanço desta Universidade de Salamanca, que chamou arrogantemente a si mesma *omnium scientiarium princeps*, que Carlyle chamou de fortaleza da ignorância, e um literato francês, faz pouco, Universidade fantasma; desta Espanha, "terra dos sonhos que se tornam realidades, defensora da Europa, lar do ideal cavaleiresco", como me dizia em carta, não há muito, Mr. Archer Huntington, poeta; desta Espanha, cabeça da Contrarreforma no século XVI. Não perdem por esperar!

No quarto destes ensaios falei-lhes da essência do catolicismo. E, para *desessenciá-lo*, isto é, descatolizar a Europa, contribuíram o Renascimento, a Reforma e a Revolução, substituindo aquele ideal de uma vida eterna ultraterrena pelo ideal do progresso, da razão, da ciência. Ou melhor, da Ciência com maiúscula. E, por último, o que hoje mais se preza, a cultura.

Na segunda metade do passado século XIX, época nada filosófica, mas tecnicista, dominada por um especialismo míope e pelo materialismo histórico, esse ideal se traduziu não numa obra de vulgarização, mas de vulgaridade científica – ou antes, pseudocientífica – que desaguava em democráticas bibliotecas, baratas e sectárias. Queria-se, assim, popularizar a ciência, como se coubesse a esta descer até o povo e servir suas paixões, e não ao povo subir até ela e, por ela, mais acima ainda, a novos e mais profundos anseios.

Tudo isso levou Brunetière a proclamar a bancarrota da ciência, e essa ciência, ou o que fosse, foi à bancarrota, de fato. Como ela não satisfazia, não se deixava de buscar a felicidade, sem encontrá-la na riqueza, nem no saber, nem no poder, nem no prazer, nem na resignação, nem na boa consciência moral, nem na cultura. E veio o pessimismo.

O progressismo tampouco satisfazia. Progredir para quê? O homem não se conformava com o racional, a *Kulturkampf* não lhe bastava; queria dar finalidade última à vida, e esta, a que chamo finalidade final, é o verdadeiro ὄντως ὄν. E a famosa *maladie du siècle*, que se anuncia em Rousseau e que o *Obermann* de Sénancour acusa melhor que ninguém, não era, nem é, outra coisa que a perda da fé na imortalidade da alma, na finalidade humana do Universo.

Seu símbolo, seu verdadeiro símbolo, é um ente de ficção, o doutor Fausto.

Esse imortal doutor Fausto, que já nos aparece em princípios do século XVII, em 1604, por obra do Renascimento e da Reforma, e por incumbência de Christopher Marlowe, já é o mesmo que Goethe voltará a descobrir, conquanto, sob certos aspectos, mais espontâneo e mais fresco. E junto dele aparece Mefistófeles, a quem Fausto faz a pergunta: "que bem fará minha alma ao teu senhor?" E o primeiro responde: "Ampliar seu reino." "E é essa a razão por que nos tenta assim?", torna a perguntar o doutor, e o espírito maligno responde: "*Solamen miseris socios habuisse doloris*", que, em mal traduzido vernáculo, dizemos: mal de muitos, consolo de tolos. "Onde estamos, está o inferno, e onde está o inferno, temos de estar sempre", acrescenta Mefistófeles, ao que Fausto acrescenta que crê ser uma fábula esse inferno e lhe pergunta quem fez o mundo. O trágico doutor, torturado por nossa tortura, acaba encontrando Helena, que, embora Marlowe talvez nem o suspeitasse, não é ninguém mais que a Cultura renascente. Há, neste *Fausto* de Marlowe, uma cena que vale por toda a segunda parte do *Fausto* de Goethe. Fausto diz a Helena: "Doce Helena, faz-me imortal com um beijo" – e a beija. – "Teus lábios tragam-me a alma. Olha, como me foge! Vem, Helena; vem, devolve minha alma! Quero ficar aqui, porque o céu está nesses lábios, e tudo o que não seja Helena é escória."

"Devolve minha alma!" Eis o grito de Fausto, o doutor, quando, depois de ter beijado Helena, vai-se perder para sempre. Porque, ao Fausto primitivo, não há nenhuma ingênua Margarida que o salve. A salvação foi invenção de Goethe. E quem não conhece seu Fausto, nosso Fausto, que estudou filosofia, jurisprudência, medicina e até teologia, e só viu que não podemos saber nada, e quis fugir para o campo aberto (*hinaus ins weite Land*!); topou com Mefistófeles, parte daquela força que sempre quer o mal fazendo sempre o bem, e este levou-o aos braços de Margarida, ao povo simples, a quem ele, o sábio, perdeu, mas graças à qual, que por ele se entregou, salva-se, redimido pelo povo crente, de fé simples? Mas houve aquela segunda parte, porque aquele outro Fausto era o Fausto anedótico, não o categórico Fausto de Goethe, e voltou a entregar-se à Cultura, a Helena, e a gerar nela Euforíon, terminando tudo com o eterno feminino, entre coros místicos. Pobre Euforíon!

E essa Helena, será ela a esposa do louro Menelau, a quem Páris raptou e causou a guerra de Troia, e de quem os anciãos troianos diziam que não devia indignar que se guerreasse por uma mulher que, por seu rosto, se parecia tão terrivelmente com as deusas imortais? Creio, ao contrário, que essa Helena de Fausto era outra, a que acompanhava Simão Mago, e que este dizia ser a inteligência divina. E Fausto pode lhe dizer: "devolve-me a alma!"

Porque Helena, com seus beijos, nos tira a alma. E o que queremos e necessitamos é alma, alma de vulto e substância.

Mas vieram o Renascimento, a Reforma e a Revolução, trazendo-nos Helena, ou, antes, impulsionados por ela; e agora nos falam de Cultura e de Europa.

Europa! Essa noção primitiva e imediatamente geográfica, converteram-na, por artifícios mágicos, numa categoria quase metafísica. Quem sabe hoje, pelo menos na Espanha, o que é Europa? Sei apenas que é um "cavalete" (vide meus *Três ensaios*). Quando me ponho a examinar o que nossos europeizantes chamam de Europa, parece-me às vezes que fica fora dela muito do periférico – Espanha, é claro, Inglaterra, Itália, Escandinávia, Rússia... – e que se reduz ao central, a França e Alemanha, com seus anexos e dependências.

Tudo isso nos foi trazido, dizia eu, pelo Renascimento e pela Reforma, irmãos gêmeos que viveram em aparente guerra intestina. Os renascentistas italianos, todos eles socinianistas, e os humanistas, com Erasmo à frente, consideraram um bárbaro aquele frade Lutero, que tirou seu ímpeto do claustro, como dele tiraram Bruno e Campanella. Mas aquele bárbaro era seu irmão gêmeo; combatendo-os, combatia a seu lado contra o inimigo comum. Tudo isso nos foi trazido pelo Renascimento e pela Reforma, depois pela Revolução, sua filha, que ainda nos trouxeram uma nova Inquisição: a da ciência ou cultura, que usa como armas o ridículo e o desprezo pelos que não se rendem à sua ortodoxia.

Quando Galileu manda ao grão-duque da Toscana seus escritos sobre a mobilidade da terra, dizia-lhe que convém obedecer e crer nas determinações dos superiores e que considerava aquele texto "uma poesia, ou um sonho, e como tal recebei-o Vossa Alteza". Outras vezes, chama-o de "quimera" e "capricho matemático". Assim eu, nestes ensaios, também por temor – por que não confessá-lo? – à Inquisição, mas a de hoje, a científica, apresento como poesia, sonho, quimera ou capricho místico o que mais de dentro me brota. E digo com Galileu: *Eppur si muove*! Mas é só por esse temor? Ah, não! Há outra Inquisição mais trágica, a que um homem moderno, culto, europeu – como sou, quer queira, quer não – leva dentro de si. Há um ridículo mais terrível, o ridículo de um ser diante de si mesmo e para consigo. É minha razão que zomba da minha fé e a despreza.

E aqui tenho de recorrer a meu senhor, Dom Quixote, para aprender a enfrentar o ridículo e vencê-lo, um ridículo que, talvez – quem sabe? –, ele não conheceu.

Sim, sim, como não há de sorrir minha razão com essas construções pseudofilosóficas, pretensamente místicas, diletantes, em que há de tudo, menos paciente estudo, objetividade e método... científico? No entanto... *eppur si muove*!

Eppur si muove! *Sim*. E recorro ao diletantismo, ao que um pedante chamaria de filosofia *demi-mondaine*, contra o pedantismo especialista, contra a filosofia dos filósofos profissionais. E, quem sabe... Os progressos costumam vir do bárbaro, e nada mais estanque do que a filosofia dos filósofos e a teologia dos teólogos.

Que nos falem da Europa! A civilização do Tibete é paralela à nossa, ela fez e faz sobreviver homens que desaparecem como nós. E fica pairando, sobre todas as civilizações, o Eclesiastes e o "morre o sábio e da mesma sorte o estulto" (2:16).

Corre entre a gente do nosso povo uma resposta admirável à simples pergunta de "como vai?", a que se responde: "vou vivendo"... De fato, é assim: vai-se vivendo, vivemos tanto quanto os demais. E que mais se pode pedir? Não há quem não se lembre daqueles versos:

> Cada vez que considero
> que um dia devo morrer
> estendo no chão a capa
> e durmo a não mais poder.

Mas dormir, não: sonhar. Sonhar a vida, já que a vida é sonho.

Tornou-se proverbial também, em muito pouco tempo entre nós, espanhóis, a frase de que a questão é passar o instante, ou seja, matar o tempo. De fato, fazem o tempo para matá-lo. Mas há algo que sempre nos preocupou, tanto ou mais que passar o instante, fórmula que marca uma posição estética: é ganhar a eternidade, fórmula da posição religiosa. Aí saltamos do estético e do econômico ao religioso, passando por cima do lógico e do ético – da arte à religião.

Um jovem romancista nosso, Ramón Pérez de Ayala, em seu recente romance *A pata da raposa*, nos diz que a ideia da morte é a armadilha; o espírito, a raposa, ou seja, virtude astuta com que burlar as emboscadas da fatalidade, e acrescenta: "Pegos na armadilha, homens fracos e povos fracos jazem por terra...; os espíritos vigorosos e os povos fortes recebem no perigo clarividente estupor, desvendam de pronto a desmesurada beleza da vida e, renunciando para sempre à agilidade e à loucura primeiras, saem da armadilha com os músculos tensos para a ação e com as forças da alma centuplicadas em ímpeto, potência e eficácia." Mas, vejamos: homens fracos... povos fracos... espíritos vigorosos... povos fortes... Que é isso? Não sei. O que creio saber é que alguns indivíduos e povos ainda não pensaram deveras na morte e na imortalidade, não as sentiram; e outros deixaram de pensar nelas, ou antes, deixaram de senti-las. Não é, creio, coisa de que se orgulham os homens e os povos que não passaram pela idade religiosa.

A desmesurada beleza da vida vai bem num escrito, e há, de fato, quem se resigne a aceitá-la tal como é; há inclusive os que nos querem persuadir de que a armadilha não é problema. Mas já disse Calderón[2] que

> não é consolo de desditas,
> é outra desdita à parte,
> querer a quem as padece
> persuadir que não são tais.

Além disso, "a um coração só fala outro coração", segundo frei Diego de Estella³.

Não faz muito, houve quem se fez de escandalizado quando, respondendo eu aos que criticavam os espanhóis por nossa incapacidade científica, eu dissesse, depois de observar que a luz elétrica brilha aqui, que aqui corre a locomotiva tão bem quanto onde a inventaram e que nos servimos dos logaritmos como no país em que foram ideados: "inventem eles!" Expressão paradoxal a que não renuncio. Nós, espanhóis, deveríamos nos apropriar não pouco daqueles sábios conselhos que o conde Joseph de Maistre, naquelas suas admiráveis cartas ao conde Rasoumowski sobre a educação pública na Rússia, dirigia aos russos, nossos semelhantes, dizendo-lhe que uma nação não se deve estimar menor por não estar feita para a ciência; que os romanos não entenderam de arte, nem tiveram um matemático, o que não os impediu de cumprir seu papel; e tudo o mais que acrescentava sobre aquela multidão de semissábios falsos e orgulhosos, idolatras dos gostos, das modas e das línguas estrangeiras, sempre prontos a derrubar o que desprezam, que é tudo.

Não temos espírito científico? E daí, se temos algum espírito? Sabe-se se o que temos é ou não compatível com esse outro?

Mas, ao dizer "que inventem eles!", não quis dizer que tenhamos de nos contentar com um papel passivo, não. A eles, a ciência, de que aproveitaremos; a nós, o nosso. Não basta defender-se, é preciso atacar.

Mas atacar com tino e cautela. A razão há de ser nossa arma. É a arma até mesmo do louco. Nosso louco sublime, nosso modelo, Dom Quixote, depois que destroçou com dois golpes de espada aquela espécie de meia celada que encaixava com o morrião, "tornou a fazê-la, metendo-lhe por dentro umas barras de ferro, de modo que se deu por satisfeito com a sua fortaleza; e, sem querer aventurar-se a mais experiências, a despachou e teve por celada de encaixe das mais finas"*. E, com ela na cabeça, imortalizou-se. Isto é, expôs-se ao ridículo. Pois foi ridicularizando-se que Dom Quixote alcançou sua imortalidade.

Há tantos modos de ridicularizar-se! Cournot disse: "Não se deve falar nem aos príncipes, nem aos povos de suas probabilidades de morte: os príncipes castigam essa temeridade com a desgraça; o público se vinga dela com o ridículo"[4]. Assim é. Por isso dizem que é necessário viver com o século: *corrumpere et corrumpi saeculum vocatur*[5].

É necessário saber ridicularizar-se, e não só ante os demais, mas também diante nós mesmos. Ainda mais agora, em que tanto se fala da consciência de nosso atraso em relação aos outros povos cultos; agora, em que uns tantos atoleimados que não conhecem nossa própria história – que está por fazer-se, desfazendo-se antes o que a calúnia protestante teceu em torno dela – dizem que não tivemos nem ciência, nem arte, nem filosofia, nem Renascimento (este talvez nos sobrasse), nem nada.

Carducci, que falou dos *contorcimenti dell'affannosa grandiositá spagnola*, deixou escrito (em *Mosche cochiere*) que "até a Espanha, que jamais teve hegemonia de pensamento, teve seu Cervantes". Mas será que Cervantes

---

* Tradução de Visc. de Castilho e Azevedo, Abril Cultural, São Paulo, 1981, p. 31. (N. E.)

aconteceu aqui sozinho, isolado, sem raízes, sem tronco, sem apoio? Compreende-se, porém, que diga que a Espanha *non ebbe mai egemonia di pensiero* um racionalista italiano que recorda ter sido a Espanha que reagiu contra o Renascimento em sua pátria. E daí? Acaso não foi algo, e algo hegemônico na ordem cultural, a Contrarreforma que a Espanha liderou e que começou, de fato, com o saque de Roma, providencial castigo contra a cidade dos papas pagãos do Renascimento pagão? Deixemos agora de lado se foi má ou boa a Contrarreforma, mas acaso não foram hegemônicos Loiola e o Concílio de Trento? Antes deste, davam-se na Itália cristianismo e paganismo, ou melhor, imortalismo e mortalismo, em nefando abraço e contubérnio, até nas almas de alguns papas, e era verdade em filosofia o que não o era em teologia, tudo se arranjando com a fórmula de *salva a fé*. Depois não, depois veio a luta franca e aberta entre a razão e a fé, a ciência e a religião. E o fato de ter trazido isso, graças sobretudo à teimosia espanhola, acaso não foi hegemônico?

Sem a Contrarreforma, a Reforma não teria seguido o curso que seguiu; sem aquela, talvez esta, privada do apoio do pietismo, houvesse perecido na vulgar racionalidade da *Aufklärung*, da Ilustração. Sem Carlos I, sem Filipe II, nosso grande Filipe, teria sido tudo igual?

Trabalho negativo, dirá alguém. Que é isso? Que é o negativo? Que é o positivo? No tempo, a linha que vai sempre na mesma direção, do passado ao porvir, onde está o zero que marca o limite entre o positivo e o negativo? Espanha, esta terra que dizem de cavaleiros e pícaros – e todos pícaros – foi a grande caluniada da História, precisamente por ter liderado a Contrarreforma. E porque sua arrogância impediu-a de sair em praça pública, na feira das vaidades, para justificar-se.

CONCLUSÃO: DOM QUIXOTE NA TRAGICOMÉDIA EUROPEIA... 293

Deixemos sua luta de oito séculos contra os mouros, defendendo a Europa do maometanismo, seu trabalho de unificação interna, sua descoberta da América e das Índias – que a realizaram Espanha e Portugal, não Colombo e Gama –, deixemos isso, e mais ainda, de lado, e não é deixar pouco. Não é nada cultural, então, criar vinte nações sem se reservar nada e gerar, como gerou o conquistador, em pobres Índias servis, homens livres? Fora isso, na escala do pensamento, acaso não é nada nossa mística? Talvez um dia tenham de voltar a ela, buscar sua alma, os povos a quem Helena lhe arrebatou com seus beijos.

Mas, já se sabe, a Cultura se compõe de ideias, tão só de ideias, e o homem é apenas um instrumento dela. O homem para a ideia, e não a ideia para o homem, o corpo para a sombra. O fim do homem é fazer ciência, catalogar o Universo para devolvê-lo a Deus em ordem, como escrevi faz alguns anos, em meu romance *Amor e pedagogia*. O homem não é, aparentemente, nem sequer uma ideia. No fim das contas, o gênero humano sucumbirá ao pé das bibliotecas – bosques inteiros cortados para fazer o papel que nelas se armazena –, museus, máquinas, fábricas, laboratórios... para legá-los... a quem? Porque Deus não os receberá.

Aquela hórrida literatura regeneracionista, quase toda ela embuste, que provocou a perda de nossas últimas colônias americanas, trouxe o pedantismo de falar do trabalho perseverante e calado – isso sim, clamando-o muito, clamando o silêncio –, da prudência, da exatidão, da moderação da fortaleza espiritual, da sindérese, da equanimidade, das virtudes sociais, sobretudo dos que mais carecemos delas. Nessa literatura ridícula caímos quase todos os espanhóis, uns mais, outros menos, tendo ocorrido o caso daquele arquiespanhol, Joaquín Costa, um dos espíritos menos europeus que já tivemos, inventando a história de nos europeizarmos e pondo-se a "cidear", enquanto proclamava que era necessário fechar com sete chaves o sepulcro do *Cid* e... conquistar a África. E eu soltei um "morra Dom Quixote!" Dessa blasfêmia, que queria dizer o exato contrário do que dizia – assim estávamos então – brotou minha *Vida de Dom Quixote e Sancho*, e meu culto ao quixotismo como religião nacional.

Escrevi aquele livro para repensar o *Quixote* contra cervantistas e eruditos, para fazer obra de vida do que era e continua sendo, para a maioria, letra morta. Que me importa o que Cervantes quis ou não pôr ali, e o que realmente pôs? O vivo é o que eu ali descubro, pusesse-o Cervantes ou não, o que eu ali ponho, sobreponho e suponho, e o que todos pomos ali. Quis ali rastrear nossa filosofia.

Pois abrigo cada vez mais a convicção de que nossa filosofia, a filosofia espanhola, está líquida e difusa em nossa literatura, em nossa vida, em nossa ação, em nossa mística, sobretudo, e não em sistemas filosóficos. É concreta. E acaso não há em Goethe, por exemplo, tanta ou mais filosofia do que em Hegel? Os versos de Jorge Manrique, o *Romancero*, o *Quixote*, *A vida é sonho*, a *Subida ao Monte Carmelo*, implicam uma intuição do mundo e um conceito da vida, *Weltanschauung und Lebensansicht*. Filosofia esta que é nossa e era difícil de se formular na segunda metade do século XIX, época afilosófica, positivista, tecnicista, de pura história e de ciências naturais, época fundamentalmente materialista e pessimista.

Nossa própria língua, como toda língua culta, traz implícita uma filosofia.

Uma língua é, de fato, uma filosofia potencial. O platonismo é a língua grega em que discorre Platão, desenvolvendo suas metáforas seculares; a escolástica é a filosofia do latim morto da Idade Média em luta com as línguas vulgares; Descartes discorre na língua francesa; na alemã, Kant e Hegel; no inglês, Hume e Stuart Mill. O caso é que o ponto de partida lógico de toda especulação filosófica não é o eu, não é a representação (*Vorstellung*) ou o mundo tal como se nos apresenta imediatamente aos sentidos, mas sim a representação mediata ou histórica, humanamente elaborada e tal como se nos dá principalmente na linguagem por meio da qual conhecemos o mundo; não é a representação psíquica, mas a pneumática. Cada um de nós parte, para pensar, sabendo-o ou não, querendo-o ou não, do que pensaram os outros que nos precederam e nos rodeiam. O pensamento é uma herança. Kant pensava em alemão, e o alemão traduziu Hume e Rousseau, que pensavam em inglês e francês, respectivamente. E Spinoza não pensava em judeu-português, bloqueado pelo holandês e em luta com ele?

O pensamento repousa em pré-conceitos, e os preconceitos estão na língua. Com razão Bacon adscrevia à linguagem não poucos erros dos *idola fori*. Mas cabe filosofar em pura álgebra ou mesmo em esperanto? Basta ler o livro de Avenarius, de crítica da experiência pura (*reine Erfahrung*), dessa experiência pré-humana, ou seja, inumana, para ver aonde isso pode levar. O próprio Avenarius, que teve de inventar uma linguagem, inventou-a com base na tradição latina, com raízes que trazem em sua força metafórica todo um conteúdo de impura experiência, de experiência social humana.

Toda filosofia é, pois, no fundo, filologia. E a filologia, com sua grande e fecunda lei das formações analógicas, dá sua parte ao acaso, ao irracional, ao absolutamente incomensurável. A história não é matemática, nem a filosofia tampouco. E quantas ideias filosóficas não se devem, a rigor, a algo como a rima, à necessidade de colocar uma consonância! Em Kant mesmo abunda, e não pouco, essa simetria estética, a rima.

A representação é, pois, como a linguagem, como a própria razão – que não é senão linguagem interior –, um produto social e racial, e a raça, o sangue do espírito, é a língua, como já deixou dito, e eu muito repetido, Oliver Wendell Holmes, o americano.

Nossa filosofia ocidental entrou na maturidade, alcançou consciência de si, em Atenas, com Sócrates, e alcançou essa consciência mediante o diálogo, a conversação social. É profundamente significativo que a doutrina das ideias inatas, do valor objetivo e normativo das ideias, do que, depois, na Escolástica, chamou-se realismo, se formulasse em diálogos. Essas ideias, que são a realidade, são nomes, como o nominalismo ensinava. Não que não sejam mais que nomes, *flatus vocis*, mas sim que são nada menos que nomes. A linguagem é o que a realidade nos dá, e não como mero veículo dela, mas como sua verdadeira carne, de que todo o resto, a representação muda ou inarticulada, não é senão o esqueleto. Assim a lógica age sobre a estética e o conceito, sobre a expressão, sobre a palavra, e não sobre a percepção bruta.

E basta isso, tratando-se do amor. O amor não se descobre a si mesmo enquanto não fala, enquanto não diz: "eu te amo!" Com profunda intuição, Stendhal, em seu romance *A cartuxa de Parma*, faz com que o conde Mosca, furioso de ciúmes e pensando no amor que crê unir a duquesa de Sanseverina a seu sobrinho Fabrice, se diga: "É preciso acalmar-se; se emprego maneiras duras, a duquesa é capaz, por simples vaidade, de segui-lo a Belgirate, e ali, durante a viagem, o acaso pode trazer uma palavra que dará nome ao que sentem um pelo outro e, depois, num instante, todas as consequências."

CONCLUSÃO: DOM QUIXOTE NA TRAGICOMÉDIA EUROPEIA... 297

Assim é; tudo o que foi feito o foi pela palavra, e a palavra foi num princípio.

O pensamento, a razão, isto é, a linguagem viva, é uma herança, e o "solitário" de Ibn Tufail, o filósofo árabe de Guadix, tão absurdo quanto o "eu" de Descartes. A verdade concreta e real, não metódica e ideal, é: *homo sum, ergo cogito*. Sentir-se homem é mais imediato que pensar. Mas, por outro lado, a História, o processo da cultura, não acha sua perfeição e efetividade plena senão no indivíduo; o fim da História e da Humanidade somos nós, os homens, cada homem, cada indivíduo. *Homo sum, ergo cogito*: *cogito ut sim Michael de Unamuno*. O indivíduo é o fim do Universo.

Que o indivíduo é o fim do Universo, nós, espanhóis, sentimo-lo muito bem. Não falou Martin A. J. Hume[6] da individualidade introspectiva do espanhol, e não o comentei, num ensaio publicado na revista *España Moderna*[7]?

Talvez tenha sido esse mesmo individualismo introspectivo que não permitiu que brotassem aqui sistemas estritamente filosóficos, ou antes, metafóricos. E isso apesar de Suárez*, cujas sutilezas formais não merecem esse nome.

Nossa metafísica, se foi algo, foi metantrópica, e nossos metafísicos, filólogos, ou antes, humanistas no sentido mais amplo.

Menéndez y Pelayo, de quem Benedetto Croce disse com exatidão que se inclinava para o idealismo metafísico[8], parecia, no entanto, querer acolher algo dos outros sistemas, até das teorias empíricas, pelo que sua obra sofria, na visão de Croce, referindo-se à sua *História das ideias estéticas na Espanha* –, de alguma incerteza, do ponto de vista teórico do autor. Menéndez y Pelayo, em

---
* Francisco Suárez, jesuíta e teólogo espanhol (1548-1617), autor de *Defesa da fé* (1613). (N. E.)

sua exaltação de humanista espanhol, que não queria renegar o Renascimento, inventou o vivismo, a filosofia de Luis Vives, talvez apenas para ser como ele, este outro espanhol renascentista e eclético. O fato é que Menéndez y Pelayo, cuja filosofia era, certamente, toda incerteza, educado em Barcelona, na timidez do escocesismo traduzido para o espírito catalão – naquela filosofia rasteira do *common sense*, que não queria comprometer-se, mas era toda de compromisso e que Balmes tão bem apresentou –, sempre fugiu de toda e qualquer luta interior vigorosa e forjou com compromissos sua consciência.

Mais certo esteve, no meu entender, Ángel Ganivet, todo adivinhação e instinto, quando apregoou como nosso o "senequismo", a filosofia sem originalidade de pensamento, mas grandíssima de acento e tom, daquele estoico cordobês pagão, Sêneca, que não poucos cristãos adotaram como seu. Seu acento foi um acento espanhol, latino-africano, não helênico, e ecos dele se ouvem naquele – também tão nosso – Tertuliano, que acreditou serem vultuosamente corpóreos Deus e a alma e que foi algo assim como um Quixote do pensamento cristão da segunda centúria.

Mas o herói de nosso pensamento não vamos busar em nenhum filósofo, que tenha vivido em carne e osso, e sim num ente de ficção e de ação, mais real que todos os filósofos: Dom Quixote. Porque há um quixotismo filosófico, sem dúvida, mas também uma filosofia quixotesca. Por acaso é outra, no fundo, a dos conquistadores, a dos contra reformadores, a de Loyola e, sobretudo, já na ordem do pensamento abstrato, mas sentido, a de nossos místicos? Que era a mística de San Juan de la Cruz, senão uma cavalaria andante do sentimento pelo divino?

Não se pode dizer que o de Dom Quixote era, a rigor, idealismo: ele não combatia por ideias. Era espiritualismo: combatia por espírito.

Convertam Dom Quixote à especulação religiosa – como ele já sonhara certa vez fazê-lo, quando encontrou aquelas imagens de relevo e entalhe, que alguns lavradores levavam para o retábulo da sua aldeia[9], e à meditação das verdades eternas e observem-no subir ao Monte Carmelo, em meio à noite escura da alma, para olhar dali de cima, do cume, nascer o sol que não se põe; e, como a águia que acompanha são João a Patmos, fitá-lo cara a cara e examinar suas manchas, deixando a coruja, que acompanha Atena no Olimpo – a dos olhos glaucos, a que vê nas trevas, mas que a luz do meio-dia ofusca – buscar nas sombras, com seus olhos, a presa para seus filhotes.

O quixotismo especulativo ou meditativo é, como o prático, loucura; loucura, filha da loucura da cruz. Por isso é desprezado pela razão. A filosofia, no fundo, detesta o cristianismo, como bem provou o manso Marco Aurélio.

A tragédia de Cristo, a tragédia divina, é a da cruz. Pilatos, o cético, o cultural, quis convertê-la, por zombaria, em opereta, e ideou aquela farsa do rei de cetro de cana e coroa de espinhos, dizendo: "Eis o homem!" Mas o povo, mais humano que ele, o povo que busca tragédia grita: "Crucifica-o! Crucifica-o!" E a outra tragédia, a tragédia humana, intra-humana, é a de Dom Quixote com a cara ensaboada, para que rissem dele os servos dos duques e os próprios duques, tão servos quanto eles. "Eis o louco!" dir-se-iam. E a tragédia cômica, irracional, é a paixão pela zombaria e o desprezo.

O mais alto heroísmo para um indivíduo, como para um povo, é saber enfrentar o ridículo; é, melhor ainda, saber ridicularizar-se e não se acovardar com isso.

Aquele trágico suicida português, Antero de Quental, de cujos graves sonetos já lhes falei, pesaroso em sua pátria, por causa do ultimato inglês a ela em 1890, escreveu[10]: "Disse um homem de Estado inglês do século passado, que também era, por certo, um perspicaz observador e filósofo, Horace Walpole, que a vida é uma tragédia para os que sentem e uma comédia para os que pensam. Pois bem, se havemos de acabar tragicamente, nós, portugueses, *que sentimos*, prefiramos e muito esse destino terrível, mas nobre, àquele que está reservado, e talvez num futuro não muito remoto, à Inglaterra, *que pensa e calcula*, e cujo destino é acabar miserável e comicamente." Deixemos a afirmação de que a Inglaterra pensa e calcula, como se significasse que não sente, o que é uma injustiça, explicável pela ocasião em que isso foi escrito; deixemos a afirmação de que os portugueses sentem, implicando que não pensam nem calculam, pois nossos irmãos atlânticos sempre se distinguiram por certo pedantismo sentimental; e fiquemos com o fundamento da terrível ideia: de que uns, que põem o pensamento acima do sentimento, eu diria a razão acima da fé, morrem comicamente, e morrem tragicamente os que colocam a fé acima da razão. Porque são os zombadores que morrem comicamente, e Deus depois se ri deles, ficando, para os escarnecidos, a tragédia, a parte nobre.

É necessário buscar, nas pegadas de Dom Quixote, a zombaria.

Voltarão a dizer-nos que não houve filosofia espanhola no sentido técnico dessa palavra? E pergunto eu: qual é esse sentido? Que quer dizer filosofia? Windelband, historiador da filosofia, em seu ensaio sobre o que é filosofia[11], diz-nos que "a história do nome da filosofia é a história do significado cultural da ciência", acrescentando: "Enquanto o pensamento científico se torna independente, como impulso do conhecer por saber, assume o nome de filosofia; quando, depois, a ciência unitária se divide em seus ramos, é a filosofia do conhecimento geral do mundo que abarca os demais. Tão logo o pensamento científico

CONCLUSÃO: DOM QUIXOTE NA TRAGICOMÉDIA EUROPEIA... 301

se rebaixa de novo a um meio moral ou da contemplação religiosa, a filosofia transforma-se numa arte da vida ou numa formulação de crenças religiosas. E assim que, mais tarde, a vida científica se liberta de novo, a filosofia torna a encontrar o caráter de conhecimento independente do mundo e, na medida em que começa a renunciar à solução desse problema, transforma-se numa teoria da própria ciência." Temos aí uma breve caracterização da história da filosofia desde Tales até Kant, passando pela escolástica medieval, que tentou fundamentar as crenças religiosas. Mas acaso não há lugar para outro ofício da filosofia? Acaso a reflexão sobre o próprio sentimento trágico da vida, tal como o estudamos, não é a formulação da luta entre a razão e a fé, entre a ciência e a religião, e a manutenção reflexiva dela?

Diz em seguida Windelband: "Por filosofia, no sentido sistemático, não no sentido histórico, não entendo outra coisa que a ciência crítica dos valores de validade universal [*allgemeingiltigen Werten*]." Mas que valor possui maior validade universal: o da vontade humana, querendo, antes de tudo e sobretudo, a imortalidade pessoal, individual e concreta da alma, ou seja, a finalidade humana do Universo; ou o da razão humana, negando a racionalidade e até a possibilidade desse anseio? Que valores possuem validade mais universal do que o valor racional ou matemático e o valor volitivo ou teleológico do Universo, em conflito um com o outro?

Para Windelband, como para os kantianos e os neokantianos em geral, não há mais que três categorias normativas, três normas universais: as de verdadeiro ou falso, belo ou feio, e bom ou mau moral. A filosofia reduz-se a lógica, estética e ética, conforme estude a ciência, a arte ou a moral. Fica de fora outra categoria, a do grato e do ingrato – ou agradável e desagradável –, isto é, o hedônico.

O hedônico não pode, segundo eles, pretender validade universal, não pode ser normativo. "Quem atribui à filosofia a tarefa de decidir na questão do otimismo e do pessimismo" – escreve Windelband – "quem lhe pede para emitir um juízo acerca de se o mundo é mais apropriado a gerar a dor do que o prazer, ou vice-versa, este, se se conduz mais que de maneira diletante, trabalha na fantasia de encontrar uma determinação absoluta num terreno em que nenhum homem razoável a procurou." No entanto, é necessário ver se isso é tão claro como parece, caso seja eu um homem razoável e não me conduza senão de uma maneira diletante, o que seria a abominação da desolação.

Com sentido muito profundo, Benedetto Croce, em sua filosofia do espírito, ao lado da estética como ciência da expressão e da lógica como ciência do conceito puro, dividiu a filosofia prática em dois ramos: econômico e ético. Reconhece, de fato, a existência de uma aptidão prática do espírito, meramente econômica, voltada para o singular, sem preocupação com o universal. Iago e Napoleão são tipos acabados de genialidade econômica, e esse grau fica fora da moralidade. Por ele passa todo homem, porque, antes de tudo, deve querer ser ele mesmo, como indivíduo; sem esse grau não se explicaria a moralidade, do mesmo modo que, sem a estética, a lógica carece de sentido. A descoberta do valor normativo do grau econômico, que busca o hedônico, tinha de partir de um italiano, de um discípulo de Maquiavel, que tão profundamente especulou sobre a *virtù*, a eficácia prática, que não é exatamente a virtude moral.

Mas esse grau econômico não é, no fundo, nada mais que o começo do religioso. O religioso é o econômico ou hedônico transcendental. A religião é uma economia ou uma hedonística transcendental. O que o homem busca na religião, na fé religiosa, é salvar sua própria individualidade, eternizá-la, o que não se consegue nem com a ciência, nem com a arte, nem com a moral. Nem ciência, nem arte, nem moral nos exigem Deus; o que nos exige Deus é a religião. E com genial acerto, nossos jesuítas falam do grande negócio de nossa salvação. Negócio, sim, negócio, algo do gênero econômico, hedonístico, conquanto transcendente. E não necessitamos de Deus nem para que nos ensine a verdade das coisas, nem sua beleza, nem nos assegure a moralidade com penas e castigos, mas para que nos salve, para que não nos deixe morrer de todo. Esse anseio singular, por ser de todos e de cada um dos homens normais – os anormais, por barbárie ou por supercultura, não são levados em conta –, é universal e normativo.

A religião é, pois, uma economia transcendente, ou, se quiserem, metafísica. O Universo tem, para o homem, junto com seus valores lógico, estético e ético, também um valor econômico, que, tornado assim universal e normativo, é o valor religioso. Não se trata apenas, para nós, de verdade, beleza e bondade; trata-se também, e antes de mais nada, de salvação do indivíduo, de perpetuação, que aquelas normas não nos proporcionam. A economia chamada política ensina-nos o modo mais adequado, mais econômico, de satisfazer nossas necessidades, sejam ou não racionais, feias ou belas, morais ou imorais – pode ser um bom negócio um estelionato ou algo que, a longo prazo, nos leve à morte –, e a suprema *necessidade* humana é a de não morrer, a de gozar para sempre a plenitude de sua limitação individual. Se a doutrina católica eucarística ensina que a substância do corpo de Jesus Cristo está toda na hóstia consagrada, e toda ela em cada parte desta, isso quer dizer que Deus está todo em todo o Universo e todo em cada um dos indivíduos que o integram. No fundo, este não é um princípio lógico, estético ou ético, mas econômico, transcendente ou religioso. Com essa norma, a filosofia pode julgar o otimismo e o pessimismo. *Se a alma humana é imortal, o mundo é econômica ou hedonisticamente bom; e, se não for, é mau.* O sentido que o pessimismo e o otimismo dão às categorias bom e mau não é um sentido ético, mas um sentido econômico ou hedonístico. É bom o que satisfaz nosso anseio vital, mau o que não o satisfaz.

Portanto, a filosofia também é ciência da tragédia da vida, reflexão de seu sentimento trágico. Um ensaio dessa filosofia, com suas inevitáveis contradições ou antinomias íntimas, foi o que pretendi nestes ensaios. E não há de passar despercebido ao leitor que estive operando sobre mim mesmo, que foi, este, um trabalho de autocirurgia, sem outro anestésico que o próprio trabalho. O prazer de me operar enobrecia minha dor de ser operado.

Quanto à minha outra pretensão, a de que isso seja filosofia espanhola, talvez *a* filosofia espanhola, de que, se um italiano descobre o valor normativo e universal do grau econômico, seja um espanhol quem enuncie que esse grau nada mais é que do princípio religioso; e que a essência de nossa religião, de nosso catolicismo espanhol, é precisamente não ser uma ciência, nem uma arte, nem uma moral, mas uma economia do eterno, ou seja, do divino; que isso caiba ao espanhol, dizia eu, deixo para outro trabalho – histórico, esse – o próprio intento de justificá-lo. Por ora, deixando inclusive a tradição expressa e externa, a que nos é mostrada em documentos históricos, acaso não sou eu um espanhol – e um espanhol que mal saiu da Espanha –, um produto, portanto, da tradição espanhola, da tradição viva, da que se transmite em sentimentos e ideias que sonham, e não em textos que dormem?

A filosofia se me apresenta na alma do meu povo como a expressão de uma tragédia íntima, análoga à tragédia da alma de Dom Quixote, como a expressão de uma luta entre o que o mundo é, de acordo com o que a razão da ciência nos mostra, e o que queremos que seja, conforme a fé de nossa religião nos diz. Nessa filosofia está o segredo de por que se costuma dizer que somos, no fundo, irredutíveis à Kultura, isto é, não nos resignamos a ela. Não, Dom Quixote não se resigna nem ao mundo, nem à sua verdade, nem à ciência ou à lógica, nem à arte ou à estética, nem à moral ou à ética.

"O fato é que, com tudo isso" – disseram-me mais de uma vez e mais de uma pessoa – "você só conseguiria, de qualquer modo, empurrar a gente ao mais exaltado catolicismo." E me acusaram de reacionário, até de jesuíta. Pois seja! E daí?

Sim, já sei, sei que é loucura querer fazer as águas do rio voltarem para a sua nascente, como o vulgo que busca o remédio para seus males no passado. Mas sei também que todos os que lutam por um ideal qualquer, ainda que pareça do passado, empurram o mundo para o futuro, e que os únicos reacionários são os que se encontram bem no presente. Toda suposta restauração do passado é fazer futuro, e se esse passado é um sonho, algo mal conhecido... muito melhor. Como sempre, ruma-se para o futuro: quem anda vai em direção a ele, ainda que caminhe de costas. Quem sabe não é melhor assim?...

Sinto-me com uma alma medieval, e tenho a impressão que é medieval a alma da minha pátria; que ela passou, à força, pelo Renascimento, pela Reforma e pela Revolução, aprendendo, sim, com eles, mas sem deixar sua alma ser tocada, conservando a herança espiritual daqueles tempos a que chamam tenebrosos. E o quixotismo é tão somente o aspecto mais desesperado da luta da Idade Média contra o Renascimento, que se originou dela.

Se uns me acusarem de servir a uma obra de reação católica, talvez os outros, os católicos oficiais... Mas estes, na Espanha, mal atentam para alguma coisa e só se entretêm em suas dissensões e querelas. Além do mais, têm um entendimento, os coitados!

O fato é que minha obra – ia dizer minha missão – é quebrantar a fé de uns, de outros e de terceiros, a fé na afirmação, a fé na negação e a fé na abstenção, isso por fé na própria fé; é combater todos os que se resignam, seja o catolicismo, seja o racionalismo, seja o agnosticismo, é fazer com que vivam todos inquietos e ansiosos.

Será isso eficaz? Mas acaso Dom Quixote acreditava na eficácia imediata aparente de sua obra? É duvidoso. Em todo caso, não tornou a dar nova cutilada em sua celada. E numerosas passagens da sua história delatam que não acreditava muito conseguir, de momento, seu propósito de restaurar a cavalaria andante. Que lhe importava, se assim vivia e se imortalizava? Deve ter adivinhado, e de fato adivinhou, outra eficácia maior daquela sua obra, o efeito que exerceria em todos os que, com piedoso espírito, lessem suas façanhas.

Dom Quixote expôs-se ao ridículo, mas terá ele conhecido o mais trágico ridículo, o ridículo reflexo, aquele que um homem produz diante de si mesmo, dos próprios olhos da sua alma? Convertam o campo de batalha de Dom Quixote em sua alma; coloquem-no lutando nela para salvar a Idade Média do Renascimento, para não perder seu tesouro da infância; façam dele um Dom Quixote interior – com seu Sancho ao lado, um Sancho também interior e também heroico –, e falem-me da tragédia cômica.

Que deixou Dom Quixote?, vocês perguntarão. E eu lhes responderei que deixou a si mesmo, e que um homem, um homem vivo e eterno, vale por todas as teorias e por todas as filosofias. Outros povos nos deixaram sobretudo instituições, livros; nós deixamos almas. Santa Teresa vale qualquer instituto, qualquer *Crítica da razão pura*.

Mas Dom Quixote converteu-se. Sim, para morrer, coitado. Mas o outro, o real, o que ficou e vive entre nós, esse continua nos estimulando com seu alento, esse não se converteu, esse continua nos animando a que nos ridiculizemos, esse não deve morrer. O outro, o que se converteu para morrer, pode ter-se convertido porque foi louco, e foi sua loucura, não sua morte nem sua conservação, que o imortalizou, merecendo-lhe o perdão pelo delito de ter nascido. *Felix culpa!* Também não se curou, mas mudou de loucura. Sua morte foi sua última aventura cavaleiresca; com ela forçou o céu, que suporta força.

Morreu aquele Dom Quixote, desceu aos infernos; entrou neles de lança em riste, libertou todos os condenados, bem como os agrilhoados, fechou suas portas e, tirando delas o rótulo que Dante ali vira, pôs um que dizia: "Viva a esperança!" E, escoltado pelos libertados, que riam dele, foi para o céu. Deus riu paternalmente dele e esse riso divino encheu-lhe a alma de felicidade eterna.

O outro Dom Quixote ficou aqui, entre nós, lutando desesperadamente. Pois não parte, sua luta, do desespero? Por que, entre as palavras que o inglês tomou de nossa língua, figura, entre *siesta*, *camarilla*, *guerrilla* e outras, a palavra *desperado*, isto é, desesperado? Esse Quixote interior de que lhes falava, consciente de sua trágica comicidade, acaso não é um desesperado? Um *desperado*, sim, como Pizarro e como Loyola. Mas "o desespero é senhor dos impossíveis" ensina-nos Salazar y Torres,[12] e é do desespero e só dele que nasce a esperança heroica, a esperança absurda, a esperança louca. *Spero quia absurdum*, devia-se dizer, em vez de *credo*.

Dom Quixote, que estava só, buscava ainda mais solidão, buscava as solidões da Penha Pobre para entregar-se lá, a sós, sem testemunhos, a maiores disparates em que desafogar a alma. Mas não estava tão só, pois acompanhava-o Sancho, Sancho, o bom, Sancho, o crente, Sancho, o simples. Sim, como dizem alguns, Dom Quixote morreu na Espanha, mas fica Sancho, estamos salvos, porque Sancho tornar-se-á, morto seu amo, cavaleiro andante. Em todo caso, espera outro cavaleiro louco a quem seguir de novo.

Há também uma tragédia de Sancho. Aquele, o outro, o que andou com o Dom Quixote que morreu, não consta que tenha morrido, muito embora haja quem creia que morreu louco de atar, pedindo a lança e crendo que havia sido verdade tudo que seu amo abominou como mentira em seu leito de morte e de conversão. Mas tampouco consta que tenham morrido o bacharel Sansão Carrasco, o cura, o barbeiro, os duques e os cônegos; e é com estes que tem de lutar o heroico Sancho.

Andou só Dom Quixote, só com Sancho, só com sua solidão. Não andaremos sós, nós também, seus enamorados, forjando-nos uma Espanha quixotesca, que só existe em nossa imaginação?

Voltarão a perguntar-nos: o que Dom Quixote deixou para a Kultura? Responderei: o quixotismo. E não é pouco! Todo um método, toda uma epistemologia, toda uma estética, toda uma lógica, toda uma ética; sobretudo, toda uma religião, isto é, toda uma economia do eterno e do divino, toda uma esperança no absurdo racional.

Por que Dom Quixote combateu? Por Dulcineia, pela glória, para viver, para sobreviver. Não por Iseu, que é a carne eterna; não por Beatriz, que é a teologia; não por Margarida, que é o povo; não por Helena, que é a cultura. Combateu por Dulcineia, e teve êxito, pois vive.

Sua grandeza foi ter sido zombado e vencido, porque era sendo vencido que vencia; dominava o mundo fazendo-o rir-se dele.

E hoje? Hoje sente sua própria comicidade e a inutilidade de seu esforço quanto ao temporal. Vê-se de fora – a cultura o ensinou a objetivar-se, isto é, a alhear-se em vez de ensimesmar-se – e, ao ver-se de fora, ri de si mesmo, mas amargamente. O personagem mais trágico talvez tenha sido um Margutte íntimo, que, como o de Pulci*, morra rebentando de tanto rir, mas rir de si mesmo. *E riderà in eterno*, rirá eternamente, disse de Margutte o anjo Gabriel. Não ouvem vocês o riso de Deus?

Dom Quixote, o mortal, ao morrer compreendeu sua própria comicidade e chorou seus pecados; mas, o imortal, compreendendo-a, sobrepõe-se a ela e a vence sem rejeitá-la.

Dom Quixote não se rende, porque não é pessimista, e luta. Não é pessimista, porque o pessimismo é filho da vaidade, é coisa de moda, puro esnobismo, e Dom Quixote não é vão nem vaidoso, nem moderno de nenhuma modernidade – menos ainda modernista –, e não entende o que é esnobe, enquanto não lhe expliquem em velho espanhol cristão. Dom Quixote não é pessimista, porque, como não entende o que seja *pie de vivre*, não entende do seu contrário. Tampouco entende de bobagens futuristas. Apesar de Clavilenho, não chegou ao aeroplano, que parece querer afastar do céu não poucos atoleimados. Dom Quixote não chegou à idade do tédio da vida, que costuma traduzir-se nessa topofobia tão característica de não poucos espíritos modernos, que passam a vida correndo a toda pressa de um lugar para o outro, não por amor àquele aonde vão, mas por ódio àquele outro de onde vêm, fugindo de todos. O que é uma das formas do desespero.

---
* Luigi Pulci (1432-1494), autor de "Morgante Maggiore" (1470), sátira fantasiosa aos romances de cavalaria. Seus personagens principais são Morgante e Margutte. (N. E.)

Mas Dom Quixote ouve seu próprio riso, ouve o riso divino, e, como não é pessimista, como crê na vida eterna, tem de batalhar, arremetendo contra a ortodoxia inquisitorial científica moderna para trazer uma nova e impossível Idade Média, dualista, contraditória, apaixonada. Como um novo Savonarola, Quixote italiano de fins do século XV, luta contra essa Idade Moderna, que Maquiavel inaugurou e que acabará comicamente. Luta contra o racionalismo herdado do século XVIII. A paz da consciência, a conciliação entre a razão e a fé, graças a Deus providente, já não cabe. O mundo tem de ser como Dom Quixote quer (as hospedarias têm de ser castelos), e lutará com ele e será, aparentemente, vencido, mas vencerá ao ridicularizar-se. E vencerá rindo-se de si mesmo e fazendo rir.

"A razão fala, e o sentido morde", disse Petrarca; mas também a razão morde, e morde no âmago do coração. E não há mais calor do que mais luz. "Luz, luz, mais luz!", dizem que Goethe, moribundo, falou. E não, calor, calor, mais calor, que morremos de frio, não de escuridão. A noite não mata; o gelo, sim. É necessário libertar a princesa encantada e destruir o retábulo de Mestre Pedro.

E não haverá também pedantismo, meu Deus, no fato de uma pessoa crer-se zombada, fazendo-se de Quixote? Os regenerados (*Opvakte*) desejam que o mundo ímpio zombe deles, para estarem seguros de serem regenerados, já que deles zombam, e gozar da vantagem de poder queixar-se da impiedade do mundo, disse Kierkegaard.[13]

Como escapar de um ou outro pedantismo, ou de uma ou outra afetação, se o homem natural nada mais é que um mito, e somos todos artificiais?

Romantismo! Sim, talvez seja essa, em parte, a palavra. E nos serve mais e melhor por sua impressão mesma. Contra isso, contra o romantismo, desencadeou-se recentemente, sobretudo na França, o pedantismo racionalista e classicista. Será ele, o romantismo, outro pedantismo, o pedantismo sentimental? Talvez. Neste mundo, um homem culto, ou é diletante, ou é pedante. Escolha-se, pois. Sim, pedantes talvez René e Adolfo, Obermann e Lara... O caso é buscar consolo no desconsolo.

A filosofia de Bergson, que é uma restauração espiritualista, fundamentalmente mística, medieval e quixotesca, foi chamada de filosofia *demi-mondaine*. Tirem o *demi*; *mondaine*, mundana. Mundana, sim, para o mundo, não para os filósofos, do mesmo modo que a química não deve ser apenas para os químicos. O mundo quer ser enganado (*mundus vult decipi*), ou com o engano antes da razão, que é a poesia, ou com o engano depois dela, que é a religião. Já disse Maquiavel que quem quiser enganar, sempre encontrará quem deixe que o enganem. E bem-aventurados os que tapeiam! Um francês, Jules de Gaultier, disse que o privilégio de seu povo era *n'être pas dupe*, não ser tapeado. Triste privilégio!

A ciência não dá a Dom Quixote o que este lhe pede. "Que não lhe peça isso" – dirão – "que se resigne, que aceite a vida e a verdade como são!" Mas ele não as aceita assim e pede sinais do que move a Sancho, que está a seu lado. Não que Dom Quixote não compreenda o que compreende quem assim lhe fala, o que procura resignar-se e aceitar a vida e a verdade racionais. Não! É que suas necessidades efetivas são maiores. Pedantismo? Quem sabe...

Neste século crítico, Dom Quixote, que também se contaminou de criticismo, tem de arremeter contra si mesmo, vítima do intelectualismo e do sentimentalismo; e quando quer ser mais espontâneo, mais afetado parece. O coitado quer racionalizar o irracional e irracionalizar o racional. E cai no desespero íntimo do século crítico, de que Nietzsche e Tolstói foram as duas maiores vítimas. Por desgraça, entra no furor heroico de que falava aquele Quixote do pensamento que escapou do claustro, Giordano Bruno, e se fez despertador das almas que dormem, *dormitantium amimorum excubitor*, como disse de si mesmo o ex-dominicano, que escreveu: "O amor heroico é próprio das naturezas superiores chamadas insanas (*insane*), não porque não sabem (*non sanno*), mas porque sobre-sabem (*soprasanno*)."

Mas Bruno acreditava no triunfo de suas doutrinas, ou, pelo menos, ao pé da sua estátua, no Campo dei Fiori, em frente ao Vaticano, puseram que a oferece o século por ele adivinhado, *il secolo da lui divinato*. Mas nosso Dom Quixote, o redivivo, o interior, o consciente de sua própria comicidade, não crê que triunfem suas doutrinas neste mundo, porque não são dele. É melhor que não triunfem. E se Dom Quixote quisesse fazer-se rei, retirar-se-ia sozinho para o monte, fugindo das turbas regificientes e regicidas, como Cristo se retirou sozinho para o monte, quando, depois do milagre dos peixes e dos pães, quiseram proclamá-lo rei. Deixou o título de rei para encimar a cruz.

Qual é, pois, a nova missão de Dom Quixote, hoje, neste mundo? Clamar, clamar no deserto. Mas o deserto ouve, ainda que não ouçam os homens; um dia converter-se-á em selva sonora, e essa voz solitária que vai pousando no deserto como semente dará um cedro gigantesco, que, com suas cem mil línguas, cantará um hosana eterno ao Senhor da vida e da morte.

*
* *

E agora, vocês, bacharéis; Carrascos do regeneracionismo europeizante, jovens que trabalham à europeia, com método e crítica... científicos, façam riqueza, façam pátria, façam arte, façam ciência, façam ética, façam, ou antes, traduzam sobretudo Kultura, que assim matarão a vida e a morte. Para o que há de durar-nos tudo!...

Com isto acabam – já era hora! –, pelo menos por enquanto, estes ensaios sobre o sentimento trágico da vida nos homens e nos povos, ou, pelo menos, em mim – que sou homem – e na alma do meu povo, tal como na minha se reflete.

Espero, leitor, que enquanto dure nossa tragédia, em algum entreato, voltemos a nos encontrar. E nos reconheceremos. Perdoe-me se o molestei mais que o devido e o inevitável, mais do que me propus, ao pegar da pena para subtraí-lo um pouco de suas distrações. E Deus não lhe dê paz, mas glória!

Em Salamanca, no ano da graça de 1912.

NOTAS

Capítulo I

1. *The Analogy of Religion*, Natural and Revealed, etc. (London, 1736).
2. Étienne Pivert de Sénancour, *Obermann* (Paris, 1804). (N. E.)

Capítulo II

1. *The Foundations of Belief*, being notes introductory to the study of Thelogy, by the Right Hon. Arthur James Balfour. [London, 1895, cap. IV.]
2. *Ethice*, parte IV, prop. LXVII.
3. *Discurso do método*, parte I [trad. brasileira, Maria Ermantina Galvão G. Pereira, editora Martins Fontes, p. 13]. (N. E.)

Capítulo III

1. *Ethice*, parte III, proposições VI-IX.
2. *Inferno*, XXXIV, 139.
3. William Cowper, "Poems" (London, 1926). (N. E.)

4. *Obermann*, carta XC,
5. *De Monarchia*, liv. I, capítulo I. (c. 1308/1310).
6. Tomás de Celano, "Vidas de São Francisco", II, 1.1 (1229).
7. *Emílio*, livro IV.

Capítulo IV

1. Ver (Adolfvor) Harnack, *Dogmengeschichte*, Prolegomena, V, 4. (Leipzig, 1889).
2. Erwin Rohde, *Psyche*. "Seelencult und Unsterblichkeitsglaube der Griechen", Tübingen, 1907. É a obra até hoje capital no que concerne à fé dos gregos na imortalidade da alma.
3. Ver Rohde, *Psyche*, Die Orphiker, 4.
4. Rohde, *op. cit.*
5. *Religionsphilosophie auf geschichtliche Grundlage*, 3, Berlim, 1896.
6. *Das apostolische Zeitalter der christlichen Kirche*, Freiburg i. B., 1892.
7. Para tudo isso, ver, entre outros, Harnack, *Dogmengeschichte*, II, Theil I, Buch VII, cap. I.
8. *Libro de la conversión de la Magdalena* (1578-1583), parte IV, cap. IX.
9. *Rechtfertigung und Versöhnung*, III, cap. VII, 52.
10. Em sua exposição da dogmática protestante, no tomo *Systematische christliche Religion*, Berlim, 1909, da coleção *Die Kultur der Gegenwart*, publicada por R. Hinneberg.
11. Alfred Loisy, *Autour d'un petit livre*, páginas 211-2. (1908).
12. Felicite – Robert de Lamennais. *Essai sur l'indifférence en matière de Religion*, III partie, chap. II. (Paris, 1817-1823).
13. *Les soirées de Saint-Petersbourg*, Xémc entretien.
14. Teresa de Cepeda y Ahumada, *Libro de su Vida*, capítulo XXV, 2.
15. *Dogmengeschichte*, II, I, cap. VII, 3.
16. Joseph Pohle, "Christliche Katolische Dogmatik", na *Systematische christliche Religion*, Berlim, 1909, da coleção *Die Kultur der Gegenwart*.

17. Ver Weizsäcker, *op. cit.* (nota 6).
18. "Objections to unitarian Christianity considered", 1816, em *The complete Works of William Ellery Channing*, D.D., London, 1844.

Capítulo V

1. *Pragmatism, a New Name for some Old Ways of Thinking.* Popular lectures on philosophy by William James, 1907.
2. Arthur Penrhyn Stanley, *Lectures on the History of the Eastern Church* [lecture I, sect. III].
3. Traduzo aqui por espírito o francês *esprit*, embora talvez fosse melhor traduzir por inteligência. Do mesmo modo que nosso vocábulo felicidade também não corresponde por inteiro ao *bonheur* francês (talvez seja melhor *dita* [esp. *dicha*]), nem necessidade a *besoin*.
4. Gustave Flaubert, *Correspondance*, Troisième série (1854-1869), Paris, MCMX.

Capítulo VI

1. *Discurso do método*, trad. bras. cit., p. 21. N.E.
2. *Id. ibid.*
3. *Id.*, p. 31.
4. *Id.*, p. 32.
5. *Afsluttende udvídenskabelige Efterskríft*, capítulo III. (sob Joannes Chimacus, 1846).
6. Vide Troeltsch, *Systematische christliche Religion*, em *Die Kultur der Gegenwart*.
7. *Rechtfertigung und Versöhnung*, III, capítulo IV, parágrafo 28.
8. *Die Analyse der Empfindangen und das Verhïetais des Physichen zam Psychischen* – I. L, par. 12.
9. Deixo assim, quase sem traduzir, sua expressão original *Existents-Consequents*. Quer dizer, a consequência existencial ou prática, não de razão pura ou lógica.

10. *Afsluttende uvindenskabelig Efterskrift*, cap. III, par. 1.
11. *Essai sur l'indifférence en matière de religion*, parte III, cap. 67.
12. A. Albrecht Ritschl, *Geschicht des Pietismus*, II, Abt. 1, Bonn, 1884, pág. 251.

Capítulo VII

1. *Inferno*, V, 121-123.
2. "Della metafisica poetica", livro II de *Scienza Nuova*.
3. *Memorabilia* i, I, 6-9.
4. *Filebo*, c. 16; *Leis*, X.
5. As *nuvens*, 367-389.
6. *De Coelo et Inferno*, 52. (1758).

Capítulo VIII

1. *The Prophets of Israel*, lect. I.
2. *Essai sur l'indifférence*, part. IV, cap. VIII.
3. *Panegyricus Trajani*, LXII.
4. *De natura deorum*, liv. III, cap. II, 5 e 6.
5. *Metaphysica*, liv. VII, cap. VII.
6. *Christlich systematische Religion*, no volume *Systematische christliche Religion*, da coleção *Die Kultur der Gegenwart*, editada por P. Hinneberg.
7. *Rechtfertigung und Versöhnung*, III, cap. V.
8. *Divinarum institutionum*, II, 8.
9. *Vida de Don Quijote y Sancho*, segunda parte, cap. LXVII.
10. *Sermons*, by the Rev. Frederich W. Robertson, M. A. Collection of British Authors, Leipzig, Tauchnitz, I, pág. 46.
11. "Saul", in *Dramatic Lyrice*. (1842).

Capítulo IX

1, *Reinold Seeberg, Christliche-protestantliche Ethik*, em *Systematische christliche Religion*, da coleção *Die Kultur der Gegenwart*.

2. *The mistery of iniquity and other sermons*, sermão XII.

3. Cf. santo Tomás, *Summa*, Secunda secundae, quaestio 4, art. 2.

4. *Traitê de l'enchaînement des idées fondamentales dans les sciences et dans l'histoire*, par. 329.

5. *Confissões*, liv. I, cap. I.

6. *Inferno*, XXV, 1,3.

7. Em meu ensaio "¿Qué es verdad?", publicado em *La Espana Moderna*, número de março de 1906, tomo 207.

8. *Afsluttende uvindenskabelig Efterskrift*, cap. 4, s. II, A, par. 2.

9. "Diálogos de la conquista del reino de Diós" (*Diál.* III, 8.).

10. *Ennéada*, II, IX, 7.

Capítulo X

1. *De natura deorum*, livro 1, capítulo 41.

2. *História*, V, 4.

3. *Id.*, V, 13.

4. *Ab excessu Aug.*, in Annales, XV, 44.

5. *Traitê de l'enchaînement des idées fondamentales dans les sciences et dans l'histoire*, par. 396.

6. Guia espiritual que desembaraza al alma y la conduce por el interior camino para alcanzar la perfecta contemplación y el rico tesoro de la paz interior. (Livro III, cap. XVIII, par. 175.)

7. *Par les champs et par les greves*, VII.

8. *Storia della letteratura italiana*, II.

9. *Tusculanas Quaest.*, XVI, 36.

10. Id., XI, 25.

11. Emanuel Swedenborg, *De coelo et inferno*, par. 183. (1758).

12. *Traitê…*, par. 297.

13. *De coelo et inferno*, par. 158, 160.

14. *Du culte qui est dû à Dieu*.

15. *Teresa de Cepeda y Ahumada*: *Libro de su vida*, caps. XX e XXVIII.

16. Sta. Tereza de Ávila, in *Las Moradas o el Castillo interior*, cap. II.
17. *Guia espiritual*, cap. XVII, par. 129 e cap. XX, par. 186.
18. *Ennéada*, II, IX, 8.
19. *Traité de la concupiscence*, cap. XI.
20. *Past and Present*, book III, cap. XI.
21. *Dialogoruns* 1, XII (De consolatione) – Consolación a Marcia (XXVI).
22. *Odisseia*, X, 487-495.
23. *Summa Theologica: Priamae, secundae partis, quaestio* IV, art. 1º.
24. *La Divina Commedia*: Paradiso, canto XXXIII.
25. *Ethice*, part. V, prop. XXXV e XXXVI.
26. *La dégradation de l'énergie*, IVe partie, chap. XVIII, E, 2.
27. *Op. cit.*, cap. XXVI, par. 2.
28. *Ennéada*, II, IX, 7.
29. *Essai sur l'indiférence en matière de religion*, parte IV, cap. VII.
30. *Inferno*, X, 10-15.
31. *Eneida*, conto VI, 426-429.
32. V. Ritschl, *Geschichte des Pietismus*, III, par. 43.
33. *Op cit.*, III, par. 46.
34. *Afsluttende uvidenskabelig Efterskrift*, II, I, cap. I.

Capítulo XI

1. V. Ritschl, *Geschichte der Pietismus*, livro VII, 43.
2. *Praeludien*, I.
3. *Trabalhos de Jesus*, parte I.
4. "Diálogos de la conquista del reino de Diós", III, 8.
5. *Afsluttende* etc., II, II, cap. IV, sec. II, A.
6. *Das Heilige*, no vol. II de *Praludien*.
7. *Geschichte der Pietismus*. (Nota 12, capítulo 6.)

Capítulo XII

1. *Aurora oder Moergenroste im Aufganga* (1612), cap. XI, par. 75 e 83. (Leipzig, 1922).

2. *Gustos y disgustos no son más que imaginación*, ato I, c. 4.

3. *Vanidad del mundo*, cap. XXI.

4. *Traité de l'enchainement des idées fondamentales*, etc., par. 510.

5. Tácito, *Germania*, 19.

6. *The Spanish People*, prefácio.

7. *El individualismo español*, no tomo 171, correspondente a 1º de março de 1903.

8. *Estética*, apêndice bibliográfico.

9. Ver capítulo LVIII, da segunda parte de *O engenhoso fidalgo Dom Quixote de la Mancha* e, o mesmo, de minha *Vida de Dom Quixote e Sancho*.

10. Num folheto que esteve para ser publicado por ocasião do ultimato e cujos originais estão de posse do senhor conde de Ameal. Este fragmento foi publicado no número 3 da revista portuguesa *A Águia*, março de 1912.

11. *Was ist Philosophie?*, no volume I dos *Praeludien*,

12. *Elegir al enemigo*, ato I.

13. *Afslutlende uwidenskabelige Efterskrift*, II, Afsnit II, cap. 4, sectio II, B.

2ª edição outubro de 2019 | **Fonte** ITC Garamond
Papel Homen Vintage 70 g/m² | **Impressão e acabamento** Imprensa da Fé